WITHDRAWN
HARVARD LIBRARY
WITHDRAWN

# LA FOI CHRÉTIENNE

# DU MÊME AUTEUR

*Les Magistrats du parlement de Paris au XVIIIe siècle,* Economica. Grand prix Gobert 1961.
*Le Despotisme éclairé,* Fayard, Pluriel.
*La Noblesse française au XVIIIe siècle,* Hachette.
*La Vie quotidienne au temps de Louis XVI,* Hachette.
*La Véritable Hiérarchie sociale de l'ancienne France,* Droz (en collaboration avec Jean-François Solnon).
*Au temps de Louis XIV,* Hachette.
*Le Petit Monde de la comtesse de Ségur,* Hachette.
*Louis XIV,* Fayard, Pluriel. Grand prix de l'Histoire 1986.
*Louis XIV vous parle,* Stock.
*Dictionnaire du Grand Siècle,* Fayard.
*Le Grenier à sel.* Souvenirs, Fallois.
*Dictionnaire des mots historiques,* Fallois.
*L'Ancien Régime,* Le Livre de poche.
*Journal et mémoires de Thomas de Listière, valet de la marquise de Sévigné,* Criterion.
*Pourquoi croyez-vous en Dieu ?* Criterion.
*Notre Histoire. De la Renaissance au règne de Louis XVI,* Fleurus.

FRANÇOIS BLUCHE

# LA FOI CHRÉTIENNE

Histoire et doctrines

*Le Présent de l'Histoire*

ÉDITIONS DU ROCHER
Jean-Paul Bertrand

BR
150
.B58
1996

Tous droits de traduction, de reproduction et d'adaptation réservés pour tous pays.

© Éditions du Rocher, 1996

**ISBN** 2 268 02182 3

La religion est une chose si grande, qu'il est juste que ceux qui ne voudraient pas prendre la peine de la chercher, si elle est obscure, en soient privés.

Pascal

*Fide solum intelligimus*
(Nous ne comprenons que par la foi)

Catéchisme romain (1566)

La foi est la plus haute passion de tout homme.

Kierkegaard

À la mémoire
de
mon ami Jean Brun,
serviteur de Dieu,
théologien et philosophe

# Avant-propos

Ce livre eut pour point de départ un sondage d'opinion [1] ! Nous avons découvert avec stupéfaction, en décembre de l'an de grâce 1994, après dix-neuf siècles et demi de christianisme (ce que les théologiens nomment « le temps de l'Église »), que, sur cent catholiques français, 49 ne croient plus à la vie éternelle [2]. Il y aurait même 18 pratiquants sur cent pour n'y point croire ! Étrange attitude : la foi sans espérance est-elle encore la foi ? Ces dix-huit pour cent de « fidèles » vont apparemment à l'église, le dimanche, tout comme ils iraient à quelque réunion associative, sportive ou syndicale. Ils ne croient pas davantage, hélas, à la résurrection du Christ, ni à la divinité du Saint-Esprit, ni à la sainte Trinité.

Cette dégradation des convictions chrétiennes a plusieurs causes, externes comme la déferlante du matérialisme ambiant, internes comme la faiblesse notoire de la prédication. En outre, toute une génération (1962-1992) s'est trouvée privée d'un catéchisme digne de ce nom [3] et l'Église s'est montrée lente à en mesurer les conséquences. Dès lors, nombre de prétendus fidèles – devenus infidèles – ont littéralement pris en grippe les notions de dogme [4], de doctrine, de commandements de Dieu, leur préférant le mot célèbre de saint Augustin, employé d'ailleurs à contresens [5] : « Aime, et fais ce que veux. » C'est ce qu'on devrait nommer l'hérésie de l'amour [6].

Au lieu de freiner ce penchant, tout de facilité, on l'a favorisé, au point de laisser condamner le mot même de catéchisme – remplacé par catéchèse –, et même son principe : doter l'enfant ou le catéchumène d'un solide bagage, gravé une fois pour toutes en sa mémoire. (Exemple : « À quoi sert la religion ? – La religion sert à nous faire connaître notre destinée éternelle et à nous procurer les moyens d'y parvenir. » Ou encore : « Qu'est-ce

11

qu'un chrétien ? – Un chrétien est celui qui, étant baptisé, appartient à la religion de Jésus-Christ [7]. ») Irremplaçables, les anciens catéchismes [8] étaient, depuis plus de quatre siècles, et selon le mot d'Étienne Gilson, des comprimés de grande théologie.

Si le public chrétien ignore trop aujourd'hui ce qu'il devrait croire, et que la plupart savaient encore en 1900 ou même en 1939, a fortiori a-t-il peu de connaissance de l'histoire de la doctrine. Comment s'est-elle constituée ? « Jésus n'a point établi de dogmes » écrivait, sans trop d'exagération, cette mauvaise langue de Frédéric II de Hohenzollern. À la limite, « les Apôtres n'ont jamais reçu la commission de rédiger un corps de doctrine. Leur Maître les a toujours chargés de prêcher, jamais d'écrire » disait à Jean Guitton le fameux M. Pouget [9]. On peut donc se demander dans quelle mesure les dogmes chrétiens résument et précisent – en s'efforçant de ne les point trahir – les enseignements divins que révèle la Bible.

Pourtant, si le symbole des Apôtres (le « Je crois en Dieu ») s'achève sur la perspective et la promesse de *la vie éternelle* – cette Jérusalem céleste aujourd'hui contestée –, ce n'est pas un hasard. On rencontre en effet dans le Nouveau Testament non moins de 52 mentions de la vie éternelle !

Il n'en reste pas moins cette difficulté : entre le corps de doctrine, divin mais fort bref, qui peut être directement dégagé des quatre Évangiles, et les cinq cents pages que représentent les canons et décrets du concile de Trente (1545-1563), il est un contraste qui peut étonner : les adversaires du catholicisme l'ont souligné plus d'une fois. Au reste, la phrase entière de Frédéric de Prusse était celle-ci : « Jésus n'a point établi de dogmes, et les conciles y ont bien pourvu. » Le protestantisme s'est appliqué depuis le XVI$^e$ siècle et s'applique encore beaucoup trop à dénoncer une extension jugée abusive des « vérités de la foi » : mais quelle opposition, entre la brièveté du Credo et, par exemple, les vingt-six tomes de la célèbre *Dogmatique* du pasteur Karl Barth !

Le dogme change-t-il nécessairement en augmentant de volume, en prenant plus d'ampleur ? En se précisant ? En s'approfondissant ? – Non, répondit au siècle dernier le cardinal Newman, anglican devenu catholique : « Si *le christianisme* est une religion universelle, appropriée, non à une localité et à une époque, mais à tous les temps et à tous les lieux il *ne peut que varier dans ses rapports avec le monde*, c'est-à-dire *se développer*[10]. » Et, plus loin : « Puisqu'il doit y avoir développement et que d'ailleurs la Révélation est un don céleste, Celui qui l'a donnée n'a pas pu ne pas empêcher ce développement de dégénérer en perversion ou corruption[11]. » Ce développement avait toujours été admis, au moins implicitement, par l'Église catholique dans ce qu'on appelait et qu'on appelle la Tradition. Les arguments de Newman – qui montrait déjà les développements visibles dans l'Ancien Testament – ont fini par troubler bien des penseurs protestants.

Car enfin « la foi [...] est une histoire. Elle n'est pas un état, ni une qualité acquise. Il ne faut donc pas la confondre avec ce qu'on appelle la croyance[12] [...] La croyance comme telle n'est pas encore la foi. La foi n'est pas un *credere quod* [croire que...] mais un *credere in* [croire en...], selon la formule impossible à négliger du symbole des Apôtres[13] ».

De ces considérations découle le plan de ce livre : dans une première partie, on trouvera une histoire très simplifiée de la doctrine chrétienne et de son « développement ». Chemin faisant, nous nous efforcerons de montrer que les docteurs ou théologiens (pères de l'Église, évêques, puis moines, puis professeurs d'université) ne sont pas les seuls ni toujours les principaux moteurs du développement doctrinal. Le peuple chrétien, avec son zèle (les martyrs), sa sensibilité (respect des saints, culte des images et des reliques, amour des pèlerinages, etc.), ses besoins, ses préférences, ses préjugés, a pesé sinon sur le dogme, au moins sur les croyances. Tant il est vrai que les humbles ont toujours fait passer le *credere in* – qui les rassemble, qui les engage, qui les soutient – avant le *credere quod* des clercs, des dignitaires et des intellectuels.

Dans ce panorama simplifié, nous avons volontairement privilégié les charnières essentielles, d'où la place importante accordée aux Credo et symboles de la foi, et le parallèle des doctrines entre Réforme et contre-Réforme. En si peu de pages, nous ne pouvions tout dire, ni même tout évoquer ; nous ne pouvions remplacer les cinq volumes admirables de Jaroslav Pelikan (*La Tradition chrétienne. Histoire du développement de la doctrine*[14]), ni l'histoire des conciles de Giuseppe Alberigo[15], ni *La Foi catholique*[16] de Gervais Dumeige, pour ne citer que ces trois monuments de l'histoire de l'Église.

Tandis que notre initiation à la doctrine progressait, nous avons constaté que nombre de chrétiens – catholiques ou protestants, même réputés ouverts et cultivés – avaient oublié jusqu'à leur catéchisme élémentaire et ignoraient en général tout du catéchisme de leurs frères séparés. Cette constatation nous a conduit à rédiger une seconde partie, une suite d'annexes sans nulle prétention, comprenant une chronologie (*Quelques dates* [17]), des biographies sommaires (*Quelques personnages* [18]), enfin et surtout un catéchisme analytique (*Petit dictionnaire* [19]) œcuménique et comparatif [20].

Les deux composantes du présent ouvrage ont été voulues simples et accessibles. Tant pis si les savants le jugent sommaire. Nous souhaitons qu'il puisse servir au plus grand nombre.

---

*Notes*

1. Un sondage Figaro-Sofres (*Le Figaro*, 20 décembre 1994).
2. « La vie éternelle » termine pourtant le Credo ou symbole des Apôtres.
3. Cette lacune a été comblée en 1992 avec le remarquable *Catéchisme de l'Église catholique* (Mame-Plon), malheureusement très peu répercuté en France à l'échelon des paroisses.
4. Nous avions pensé donner pour sous-titre à ce livre « Dogmes et croyances », mais une large partie du public ignore le sens du mot *dogme*, tandis que beaucoup détestent cette notion.
5. En réalité, saint Augustin justifiait de la sorte l'excès de vigueur d'une controverse animée par le seul souci de la vérité.
6. Le mot français *amour* est par lui-même ambigu. Le grec, lui, avait deux mots, de signification différente. *Éros* était réservé à l'amour-désir. On ne trouve jamais *éros* dans le Nouveau Testament (surtout pas lorsque saint Paul évoque les trois vertus : la foi, l'espérance et l'amour). Pour parler de l'amour – amour de Dieu et amour du prochain –, le Nouveau Testament ne se sert que du substantif *agapè*, l'amour ennobli par le respect de l'autre, la gratuité, le désintéressement, la liberté de celui qui aime et de celui qui est aimé. Cf. *I Corinthiens* 13, 1 – 14, 1. *Agapè* a été longtemps, un peu frileusement sans doute, traduit dans l'Église par *charité*.
7. *Catéchisme du diocèse et de la province de Paris,* 1933.
8. À l'origine, tantôt présentés sous forme de questions et réponses (cf. le *Petit catéchisme* de Luther), tantôt en forme de discours continu (tel le *Catéchisme romain* publié en 1566 par saint Pie V).
9. J. Guitton, *Portrait de M. Pouget*, p. 77.
10. J.-H. Newman, *Le Développement du dogme chrétien*, p. 137.

11. *Id., ibid.*, p. 147-148.
12. La croyance n'engage pas toujours. La foi engage. On connaît le fameux passage de l'*Épître de saint Jacques* (2, 14) : « Mes frères, à quoi bon dire qu'on a la foi, si l'on n'a pas les œuvres ? »
13. K. Barth, *Introduction à la théologie évangélique*, p. 83.
14. Paris, Presses universitaires de France, 1994.
15. *Les Conciles œcuméniques*, Paris, éditions du Cerf, 1994, 3 volumes.
16. Nouvelle édition, Paris, éditions de l'Orante, 1993.
17. Cf. *infra*, p. 217.
18. Cf. *infra*, p. 223.
19. Cf. *infra*, p. 241.
20. Le rapprochement de ces deux épithètes montre assez que nous n'avons pas cédé à la tentation d'un œcuménisme « de mélange ». Nous avons, au contraire, respecté de notre mieux l'originalité de chacune des grandes confessions chrétiennes.

Mais si toute créature – du pâtre le plus ignorant jusqu'au plus savant professeur – peut ainsi lire dans la nature [8], découvrir et donc admirer l'œuvre du Créateur, c'est assurément parce que « l'homme est *capable* de Dieu [3] », créé qu'il fut à son image et semblance, doté de la faculté d'aimer et de répondre à l'amour d'autrui, ainsi que l'enseignent les saintes Écritures, la Bible ou Parole de Dieu.

## LA BIBLE, PAROLE DE DIEU

« La religion chrétienne a un caractère unique : elle est la religion de la Parole, la religion de la grâce, *la religion du Dieu qui se révèle* et qui se communique à l'homme sans que celui-ci puisse par ses propres forces s'élever jusqu'à Lui [9]. » Il est vrai, paradoxalement et merveilleusement vrai, que « le christianisme implique la Révélation, c'est-à-dire un miracle [10] ». Ainsi en juge Renan, lui-même étranger au surnaturel, incrédule face au miracle, mais qui attribue aux chrétiens cet axiome : « L'histoire du monde n'est qu'une série de miracles [10]. » « Je ne serais pas chrétien sans les miracles [11] » avait dit saint Augustin, le célèbre père de l'Église.

À première vue le miracle, bouleversant l'ordre apparent de la nature et rompant les enchaînements de la logique humaine, est irrecevable par la raison. En réalité, le miracle évolue selon une raison plus haute : Pascal l'avait compris. Il est mystérieux, il n'est pas absurde. Or, Jean Guitton l'a montré, face aux questions de l'existence du monde, de la vie, de la mort, face aux *comment* et aux *pourquoi* qu'affronte sa conscience, l'homme n'a vraiment le choix qu'entre le mystère et l'absurde [12]. Il est clair que la religion chrétienne s'est prononcée en faveur du mystère. C'est pourquoi la révélation divine ou Parole de Dieu est à la fois un miracle et un mystère. Et c'est ainsi que se doit entendre la Bible ou Parole de Dieu.

Bible, au singulier, est un nom grammaticalement trompeur (puisqu'il traduit un pluriel : *biblia*, les livres). Théologiquement légitime, puisqu'il ne peut y avoir qu'*une* Parole de Dieu. « Si nous-mêmes, ou si un ange du Ciel vous annonçait un évangile différent de celui que nous vous avons annoncé, qu'il soit anathème [13] ! » écrivait saint Paul.

Dans la tradition hébraïque palestinienne, le recueil des saintes Écritures fut définitivement constitué en 98 après J.-C. Sa liste officielle, le « canon », comprenait et comprend 39 livres, regroupés en trois parties : la *Torah* (ou Loi), les *Prophètes*, les *Écrits*. La Torah, jusqu'au XVIIᵉ siècle unanimement attribuée à Moïse, regroupait et regroupe cinq livres vénérables : la *Genèse*, l'*Exode*, le *Lévitique*, les *Nombres*, le *Deutéronome*. Les Bibles chrétiennes nomment cette Torah *Pentateuque* (les cinq livres). Dans la tradition juive, ces cinq livres représentent la partie la plus sacrée de l'Écriture.

Venaient et viennent ensuite les *Prophètes* [14], et enfin les *Écrits* historiques ou sapientiaux [15]. On notera que, dans la tradition chrétienne, l'expression courante « la Loi et les Prophètes » désignait, non les deux tiers de la Bible, mais l'ensemble des Écritures tenues pour sacrées au temps du Christ.

À l'intention des juifs de la *Diaspora* (dispersion hors d'Israël), existait une version grecque des livres saints, commencée au IIIᵉ siècle avant J.-C. en Alexandrie. Cette Bible hellénique demeure connue sous le nom de *Septante*, la légende voulant qu'elle eût été réalisée par 72 traducteurs juifs travaillant... exactement 72 jours afin de satisfaire le roi Ptolémée II Philadelphe [16].

À l'époque de Jésus, les juifs de la Diaspora acceptaient sept livres de plus en leur « canon » que leurs frères de Palestine. C'étaient la *Sagesse*, l'*Ecclésiastique* (ou Siracide), *Tobie*, *Judith*, *Baruch* et les deux livres historiques des *Maccabées*. Contrairement aux 39 livres du canon palestinien, ils n'avaient apparemment pas d'original hébreu. Les Églises catholique et orthodoxe adopteront ce canon élargi à 46 livres [17].

Cette différence entre les deux canons ne doit pas faire oublier l'attachement profond, essentiel, des communautés juives envers leurs livres saints et surtout envers la *Torah*. Pour en bien saisir toutes les richesses, les rabbins ont rédigé des commentaires se voulant exemplaires, et ce durant quelque huit siècles (IIIᵉ siècle av. J.-C.-Vᵉ siècle apr. J.-C.). Ces textes de référence, à leur tour étudiés et commentés par les juifs pieux et les docteurs, ont reçu le titre générique de *Talmud*. Le Talmud veut expliquer la Torah, loi écrite, par l'élaboration pieuse et subtile d'une loi orale, ou loi appliquée. Dire « la Torah et le Talmud », c'est un peu, dans le monde israélite, comme dire « l'Écriture sainte et la Tradition » dans les Églises catholique ou orthodoxe. Mais jamais le Talmud n'a prétendu se hisser à la hauteur des vieux livres saints.

Les commentaires bibliques juifs, l'exégèse israélite, présentent cette particularité d'être théologiques, théocentriques et moraux, et non historiques ou critiques. Pourtant, la Bible juive – notre Ancien Testament – ne se limite jamais à son caractère de révélation divine. Elle est aussi un code de lois morales, un code de lois liturgiques, un code civil et un code pénal. Vecteur de l'histoire du salut des hommes, la Bible est non moins l'histoire du peuple élu et l'histoire nationale des Hébreux, d'Abraham jusqu'au prophète Malachie. Bref, nos frères juifs auraient eu, en usant de l'exégèse historique et critique, plus d'excuses que certains de nos théologiens modernes. Ils ont résisté à cette tentation. Ce n'est point abaisser leur mérite que dire qu'ils ont en cela été aidés par la forme essentielle de leur foi collective. En effet, la religion juive a toujours cru licite et même nécessaire de confondre le spirituel et le temporel. Peut-être parce qu'elle se sentait proche de son Maître, le Dieu vivant ; parce qu'elle vivait les Promesses faites à Noé, puis à Abraham, puis à Moïse ; parce que son histoire était marquée par cent théophanies (Dieu visitant Abraham sous les chênes de Mamré, l'échelle de Jacob, le buisson ardent, etc.), parce que son histoire lui paraissait toute providentielle (la fuite hors d'Égypte, les victoires de Moïse, de Josué, de David, de Judas Maccabée, sans oublier l'heureuse fin de l'exil à Babylone) ; parce que ses prophètes et son peuple avaient toujours vécu dans la familiarité des miracles. Cette confusion du spirituel et du temporel orientera l'espérance messianique juive. Les juifs ont rêvé et rêvent d'un Messie temporel, d'un nouveau David, restaurateur de la grandeur passée. Elle leur a fait trouver scandaleux le très fameux : « Rendez à César ce qui est à César, et à Dieu ce qui est à Dieu » (*Matthieu* 22, 21), l'un des grands axiomes du christianisme.

Pour le judaïsme, selon la Bible, Dieu est d'abord un Maître ; il est ensuite un Père (*Deutéronome* 14, 1-4). Pour le christianisme, Dieu est un Père : « L'unique objet de l'Écriture, dit Pascal, est la charité[18]. » Pour les deux religions, Dieu a montré, à travers sa

Révélation même, qu'il était unique et Créateur. « S'il est une idée que le petit peuple d'Israël ait apportée au monde, c'est celle de l'unicité et de la transcendance de Dieu..., l'idée que l'ensemble des êtres qu'Israël appelait dans son langage *le Ciel et la Terre* dépendait de Dieu, sans que Dieu dépendît en quoi que ce fût du Ciel et de la Terre ou de quelque réalité informe qui les aurait précédés dans l'être. Nous avons appelé ce rapport la création. On peut dire que les plus grandes têtes de l'ancien monde n'en avaient pas eu l'idée [19]. »

Si le caractère inspiré de l'Ancien Testament nous avait échappé – il est sûr que trop de catholiques le sous-estiment –, et l'importance de ses écrits saints, le Christ lui-même nous corrigerait, par son sermon sur la Montagne : « Ne pensez pas que je sois venu abolir la Loi ou les Prophètes. Je suis venu non pour abolir mais pour accomplir » (*Matthieu* 5, 17). Saint Paul, si besoin, viendrait en renfort : « Toute l'Écriture est inspirée de Dieu » (*II Timothée* 3, 16). Enfin saint Augustin, l'exégète des grands symboles bibliques, crierait au Seigneur, pour nous bien instruire : « Étonnante profondeur de vos Écritures ! leur surface semble nous sourire, comme à de petits enfants ; mais quelle profondeur, ô mon Dieu ! insondable profondeur [20] ! »

## L'ANCIEN TESTAMENT CHRÉTIEN

Le christianisme, en dépit de ses divisions, se retrouve uni pour reconnaître et proclamer l'inspiration divine de la sainte Écriture. Dans la *Confession de La Rochelle* (1559), texte de référence du calvinisme, nous lisons, en effet : « Toute l'Écriture sainte est contenue dans les livres canoniques de l'Ancien et du Nouveau Testament... Nous reconnaissons que ces livres sont canoniques, et la règle très certaine de notre foi, non pas tant par le commun accord et le consentement de l'Église, que par le témoignage et la persuasion intérieure du Saint-Esprit... Nous croyons que la Parole qui est contenue dans ces livres a Dieu pour origine, et qu'elle détient son autorité de Dieu seul et non des hommes [21]. »

La *Constitution dogmatique sur la révélation divine* (18 novembre 1965), votée par 2 344 voix contre 6 par les pères du concile Vatican II, ne tient pas un langage très différent : « Ce qui a été divinement révélé, et qui est contenu et exposé dans la sainte Écriture, a été consigné sous l'inspiration du Saint-Esprit. Les livres entiers tant de l'Ancien que du Nouveau Testament, avec toutes leurs parties, la sainte mère Église les tient, en vertu de la foi reçue des Apôtres, pour saints et canoniques, parce que, composés sous l'inspiration du Saint-Esprit, ils ont Dieu pour auteur, et ont été transmis comme tels à l'Église elle-même [22]. »

Les hommes chargés par Dieu de rédiger les saints Livres s'appellent les Prophètes (Ancien Testament) et les Apôtres (Nouveau Testament). Les Prophètes ont annoncé le Christ, et c'est pourquoi, contrairement aux rabbins, le christianisme place les Prophètes avant la Loi. Les Apôtres ont apporté sur le Christ « un témoignage perpétuel et divin [23] ». Mais il y a continuité, des uns aux autres. L'Ancien Testament et le Nouveau sont inséparables. Nul ne l'a mieux dit que saint Augustin : *Novum Testamentum in Vetere Testamento* latet, *Vetus Testamentum in Novo Testamento* patet. Le Nouveau Testament se tient caché dans l'Ancien Testament ; l'Ancien Testament se révèle dans le Nouveau Testament.

La belle formule d'Augustin prolonge la thèse fondamentale de l'apôtre Paul qui invitait déjà à lire et relire les Écritures – c'est-à-dire l'Ancien Testament – selon l'analogie de la foi, donc à la lumière et grâce à l'éclairage de la révélation christique. Paul, Augustin, Luther, Pascal, Kierkegaard et d'autres ont pratiqué une exégèse christocentrique de la Bible ancienne. En cela ils n'ont fait que suivre une voie ouverte par Jésus-Christ lui-même, car la première leçon modèle d'exégèse (connaissance des textes sacrés) et d'herméneutique (interprétation théologique de ces mêmes écrits), suit de peu la Résurrection et a pour maître le Ressuscité.

Aux disciples d'Emmaüs, que la mort de Jésus accable et qui sont loin d'être assurés de la Résurrection, un compagnon de route anonyme répond : « Hommes sans intelligence, et dont le cœur est lent à croire tout ce qu'ont dit les Prophètes ! Le Christ ne devait-il pas souffrir de la sorte et entrer dans sa gloire ? Et, *commençant par Moïse et par tous les Prophètes, il leur expliqua dans toutes les Écritures ce qui le concernait* [24]. » Cet anonyme est Jésus lui-même, bientôt reconnu à sa fraction du pain, puis mystérieusement disparu. Alors les pèlerins d'Emmaüs se disent : « Notre cœur ne brûlait-il pas au-dedans de nous, lorsqu'il nous parlait en chemin et nous expliquait les Écritures [25] ? »

Il faudrait sans cesse relire le récit de saint Luc. La Parole de Dieu incarnée, le Verbe chanté par le quatrième Évangile, se faisant l'interprète de la Parole inscripturée ! quel mystère et quel miracle ! En tout état de cause, c'est Dieu qui, ce jour-là, a rendu canoniques les livres saints et nous a, non seulement permis une lecture christique de la Bible juive, mais presque imposé cette herméneutique. Les textes inspirés sont les mêmes – on ne le dira jamais assez –, mais, dès les premiers chapitres du Livre saint, nos interprétations divergent.

« Toute la foi consiste en Jésus-Christ et en Adam [26]. » Rien n'est donc plus important que le début de la *Genèse* : chaque mot pèse et rayonne. Pour saint Paul, pour saint Augustin, pour Blaise Pascal, après le miracle de la Création, le fait tristement humain de la Chute, ou « péché originel », est la principale leçon du livre des origines. Pour l'exégèse talmudique, au contraire, il semble que le premier « péché » relaté dans la Bible soit celui de Caïn, meurtrier de son frère Abel [27]. Encore ne serait-ce point un péché à l'empreinte héréditaire. L'erreur d'Adam ne serait qu'une « faute », Adam n'étant pas vraiment libre, car encore incapable de distinguer le bien du mal. « À l'origine de l'homme il y a la désobéissance d'un enfant [28]. »

Nos lecteurs ont bien compris que la doctrine chrétienne du péché originel ne se ramène pas à une simple histoire de pomme. Le péché originel n'a rien à voir non plus avec l'œuvre de chair : la confusion en est venue à la suite d'un contresens concernant le mot concupiscence utilisé par saint Augustin. Le péché originel est directement lié au problème de la liberté.

Dans le jardin d'Éden, deux arbres se distinguent des autres : l'arbre de vie et l'arbre de la connaissance du bien et du mal (*Genèse* 2, 9). Nous reviendrons sur le premier. La Bible nous dit qu'Adam et Ève s'étaient vu interdire par le Créateur de cueillir les fruits de l'arbre de la connaissance. On peut obéir ou désobéir à un ordre. Nos premiers parents – ici symboles de l'humanité tout entière – furent donc, à l'instant même, dotés de ce bien si précieux qu'on nomme liberté. Mais de la liberté chaque homme peut faire bon ou mauvais usage. Bon usage ? D'où la belle définition de saint Thomas d'Aquin : la liberté est l'offre faite par Dieu à l'homme de choisir le bien. Comme par hasard nos premiers parents – ils étaient déjà comme nous – préférèrent choisir le mal. Tel fut le premier péché, l'archétype de tout péché. On a dit longtemps, à travers les commentaires chrétiens, que le péché d'Adam et Ève était d'abord d'orgueil [29]. Il est évident que l'orgueil, premier des « péchés capitaux », en fut une composante. Le serpent n'avait-il pas dit à Ève : « Dieu sait que, le jour où vous en mangerez, vos yeux s'ouvriront, et que vous serez comme des dieux [30] » ?

Le plus grave en l'affaire est sûrement l'infidélité. Dans l'infidélité il y a une large part d'orgueil et d'ingratitude. La loi de Dieu a établi une distinction entre le bien et le mal. La reconnaissance instinctive des créatures envers leur Créateur aurait dû les pousser à respecter cette loi instaurée pour leur bien. Ils ont orgueilleusement, et avec ingratitude, préféré échapper à tout règlement, devenir autonomes. Mais en agissant ainsi, en se révoltant contre la loi, ils ont encore et surtout marqué leur infidélité. Or la fidélité, c'est aussi la foi, ou peut-être la foi et l'espérance, ou peut-être encore la foi, l'espérance et l'amour, ce que la théologie chrétienne nommera les trois vertus théologales.

Ces quelques considérations fort simples nous initient à la *lectio* (lecture) et à la *relectio* (relecture et méditation) de textes aussi riches et profonds qu'ils paraissent simples, voire naïfs.

Par Adam le péché est entré dans le monde. C'est pourquoi, héréditairement, « la mort a régné depuis Adam [31] ». Il faudra le Christ pour que soit vaincue la mort. Pour saint Paul, il n'est pas de doute ou d'hésitation, le Christ est le Second Adam, le Nouvel Adam, dispensateur de vie par le canal du sacrement de baptême. Nous revenons ainsi à Pascal : « Toute la foi consiste en Jésus-Christ et en Adam, et toute la morale en la concupiscence [tendance au mal] et en la grâce [infinie bonté miséricordieuse du Seigneur] [26]. » Nous comprenons dès lors pourquoi la *Genèse* avait comme mis en réserve « l'arbre de vie », si furtivement évoqué. Ce mystérieux arbre de vie placé au cœur du jardin d'Éden ne peut être que l'image de la croix du Christ rédempteur.

# UNE FORÊT DE SYMBOLES

L'Ancien Testament est à la fois infiniment varié et profondément un. Infiniment varié, puisque se juxtaposent plusieurs « genres littéraires [32] » : histoire, poésie, hagiographie, écrits liturgiques, hymnes, paraboles, prophéties, apocalypses, prières. Puisque se relaient, au profit de la Révélation, poètes, chroniqueurs, sages, prêtres et prophètes. Profondément un, car le Saint-Esprit en avait programmé la synthèse.

En lecture chrétienne, selon l'analogie de la foi, l'Ancien Testament contient toutes « les figures de la joie future [33] ». Il inaugure l'histoire du salut des hommes. Trop d'entre nous croient que cette notion d'histoire du salut est une intuition ou une invention de notre siècle. Qu'ils consultent une concordance biblique, ils verront l'extraordinaire répétition du mot *salut* dans l'Ancien Testament. Qu'ils relisent le quatrième Évangile, ils trouveront ou retrouveront la célèbre affirmation de saint Jean : « Le salut vient des juifs [34]. »

Nous partageons avec la religion juive la reconnaissance du dieu d'Abraham, d'Isaac et de Jacob ; mais, dès l'époque des pères de l'Église, les chrétiens ont cherché et trouvé dans la Bible le fait trinitaire, pivot de la foi nouvelle. Ils l'ont deviné dans le récit de la Création, puisque Dieu le Père crée ; il crée par sa Parole, qui est le Fils, Verbe divin ; il crée en liaison avec la troisième Personne (*Genèse* 1, 2 : « L'Esprit de Dieu planait au-dessus des eaux »). Ils ont retrouvé la Trinité sainte près d'Hébron, sous les chênes de Mamré (*Genèse* 18), lorsque trois mystérieux visiteurs passent devant le campement du vieux patriarche : « Abraham vit trois anges, et il adora un seul Seigneur [35]. »

Nous partageons avec les enfants d'Israël le même théocentrisme – et la même Écriture sainte nous a révélé un Dieu unique et fort, maître de l'Univers, Créateur et Providence, vivant et éternel –, mais, des siècles durant, Yahvé, « Dieu jaloux, qui punit la faute des pères sur les fils jusqu'à la troisième et à la quatrième génération [36] », parut un peu « le cruel Dieu des juifs » comme l'appelait l'Athalie de Racine. C'est le Christ qui, plus que tout autre, connaissant parfaitement l'Écriture et ses trésors cachés, a dégagé pour nous, et pour notre salut, les précieux diamants de la Bible, enfouis dans leur gangue. Rien ne semble plus évangélique – et plus novateur par rapport au Dieu des armées, au Dieu de colère, au Dieu jaloux – que l'amour du prochain. Effectivement Jésus l'a prôné et prêché, mais en puisant dans l'Ancien Testament. « Tu aimeras le Seigneur, ton Dieu, de tout ton cœur, de toute ton âme, de toute ta force et de toute ta pensée, et ton prochain comme toi-même » (*Luc* 10, 27). Ce programme, qui semble résumer tout l'évangile, est l'assemblage christique de deux passages des anciens livres : « Tu aimeras l'Éternel, ton Dieu, de tout ton cœur, de toute ton âme et de toute ta force [37] » et « Tu aimeras ton prochain comme toi-même [38] ». S'il est vrai, comme l'assure Chateaubriand, que « la charité, vertu absolument chrétienne et inconnue des anciens, a pris naissance dans Jésus-Christ [39] », on en voit les prémices dans l'Ancien Testament, « le sous-sol où poussèrent les racines de Jésus [40] », l'ouvrage qui, pour un chrétien, est fait tout entier pour le salut des hommes par la future — mais déjà présente ou proche — incarnation de Dieu.

Le christianisme n'a cessé de rechercher dans l'Ancien Testament toutes les annonces, figurations ou symboles du Christ. Le sacrifice d'Abraham annonçait celui du Christ. Isaac portant le bois du sacrifice ne figurait-il pas aussi Jésus portant sa croix ? L'échelle de Jacob [41], liaison miraculeuse entre Ciel et Terre, fut presque immédiatement assimilée au rôle du Christ et à ses attributs, puisque Jésus déclarera : « Je suis le Chemin, la Vérité et la Vie » (*Jean* 14, 6). Joseph vendu par ses frères [42] annonçait sûrement Jésus trahi par Judas [43]. Le serpent d'airain, brandi au désert [44], semblait l'image anticipée du Christ en croix. La victoire de David sur le géant Goliath [45] symbolisait la victoire finale du Fils de Dieu. La visite de la reine de Saba au roi Salomon [46] annoncerait l'adoration des Mages [47]. Élie ressuscitant le fils de la veuve de Sarepta [48] pouvait préfigurer la résurrection miraculeuse de Lazare, ami de Jésus [49], voire la Résurrection même du Christ. Et l'on pourrait aisément citer d'autres exemples.

À ces pré-témoignages indirects s'ajoutent, bien sûr, les prophéties messianiques. « La plus grande des preuves de Jésus-Christ, assure Pascal, sont les prophéties [50]. » Il n'est guère de prophète qui ne semble prédire Jésus. Douze petits prophètes et quatre grands (Isaïe, Jérémie, Ézéchiel et Daniel) : quel fabuleux corpus ! Il est vrai que les pharisiens, pourtant attachés vivement au messianisme, n'ont jamais relié les prophéties à la personne de Jésus. Aujourd'hui encore, nombreux sont les juifs pieux qui prient pour l'avènement du Messie.

Pareille divergence vient d'une immense différence de lecture. Pour les juifs, le Messie – qu'ils l'aient conçu comme une personne ou comme une collectivité – ne pouvait être que le glorieux restaurateur de la grandeur d'Israël. Pour les chrétiens, dont la foi et la ferveur s'ordonnèrent dès l'origine autour de la Passion du Christ et de la Croix, ils ne pouvaient que privilégier les versets sublimes d'Isaïe laissant présager, non un Messie guerrier, superbe et glorieux, mais un « élu de Dieu » exposé à toutes les tribulations. À la fois dépositaire de la gloire, de l'honneur, de la justice de Dieu, prédestiné à « être la lumière des nations [51] » ; et le visage exposé « aux outrages et aux crachats [52] », Serviteur de l'Éternel, mais Serviteur souffrant [53].

La péricope du Serviteur souffrant est aussi belle que la *Passion selon saint Matthieu*. Sa traduction christique paraît aujourd'hui si évidente qu'on comprend mal qu'elle n'ait pas orienté vers l'évangile tous les lecteurs de la Bible : « *Homme de douleur et habitué à la souffrance... Ce sont nos souffrances qu'il a portées. C'est de nos douleurs qu'il s'est chargé... Et c'est par ses meurtrissures que nous sommes guéris... L'Éternel a fait retomber sur lui la faute de nous tous. Il a été maltraité, il s'est humilié Et n'a pas ouvert la bouche, Semblable à l'agneau qu'on mène à la boucherie... Et la volonté de l'Éternel s'effectuera par lui* [54]. »

« Le Vieux Testament est un chiffre [55] », écrivait Pascal. Jésus-Christ et son évangile – le Nouveau Testament – ont apporté au croyant le moyen très sûr de le déchiffrer.

## LE NOUVEAU TESTAMENT

Qu'est-ce que le Nouveau Testament ? Un corpus de vingt-sept livres inspirés, dont Jésus-Christ est le sujet unique, « Jésus-

Christ, que les deux Testaments regardent, l'Ancien comme son attente, le Nouveau comme son modèle, tous deux comme leur centre [56] ». On ne saurait trouver thème plus important, puisque l'« Incarnation est la plus grande des œuvres divines et ne saurait être dépassée [57] », et puisque « nous ne connaissons Dieu que par Jésus-Christ [58] » : « Nul ne vient au Père que par moi [59] » a dit le Christ.

Ces livres ont été très vite adoptés et honorés par les premiers chrétiens, ou, plus exactement, « ils se sont imposés [60] » à eux et ils « ont été peu à peu réunis, classés en un recueil et considérés comme Écriture sainte [60] ». La Bible judaïque prit alors le nom d'Ancien Testament ; les livres nouveaux, porteurs de « la bonne nouvelle » (du salut), furent appelés « Nouveau Testament ».

Le « canon » néotestamentaire réunit cinq écrits narratifs : les quatre *Évangiles* et les *Actes des Apôtres*, les treize *Épîtres* pauliniennes [61], l'*Épître aux Hébreux* [62], les sept *Épîtres* dites « catholiques [63] » et enfin l'*Apocalypse* [64]. « Le canon du Nouveau Testament ne s'est pas formé par addition, comme on pourrait le croire, mais par élimination [65]..., fruit d'un processus qui, jusqu'à la fixation finale [66] s'est échelonné sur plusieurs siècles [67]. »

Le Nouveau Testament fut et demeure « la règle de foi des chrétiens [68] ». « La Parole de Dieu, précise Vatican II, qui est force de Dieu pour le salut de tout croyant, est présentée et montre sa puissance d'une façon éminente dans les écrits du Nouveau Testament [69]. » On y trouve la clef de la dévotion et de la sanctification : « Jésus sera en agonie jusqu'à la fin du monde : il ne faut pas dormir pendant ce temps-là [70] » ; « le Christ se trouve au cœur de la foi et de la vie des chrétiens, au centre de leur témoignage, souvent donné au prix de leur sang [71] ».

Ajouterons-nous, avec Oscar Cullmann, que le Nouveau Testament, de surcroît, « a inspiré et inspire bien des vies héroïques, célèbres ou cachées » et qu'il a « marqué des civilisations dans leurs éthiques, individuelles et sociales, dans leurs littératures, comme dans leurs arts [68] » ?

La *Constitution dogmatique sur la Révélation divine*, promulguée le 18 novembre 1965, a voulu établir un distinguo parmi les livres de la Nouvelle Alliance. « Il n'échappe à personne, y lit-on, que, parmi toutes les Écritures, même du Nouveau Testament, les Évangiles l'emportent à juste titre, du fait qu'ils sont le témoignage principal sur la vie et l'enseignement du Verbe incarné, notre Sauveur [72]. » En ce qui regarde la vie, sans doute ; pour ce qui est de l'enseignement, nombre d'Épîtres ou de passages privilégiés des *Épîtres de Paul* nous semblent avoir au moins la même valeur. C'est ainsi que le quatrième Évangile oublie de raconter la Cène [73], alors que saint Paul en rappelle les faits aux Corinthiens : « Le Seigneur Jésus, dans la nuit où il fut livré, prit du pain et, après avoir rendu grâces, le rompit et dit : Ceci est mon corps... » (*I Corinthiens* 11, 23 et seq.), transmettant le mot à mot des paroles d'institution, et cela dès l'an 55 [74], c'est-à-dire bien avant la diffusion du plus ancien des quatre Évangiles.

On dit souvent que se découvrent, à travers les livres du Nouveau Testament, trois courants ou trois sensibilités complémentaires. Il y aurait un courant pétrinien, particulièrement cher au travers des siècles à l'Église romaine ; un courant paulinien, qui annoncerait en quelque sorte l'esprit de la Réforme – et il est vrai que le protestantisme a un peu trop l'habitude, depuis le XVIe siècle, de s'annexer saint Paul – ; enfin un courant johannique, bien éloigné d'être tari dans la théologie et la dévotion de l'Église orthodoxe. Pareil schéma ne peut être que fort approximatif. Nous n'en voulons pour preuve que le caractère paulinien de la *Première Épître de Pierre* : *I Pierre* 2, 4-8, ressemble fort à *Romain* 9, 32-33 ; *I Pierre* 4, 10-11 est très proche de *Romains* 12, 6-8 ; *I Pierre* 2, 13-17, concernant la soumission du chrétien aux autorités civiles, rappelle précisément *Romains* 13, 1-7, le célèbre passage sur les pouvoirs de droit divin [75].

C'est en bloc que le Nouveau Testament doit être reçu [76].

## LA RÉSURRECTION FUT LA PREUVE

La bonne nouvelle du salut – c'est la signification du mot évangile – n'a de sens que si cette promesse, cette espérance, cette assurance vient de Dieu. Or les Apôtres eux-mêmes, surtout après le drame du Calvaire, n'étaient pas assurés de la divinité de leur Maître. Aujourd'hui, parlant de la Résurrection, nous disons : puisque le Christ est Dieu, il fallait qu'il ressuscitât. Au contraire les disciples et les premiers chrétiens pensaient et disaient : puisque Jésus a été ressuscité d'entre les morts, c'est assurément parce qu'il était Dieu. La Résurrection est la clef du mystère de l'Incarnation, le sceau de la Nouvelle Alliance.

« Après le sabbat, à l'aube du premier jour de la semaine, Marie-Madeleine et l'autre Marie allèrent voir le sépulcre [77] » de Jésus. Elles le trouvèrent vide. Un ange leur dit : « Je sais que vous cherchez Jésus le Crucifié. Il n'est pas ici ; en effet il est ressuscité, comme il l'avait dit... Il est ressuscité des morts. Il vous précède en Galilée [78]. » Marie-Madeleine, dès cet instant, se fit l'infatigable messagère de la miraculeuse nouvelle. « Sa grande affirmation de femme : *Il est ressuscité !* a été la base de la foi de l'humanité [79]. » Ainsi parle Renan qui ne voit ici que le rêve poétique d'une croyante trop sensible.

Pourtant nombre d'hommes et de femmes ayant les pieds sur terre – saint Pierre, marin-pêcheur et non poète ; Thomas, l'incrédule redevenu croyant après avoir tâté les plaies du Crucifié [80] ; les deux disciples d'Emmaüs [81] ; Paul de Tarse [82], cinq cents autres [83] – virent le Ressuscité, crurent et témoignèrent. La phrase de Renan : « Après Jésus, c'est Marie [de Magdala] qui a le plus fait pour la fondation du christianisme [79] » retrouve un nouveau sens, et le sang des martyrs va sceller dans l'Église l'assurance de la Résurrection. « Si Christ n'est pas ressuscité, alors notre prédication est vaine, et votre foi aussi est vaine [84]. » Cette prédication paulinienne disait, entre autres choses, que la mort était entrée dans le monde par le péché d'Adam, que la vie a été reconquise grâce à l'avènement du Christ, que la Résurrection du Christ était le gage de l'assurance de notre propre résurrection : « Ô mort, où est ta victoire [85] ? »

Une fois admise la Résurrection, donc la divinité de Jésus, toute sa vie merveilleuse échappe au merveilleux. Sa naissance virginale [86], les théophanies qui ponctuent son existence (la théophanie trinitaire accompagnant le baptême du Christ par son cousin Jean-Baptiste [87] ; la Transfiguration au mont Thabor [88]), son pouvoir de guérir lépreux, paralytiques, aveugles, possédés [89] et celui de ressusciter les morts (la fille de Jaïre [90], le fils de la veuve de Naïn [91], Lazare de Béthanie [92]), etc. N'étonnent plus les pêches miraculeuses [93], l'apaisement des tempêtes [94], le pouvoir de marcher sur les eaux [95], la multiplication des pains et des poissons [96]. N'étonnent plus les prédictions faites par Jésus : l'annonce de sa mort et de sa Résurrection [97], l'annonce de la destruction de Jérusalem et de l'avènement du Fils de l'homme [98], la promesse du Saint-Esprit [99].

Mais les écrits évangéliques font découvrir ce que précisera en 451 le concile de Chalcédoine : la double nature du Christ, « vrai Dieu et vrai homme », ce qui est une des composantes du « mystère de Jésus ». Vrai Dieu, il a multiplié les signes spirituels et célestes, de sa naissance à son Ascension. Vrai homme, il a connu une enfance de pauvre, une adolescence d'apprenti, une vie d'ouvrier dans l'atelier artisanal du charpentier Joseph, son père adoptif. Vrai homme, il a eu faim, il a eu soif, il a été tenté [100], il a souvent été mal compris, il a échappé de peu à la lapidation [101], il a constaté qu'« un prophète n'est méprisé que dans sa patrie et dans sa maison [102] ». Il a subi la mauvaise foi des juges [103], la brutalité des soldats [104], les affres de la marche au supplice [105], la crucifixion [106], la dérision [107], l'angoisse de l'agonie [108] ; et la mort, la mort ignominieuse de la croix.

Vrai Dieu et vrai homme, il a hésité à accomplir, aux noces de Cana, le miracle suggéré par sa Mère : « Mon heure n'est pas encore venue [109] », et il a refusé de faire un miracle à la carte que lui demandaient « quelques-uns des scribes et des pharisiens [110] ». Vrai Dieu et vrai homme, Jésus a pleuré à l'annonce de la mort de son ami Lazare [111], avant de le ressusciter [112]. « Je suis la Résurrection et la Vie [113] », avait-il dit à Marthe.

## LES QUATRE ÉVANGILES

À la beauté de ces mystères divins et de tant de miracles a correspondu celle des écrits qui les narrent et les commentent. Les trois premiers Évangiles, attribués à saint Matthieu, à saint Marc et à saint Luc, sont dits « synoptiques », parce qu'ils « présentent entre eux une certaine unité... Tout s'y passe dans le même cadre chronologique et géographique : le ministère de Jésus s'étend sur une année, il commence en Galilée et se termine en Judée par la Passion [114] ». Ces Évangiles sont d'abord narratifs, ce qui ne leur enlève pas un rayonnement spirituel certain. « Les Évangiles synoptiques ont été rédigés pour le peuple, disait M. Pouget, le peuple qui n'a pas le temps de réfléchir, mais ils contiennent des sous-entendus considérables [115]. »

Leurs concordances rassurent ; leur « discordance apparente » plaisait à Blaise Pascal [116]. Il y voyait une « dissemblance utile [117] ». Ici, affirme l'auteur des *Pensées*, « toutes les faiblesses très apparentes sont des forces. Exemple : les deux généalogies de saint Matthieu [118] et saint Luc [119]. Qu'y a-t-il de plus clair, que cela n'a pas été fait de concert [120] ? » Ces différences tenaient à la personnalité des Apôtres. Tout comme, sous l'Ancienne Loi, Isaïe avait sa sensibilité et son style, différents de ceux d'Ézéchiel, distincts de ceux de Jérémie, ainsi les évangélistes eurent-ils chacun leur marque distinctive.

Ces porteurs d'une même Parole de Dieu n'avaient pas même talent ni même plume (ou stylet). Les anciennes mosaïques en firent souvent les quatre fleuves du Paradis descendant de la montagne sainte du Christ en gloire. L'art chrétien leur attacha des symboles : un ange pour saint Matthieu, un taureau pour saint Luc, un lion pour Marc, un aigle pour Jean. Tant il est vrai que l'Église écoute la Parole à travers ses versions authentiques, et non quelque artificielle fusion. Qu'elle veut recevoir un seul évangile mais en respectant ses messagers. D'où les titres d'Évangile *selon* saint Matthieu, saint Marc, etc. Et non, *de* saint Matthieu, *de* saint Marc, etc.

Le canon biblique et la Tradition ont assigné la première place à l'*Évangile selon saint Matthieu*. Il semblait peut-être le plus ancien [121], mais surtout les chrétiens furent toujours sensibles à son ancrage : l'auteur inspiré ne cesse, en effet, de jeter « un pont entre l'attente du royaume messianique, dont la venue est proclamée dans les livres prophétiques de l'Ancien Testament, et l'avènement de Jésus-Christ [122] », qui est la vivante « réponse à cette attente [122] ». Cet Évangile y a parfaitement réussi : il est très construit, rédigé avec le soin parfait d'un auteur qui s'est voulu apologiste autant que chroniqueur. L'annonce du Royaume y tient une place essentielle. On ne peut la dire trop considérable : la promesse du Royaume n'est-elle pas au cœur du message divin ? Ne se confond-elle pas avec la notion d'évangile, de bonne nouvelle ?

Le second synoptique des Bibles fut longtemps considéré comme une sorte de résumé du texte de Matthieu. Bossuet appelait saint Marc « le divin abréviateur ». Tout le monde sait aujourd'hui que Marc est antérieur à Matthieu. Voudrions-nous imiter Bossuet, nous nommerions Matthieu « le divin amplificateur ». Si l'auteur du premier Évangile semble s'adresser avant tout aux judéo-chrétiens de Palestine, saint Marc écrit – peut-être en Occident – pour des chrétiens non-juifs (ou des juifs de la *Diaspora* coupés de leurs origines) : « il prend soin de leur expliquer les expressions araméennes qu'il emploie [123] ». Probablement compagnon de saint Paul, Marc a souhaité de rendre témoignage à la filiation divine de Jésus. Cela dit, il dépeint fort bien la personne du Sauveur ; il est moins disert quant à son enseignement.

Le troisième Évangile, « selon saint Luc », est plus tardif que les précédents, bien que son auteur se soit efforcé de réunir le plus grand nombre possible de témoignages directs. Il s'appuie souvent sur Marc et sa chronologie. Sa qualité littéraire est indéniable : nous avons affaire ici à un texte grec de bon aloi. L'auteur fut probablement aussi un compagnon de saint Paul, et son discours s'adresse surtout aux chrétiens venus du paganisme, non du judaïsme. « Plus que chez Marc et Matthieu, on trouve chez Luc la perspective d'une histoire du salut [124]. » Cette préoccupation, l'intérêt porté par l'auteur au Saint-Esprit, à son œuvre, à son pouvoir, à sa liaison avec Jésus, contribuent à conférer au troisième Évangile un élan, une vie, un dynamisme de foi et d'espérance qui en font un texte magnifique. Luc est aussi, à jamais, l'évangéliste de l'enfance, le messager de Marie, la source de nos plus beaux cantiques : le *Magnificat* [125], le *Benedictus* [126], le *Nunc dimittis* [127], sans oublier la doxologie des anges de la Nativité : *Gloria in excelsis* [128].

L'Évangile johannique est différent des trois synoptiques, mais on ne saurait l'opposer à ceux-ci. En effet, il les présuppose, il les considère comme déjà connus par son lecteur. Cela dit, non seulement l'*Évangile selon saint Jean* rompt avec la géographie et la chronologie des trois autres, mais il a voulu privilégier l'interprétation théologique de la vie et des déclarations du Christ. Il médite et commente autant qu'il narre. Pourtant il ne néglige pas les faits. Il choisit ceux qui lui semblent les plus caractéristiques ; ceux qui lui paraissent les jalons irréfutables de l'histoire du salut. Au total, cet ouvrage étonnant est un chef-d'œuvre d'herméneutique. Jean « s'efforce de tracer la ligne qui relie le Jésus historique au Christ de l'Église avec l'intention de montrer leur identité [129] ». En d'autres termes, l'Évangile johannique répond à l'avance aux objections des rationalistes modernes, de Strauss à Guignebert, en passant par Renan, Harnack et Loisy. Comme Matthieu et mieux que lui, l'auteur du quatrième Évangile ne craint pas d'être apologiste.

La beauté sublime de certains passages de Jean n'est-elle pas, d'ailleurs, la meilleure des apologies [130] ? Nulle plume sans doute n'égalera ce que l'on nomme « la prière sacerdotale », l'oraison prononcée par Jésus, « les yeux au ciel » : « Père, l'heure est venue. Glorifie ton Fils, afin que le Fils te glorifie, selon que tu lui as donné pouvoir sur toute chair, afin qu'il donne la vie éternelle à tous ceux que tu lui as donnés. Or, la vie éternelle, c'est qu'ils te connaissent, toi, le seul vrai Dieu [131]... » Nulle plume n'égalera l'hymne à l'amour (*agapè* et non *éros*) contenue dans la *Première Épître de Jean* : « Bien-aimés, aimons-nous les uns les autres, car l'amour est de Dieu, et quiconque aime est né de Dieu et connaît Dieu. Celui qui n'aime pas n'a pas connu Dieu, car *Dieu est amour* [132]. »

L'histoire du salut, dont les évangélistes furent les messagers attentifs, n'est réalité qu'à travers le mystère de l'amour de Dieu.

## LE MESSAGE DU CHRIST

« Le Nouveau Testament, bien qu'il contienne beaucoup de matière théologique, ne renferme pas un exposé complet du dogme [...] Il y a des points de dogme tout entiers qui ne se trouvent que par allusion dans le Nouveau Testament [133]. » Nous ne connaissons d'ailleurs qu'une partie du message, celle que Dieu a cru nécessaire avant tout : « Jésus a fait encore beaucoup d'autres choses ; si on les écrivait en détail, je ne pense pas que le monde même pourrait contenir les livres qu'on écrirait. » Ainsi se termine le quatrième Évangile (*Jean* 21, 25).

La vie même de Jésus révèle, heureusement, déjà l'essentiel

de son message. Il est le Messie de la Promesse, prédit par les Prophètes, descendant de David [134], né à Bethléem [135], annoncé par le Baptiste [136]. Il se nomme Fils de l'homme, ce qui est une formule messianique ; nous la rencontrons 81 fois dans les Évangiles [137]. Son entrée à Jérusalem, au milieu d'un peuple en liesse agitant des rameaux, se veut très précisément messianique. « La foule ne s'y trompe pas, qui comme lui connaît les textes [138]. »

Jésus, de surcroît, ne cache pas sa nature divine, et les Évangiles, à 54 reprises, le disent Fils de Dieu [139]. « Tu es le Christ, s'écrie saint Pierre, *le* Fils du Dieu vivant » (*Matthieu* 16, 16). Tout repose sur l'article défini. Les juifs reconnaissent la paternité de Dieu ; à cet égard tous les croyants peuvent se dire fils de Dieu. Mais se proclamer ou se laisser proclamer *le* Fils de Dieu est inacceptable en Israël, surtout par la classe sacerdotale. On connaît le célèbre dialogue entre Caïphe et Jésus : « Je t'adjure par le Dieu vivant, de nous dire si tu es le Christ, *le* Fils de Dieu. Jésus lui répondit : – Tu l'as dit. ... Alors le souverain sacrificateur déchira ses vêtements et dit : Il a blasphémé [140] ! »

Les miracles de Jésus ont pourtant impressionné les foules. Un simple prophète commande-t-il de la sorte aux éléments ? Guérit-il tant de malades ? Chasse-t-il si bien les démons ? Ressuscite-t-il les morts ? Si tous ces miracles sont assurés [141], la divinité de celui qui les accomplit n'est pas moins assurée.

Mais si le Fils de Dieu, lui-même Dieu, s'est fait miraculeusement homme, né d'une mère juive – et non romaine ou grecque –, protégé par un père adoptif simple charpentier – et non prêtre, lévite ou docteur de la Loi –, s'il a choisi une famille modeste [142], provinciale et même campagnarde, s'il est né dans une mangeoire à bétail, ce ne pouvait être que pour accomplir une mission céleste. Dès la crèche de Bethléem apparaissait ou transparaissait l'espérance christique : « Je vous annonce, dit l'ange aux bergers, la bonne nouvelle d'une grande joie... Aujourd'hui, dans la ville de David, il vous est né un *Sauveur*, qui est le Christ, le Seigneur [143]. » L'Incarnation préságeait directement la Rédemption ; cependant que, de la crèche de Noël à l'arbre de vie du Calvaire, toute l'existence sans péché [144] de Jésus [145] s'harmonisait avec son message de salut.

Ce message est à la fois immense et très bref. Il est suffisamment garanti et scellé par l'Incarnation et par la Rédemption [146] pour n'avoir pas besoin de longs développements. Jésus vient annoncer « la bonne nouvelle du Royaume [147] », c'est-à-dire le pardon des péchés et le salut. À ceux qui se repentent et qui croient, le Royaume est ouvert, le Royaume est offert. Déjà le Baptiste avait dit : « Repentez-vous, car le Royaume des cieux est proche [148]. » Montrant Jésus, ce même Jean-Baptiste s'était écrié : « Voici l'Agneau de Dieu, qui ôte le péché du monde [149]. »

L'Agneau de Dieu est aussi le pasteur du Tout-Puissant, « le Bon Berger » : « Je suis le Bon Berger. Le bon berger donne sa vie pour ses brebis... Moi, je suis le Bon Berger. Je connais mes brebis ; et mes brebis me connaissent, comme le Père me connaît, et comme je connais le Père ; et je donne ma vie pour mes brebis » (*Jean* 10, 11-15).

Le Sauveur établit une communauté, une Église, pour prêcher, d'abord avec lui, ensuite après lui durant des siècles, cette bonne nouvelle du salut. Cette Église, qui sera plus tard animée par l'Esprit Saint et confiée à ses soins, cette Église que Paul nommera le « corps du Christ », se forme du vivant de Jésus et par son soin diligent. Sa finalité est la mission, l'apostolat. Son organisation est hiérarchique et – on ne peut s'empêcher de le deviner – initiatique. À son sommet, Simon-Pierre, dépositaire des « clefs du Royaume [150] ». Entre lui et les douze Apôtres, apparaît, furtivement mais réellement, l'étage intermédiaire des trois témoins privilégiés de la Transfiguration [151] : Pierre, Jacques et Jean. Viennent ensuite les Douze, dont le chiffre est symbolique mais la cohorte éminente. La pyramide des fidèles s'élargit avec soixante-dix disciples [152] pour comprendre enfin cinq cents croyants à qui le Ressuscité voudra bien apparaître [153]. En fait, tout est symbole en cette construction spirituelle : le surnom de Pierre, indice de force ; le métier des premiers disciples, pêcheurs dont Jésus va faire des pêcheurs d'hommes [154] ; les soixante-dix, qui rappellent les soixante-dix fils de Gédéon [155] ; les cinq cents qui évoquent les cinq cents sicles de myrrhe entrant dans l'huile sainte de Moïse [156].

Mais, en attendant que ses disciples prennent le relais, c'est Jésus qui prêche la bonne nouvelle. Il « délivre son message de manière progressive, comme si celui-ci se développait, se précisait au fur et à mesure qu'il l'expose [157] ». Son enseignement reste dans l'esprit des discours juifs. Le Christ est comme ses auditeurs : il aime symboles et paraboles. Pourquoi un sermon sur la Montagne ? En raison de la valeur symbolique des hauts lieux : le mont Ararat, le mont Horeb, le mont Carmel, en attendant la colline du Golgotha. Le Temple « rebâti en trois jours » symbolise admirablement la Résurrection du Crucifié. Jérusalem est d'abord la ville sainte des juifs, ensuite le symbole de l'Église ; « au sens moral l'âme fidèle [158] » ; dans une perspective eschatologique, la Cité céleste, le Paradis.

Jésus émaille ses discours de paraboles : le Semeur, le Grain de sénevé, le Trésor caché, la Brebis égarée, l'Économe infidèle, les Ouvriers de la vigne, les Noces, les Talents, le Bon Samaritain, le Riche insensé, les Invités au banquet, l'Enfant prodigue, le Pharisien et le Publicain, etc. Tantôt, c'est pour que la foule comprenne ; tantôt, c'est afin que seuls les disciples saisissent une leçon profonde [159].

Mais la pédagogie du Christ est de tous les instants. Même ses miracles comportent une leçon. Non contents de témoigner de la bonté de Jésus, ils ont d'autres motivations. Plus d'une fois, il s'agit de montrer que l'état de péché est bien pire que la maladie. Très souvent, le Christ veut bien guérir, soit pour récompenser la foi [160], soit pour la susciter [161].

Le message christique n'est pas une révolution théologique. Dieu – le Dieu Tout-Puissant, Dieu vivant, Créateur tout à la fois et Providence –, celui qui a parlé à son peuple et l'a protégé et aimé en dépit de ses infidélités, Dieu ne saurait être un autre que le Dieu de Moïse. La Loi reste celle de Moïse, le Décalogue. C'est une des parties importantes du sermon sur la Montagne, mais aussi l'une des moins retenues : « Ne pensez pas que je sois venu abolir la Loi ou les Prophètes. Je suis venu non pour abolir, mais pour accomplir. En vérité je vous le dis, jusqu'à ce que le Ciel et la Terre passent, pas un seul iota, pas un seul trait de lettre de la Loi ne passera, jusqu'à ce que tout soit arrivé [162]. » Ce qui était interdit par la loi du Sinaï – le blasphème, l'idolâtrie, le non-respect du jour du Seigneur, le meurtre, le vol, le faux témoignage et le mensonge, l'adultère – le demeure.

La nouveauté réside en ceci : le croyant est invité à respecter la Loi, moins par crainte que par amour de Dieu. D'autre part, la Loi subsiste, mais elle doit être entendue en esprit et en vérité, au lieu d'être appliquée selon la lettre. Dans le sermon sur la

Montagne, Jésus ne craint pas de rendre la Loi plus difficile encore à appliquer. Il est interdit de tuer, mais haïr c'est déjà tuer. L'adultère est interdit, mais « quiconque regarde une femme pour la convoiter a déjà commis l'adultère avec elle dans son cœur [163] ». « Vous avez entendu qu'il a été dit : *Tu aimeras ton prochain* et *tu haïras ton ennemi.* Mais moi je vous dis : Aimez vos ennemis [164]. »

La clef de la Loi est l'amour, c'est pourquoi l'humanité, la charité, la spiritualité ont priorité sur la Loi [165]. Il en est une illustration célèbre. Jésus guérit un jour de sabbat et il déclare à des pharisiens scandalisés : « Le sabbat a été fait pour l'homme, et non l'homme pour le sabbat [166]. »

Le Christ, en apparence, ne révolutionne pas la Loi mais il a infléchi la morale sociale d'une manière étonnante. Le mariage tel qu'il l'enseigne, c'est-à-dire indissoluble et monogamique [167], représente une « révolution colossale [168] ». La place réservée par Jésus à la femme dans la vie spirituelle et la Révélation semble une révolution plus colossale encore. Une femme, la bienheureuse Vierge Marie, a enfanté un Dieu [169]. C'est une femme, la même, qui obtient de Jésus son premier miracle [170]. C'est une femme, la Samaritaine [171], qui est le premier être humain à apprendre que Jésus est le Messie [172]. « Elles seules verront les anges à la Résurrection [...] Elles entrent immédiatement en contact avec l'invisible [173]. » Nombre des héroïnes des Évangiles sont pécheresses : la Samaritaine, la femme adultère [174], Marie-Madeleine. Jésus les sauve et les aime parce qu'elles se repentent, aiment et croient.

Dans son beau livre sur Jésus [175], Jean-Paul Roux n'oublie pas de rappeler un fait trop oublié en Occident : l'intervention courageuse de l'épouse de Pilate « pour essayer de sauver le Christ [176] ». Un apocryphe lui donne le nom de Claudia Procula. « Les Églises grecque et éthiopienne, non sans pénétration, la vénèrent comme une sainte [175]. »

Jésus a audacieusement affronté scribes et pharisiens. « Il faut, en partie du moins, expliquer [ainsi] le grand mouvement des *malheureux* et des *affligés,* des *publicains* et des *pécheurs* qui suivirent Jésus [177]. » Le Christ les a retirés du mépris ambiant, leur a fait comprendre que foi et dévotion n'étaient pas le privilège des « purs » ou des casuistes, leur a montré que la pénitence

Montagne, Jésus ne craint pas de rendre la Loi plus difficile encore à appliquer. Il est interdit de tuer, mais haïr c'est déjà tuer. L'adultère est interdit, mais « quiconque regarde une femme pour la convoiter a déjà commis l'adultère avec elle dans son cœur [163] ». « Vous avez entendu qu'il a été dit : *Tu aimeras ton prochain* et *tu haïras ton ennemi*. Mais moi je vous dis : Aimez vos ennemis [164]. »

La clef de la Loi est l'amour, c'est pourquoi l'humanité, la charité, la spiritualité ont priorité sur la Loi [165]. Il en est une illustration célèbre. Jésus guérit un jour de sabbat et il déclare à des pharisiens scandalisés : « Le sabbat a été fait pour l'homme, et non l'homme pour le sabbat [166]. »

Le Christ, en apparence, ne révolutionne pas la Loi mais il a infléchi la morale sociale d'une manière étonnante. Le mariage tel qu'il l'enseigne, c'est-à-dire indissoluble et monogamique [167], représente une « révolution colossale [168] ». La place réservée par Jésus à la femme dans la vie spirituelle et la Révélation semble une révolution plus colossale encore. Une femme, la bienheureuse Vierge Marie, a enfanté un Dieu [169]. C'est une femme, la même, qui obtient de Jésus son premier miracle [170]. C'est une femme, la Samaritaine [171], qui est le premier être humain à apprendre que Jésus est le Messie [172]. « Elles seules verront les anges à la Résurrection [...] Elles entrent immédiatement en contact avec l'invisible [173]. » Nombre des héroïnes des Évangiles sont pécheresses : la Samaritaine, la femme adultère [174], Marie-Madeleine. Jésus les sauve et les aime parce qu'elles se repentent, aiment et croient.

Dans son beau livre sur Jésus [175], Jean-Paul Roux n'oublie pas de rappeler un fait trop oublié en Occident : l'intervention courageuse de l'épouse de Pilate « pour essayer de sauver le Christ [176] ». Un apocryphe lui donne le nom de Claudia Procula. « Les Églises grecque et éthiopienne, non sans pénétration, la vénèrent comme une sainte [175]. »

Jésus a audacieusement affronté scribes et pharisiens. « Il faut, en partie du moins, expliquer [ainsi] le grand mouvement des *malheureux* et des *affligés*, des *publicains* et des *pécheurs* qui suivirent Jésus [177]. » Le Christ les a retirés du mépris ambiant, leur a fait comprendre que foi et dévotion n'étaient pas le privilège des « purs » ou des casuistes, leur a montré que la pénitence était d'abord un esprit, et non un jeûne légal. Jésus a non moins audacieusement affronté presque toutes les branches du judaïsme en lançant son très fameux « Rendez à César [178] ». Aux yeux des sadducéens, c'était remettre en cause la théocratie ; aux yeux des pharisiens et des zélotes, c'était encourager la collaboration avec les Romains ! Les uns et les autres ignoraient que le message de Jésus, universel, s'élevait bien au-dessus des disputes issues de la Loi.

## DU NOTRE PÈRE AU GOLGOTHA

Les pères de l'Église ne craignaient pas d'évoquer une loi évangélique. Justin nomma Jésus « le nouveau législateur » ; Origène l'appela « législateur des chrétiens [179] ». Mais cette loi nouvelle – si on la désigne sous ce nom – n'était pas un code, plutôt un programme ou un idéal, à ce titre admiré même par Renan [180]. Aux 613 prescriptions issues du Décalogue, le Christ substitue cette formule unique, admirable, inouïe, impossible : « Soyez parfaits, comme votre Père céleste est parfait [181]. »

La loi évangélique se distingue aussi de celle de Moïse, en cela qu'elle est affirmative. Les prescriptions du Sinaï sont majoritairement négatives : « Tu ne commettras pas de meurtre. Tu ne commettras pas d'adultère. Tu ne commettras pas de vol [182] », etc. Les préceptes du sermon sur la Montagne sont positifs. Ce sont d'abord, et avant tout, les huit Béatitudes : *Heureux les pauvres en esprit..., Heureux ceux qui pleurent..., Heureux ceux qui sont doux..., Heureux ceux qui ont faim et soif de justice..., Heureux les miséricordieux..., Heureux ceux qui ont le cœur pur..., Heureux ceux qui procurent la paix..., Heureux ceux qui sont persécutés à cause de la justice, car le Royaume des cieux est à eux !* [183]

Ces Béatitudes ne sont ni négatives – certes ! –, ni imposées. Elles ne sont pas des ordres. Elles suggèrent ce que Dieu attend des hommes qu'il aime. Au lieu d'un code, Jésus-Christ nous fait don du guide divin de la perfection. Il en va des Béatitudes comme de l'exemplaire rencontre du Christ avec le Jeune homme riche. Ce dernier a interrogé Jésus : « Bon Maître, que dois-je faire pour hériter la vie éternelle ? Le Christ, alors, lui a rappelé les dix Commandements, et le Jeune homme de répondre : – J'ai gardé tout cela dès ma jeunesse. » « Jésus, après l'avoir entendu, lui dit : – Il te manque encore une chose. Vends tout ce que tu as, distribue-le aux pauvres, et tu auras un trésor dans les Cieux. Puis viens et suis-moi [184]. » Tant il est vrai que la loi évangélique, qui demeure facultative, est sûrement plus difficile à suivre que la Loi et ses obligations.

À ses auditeurs, sur la Montagne, Jésus n'a dit que des choses simples : Mettez en pratique la Parole [185], faites l'aumône, jeûnez, priez, pardonnez [186], ne jugez pas [187], « Demandez et l'on vous donnera [188] », « À chaque jour suffit sa peine [189] ». Mais ces choses simples sont fort difficiles à appliquer. Raboteux est le chemin du Royaume. Si Jésus a rejeté l'ascétisme de conversion si rudement prêché par Jean-Baptiste [190], il a, en d'autres circonstances, tenu lui-même un rude langage : « Je ne suis pas venu apporter la paix, mais l'épée [191]. » « Celui qui ne prend pas sa croix et ne me suit pas, n'est pas digne de moi [192]. »

Sur le mont des Béatitudes, le discours de Jésus est plus doux. Il enseigne « la liberté, l'indépendance d'esprit, la paix, la lumière et la joie [193] ». Il apprend aux croyants à prier. Il fait mieux que d'apprendre. Il leur *dicte* le Notre Père.

> *Voici donc comment vous devez prier :*
> *Notre Père qui es aux cieux !*
> *Que ton nom soit sanctifié.*
> *Que ton règne vienne ;*
> *Que ta volonté soit faite sur la Terre comme au Ciel.*
> *Donne-nous aujourd'hui notre pain quotidien.*
> *Pardonne-nous nos offenses comme nous pardonnons aussi à ceux*
> *[qui nous ont offensés.*
> *Ne nous laisse pas entrer dans la tentation, mais délivre-nous du*
> *[Malin* [194].

« La révélation essentielle de cette prière, c'est la paternité de Dieu [195], une paternité poussée à un tel point qu'elle absorbe toute autre présentation de Dieu et qu'ainsi Dieu n'est plus que Père [196]. » Jésus fait entendre que, s'il est *le* Fils unique de Dieu, nous sommes fils du Père par adoption [197]. « Quand nous appelons Dieu *Notre Père*, nous ne tombons pas dans le symbolisme, mais nous sommes dans la pleine réalité de ces deux mots : père et fils [198]. »

À ce Père, nous devons louange et glorification [199]. C'est pourquoi le Notre Père est une prière d'hommage avant de se transformer en prière de requête. « L'adoration est, en quelque sorte, l'âme priante de toute prière [200]. » On ne saurait demander le pain quotidien d'emblée. Il faut d'ailleurs « que nos requêtes concourent en définitive, elles aussi » à l'honneur de Dieu, « à sa gloire de Créateur et de Père [201] ». Le pain quotidien évoque la manne au Désert et, comme elle, doit s'entendre comme un don spirituel autant que temporel. Quand nous demandons au Père de pardonner nos offenses, c'est parce que « nous reconnaissons en lui la tendresse du père de l'Enfant prodigue ». Bref, « dans chaque requête la voix de l'adoration domine [202] ». Pour Tertullien, « l'oraison dominicale est vraiment l'abrégé de tout l'évangile [203] ».

Du Notre Père jusqu'au Calvaire, Jésus nous a prêché les trois vertus : la foi, l'espérance et l'amour.

## DES ÉPÎTRES À L'*APOCALYPSE*

À côté des quatre Évangiles, l'Église a canonisé vingt-trois livres, eux aussi tout entiers consacrés à dire et à répandre la bonne nouvelle. Leur variété est grande, leur apport indiscutable. Il manquerait beaucoup au christianisme, s'il avait été privé d'un texte aussi riche que les *Actes des Apôtres*. Et d'ailleurs le christianisme serait peut-être resté comparable à une noble secte juive réformée – quelque chose comme la branche essénienne du judaïsme – sans l'extraordinaire activité de Paul de Tarse, sans ses voyages, ses épîtres, son courage, sa persévérance, sans sa foi.

Cette foi, saint Paul sut la communiquer aux Corinthiens (habitants d'une ville riche, bouillonnante et corrompue), aux Galates d'Asie mineure, aux Éphésiens, aux Philippiens, aux Colossiens, aux Thessaloniciens, et même aux Romains alors que Rome allait devenir le territoire par excellence de saint Pierre. Cette foi, Paul la partageait avec Tite, avec Philémon, avec Timothée. Il en fut l'apôtre privilégié. À force de prêcher, d'écrire, d'encourager, d'admonester, Paul superposa en quelque sorte un empire chrétien, longtemps secret, à l'empire romain. La Méditerranée fut le *Mare nostrum* de l'apôtre des Gentils.

En 313, par la volonté de Constantin, le christianisme put échapper à la clandestinité. Désormais le message paulinien, à l'instar des quatre Évangiles, dont il avait précédé la rédaction, n'eut plus de frontières. Les treize épîtres du « nouveau Moïse » purent étendre leur zone d'influence à l'ensemble des nations dont, chemin faisant, elles favorisaient l'évangélisation.

Saint Paul n'avait pourtant pas choisi la voie de la facilité. Ses grandes épîtres théologiques – *Romains, Corinthiens, Galates* – ne sont pas à la portée du vulgaire, et l'on se demande parfois ce que les Galates pouvaient comprendre à l'épître qui leur avait été destinée. Le chrétien motivé n'avait sûrement pas de mal à s'entendre promettre le pardon des péchés, la résurrection finale et la vie éternelle ; mais qui comprenait aisément la comparaison entre la Foi et la Loi, la définition de l'homme nouveau, l'analyse du baptême et de l'eucharistie, le mystérieux chemin de la grâce divine ?

Indépendamment du soutien de la grâce – cette grâce que Paul prêchait si bien, il en fut aussi le grand bénéficiaire –, saint Paul avait pour lui nombre d'atouts : son intelligence, sa culture, son don de persuasion, sa connaissance étonnante des Écritures. Celui qui a dénoncé l'esclavage de la Loi ne parlait point à la légère : il avait été lui-même docteur de la Loi. Celui qui nous a enseigné à lire et méditer les livres de l'Ancienne Alliance « selon l'analogie de la foi » était imprégné de ces livres. Nul plus que Paul ne pouvait montrer aux chrétiens les lignes de force de la Bible hébraïque, nul plus que lui n'était habilité à nous en indiquer et donner les grands fils conducteurs. Nous savons par Paul que les livres de la Loi contiennent sans conteste les prémices de la foi : de la foi du vieux patriarche Abraham – père des croyants, « chevalier de la foi [204] » – à celle du prophète Habaquq (« Le juste vivra par sa foi [205] »), il y a mystérieuse continuité et nulle rupture [206]. L'exégèse moderne, en méprisant ces fils d'Ariane, enlèvera souvent au message une large part de sa portée. Lorsque les traducteurs de la TOB [207] – après avoir, dans l'*Épître aux*

*Romains*, fait dire, très fidèlement, à saint Paul : « C'est en lui [l'évangile] que la justice de Dieu est révélée, par la foi et pour la foi, selon qu'il est écrit : *Celui qui est juste par la foi vivra* [208] », la phrase même d'Habaquq – font dire à ce même Habaquq, dans l'Ancien Testament : « Un juste vit par sa fidélité [209] », le fidèle aujourd'hui ne sait plus quoi penser. Les traducteurs « œcuméniques » suggèrent-ils que Paul ne savait pas très bien l'hébreu ? Ou bien contestent-ils, sans s'en expliquer, le rôle primordial de la foi dans le salut de l'homme ? Dieu merci, autrefois, dans une primitive Église qui faisait confiance aux Apôtres, il ne dut guère y avoir de Romains, de Galates, de Corinthiens ou de Thessaloniciens pour récuser la compétence biblique du plus célèbre des convertis de l'Histoire.

Mais le Nouveau Testament ne se limite pas aux quatre Évangiles et aux treize lettres de Paul. Il comprend aussi la belle et mystérieuse *Apocalypse*, les *Actes des Apôtres,* l'*Épître aux Hébreux* [210] et les sept *Épîtres* dites « catholiques ». Les *Actes* se présentent, on le sait, comme un second volet du troisième Évangile, œuvre de saint Luc. « Dans son intention comme dans sa forme littéraire, cet écrit n'est pas différent des Évangiles. » Son but « est de montrer l'action puissante de l'Esprit Saint dans la première communauté chrétienne, et par elle dans le monde ambiant [211] ». Les Apôtres en question sont plus précisément Pierre et Paul, donc les deux principaux, ce qui donne aux *Actes* un intérêt tout particulier. C'est par souci pédagogique que l'on classe les *Actes des Apôtres* parmi les écrits « narratifs ». Il faudrait être sans jugement pour n'en pas sentir la portée théologique.

L'*Épître aux Hébreux*, bien moins ancienne que les lettres de saint Paul [212], oeuvre d'« un savant chrétien, d'origine juive [213] » et fort bon helléniste, est moins une lettre qu'« une prédication dont le thème central est le sacerdoce du Christ [214] ». L'*Épître de Jacques*, dont on pense de nos jours qu'elle fut antérieure aux premières Épîtres de Paul, est une exhortation morale destinée aux judéo-chrétiens. On y retrouve « certains accents du sermon sur la Montagne [215] ». La première de saint Pierre exhorte les croyants à l'espérance, à la sainteté et à la bonne conduite [216]. La seconde lettre de Pierre, beaucoup plus tardive [217], est également axée sur l'espérance, que le retard de la fin du monde (et de l'avènement du Christ en gloire) avait peut-être ternie chez les moins croyants. L'*Épître de Jude* est polémique ; elle dénonce les faux docteurs, « hommes dont la condamnation est écrite depuis longtemps, impies qui changent en dérèglement la grâce de notre Dieu et qui renient notre seul Maître et Seigneur Jésus-Christ [218] ». L'*Apocalypse de Jean*, qui clôt la Bible chrétienne, se présente comme une lettre aux Églises d'Asie : Éphèse, Smyrne, Pergame, Thyatire, Sardes, Philadelphie et Laodicée, symbolisant sûrement l'Église entière de Jésus-Christ. Elle a pour objet, son titre l'indique, la « Révélation de Jésus-Christ, que Dieu lui a donnée pour montrer à ses serviteurs les choses qui doivent arriver bientôt et qu'il a fait connaître, par l'envoi de son ange, à son serviteur Jean ». Ces prophéties sont appuyées sur d'extraordinaires et superbes visions : le trône divin, le livre aux sept sceaux, l'ouverture des sceaux, les anges aux sept trompettes, la ville sainte, la Femme, l'Enfant et le dragon, la bête qui monte de la mer, celle qui monte de la terre, « l'Agneau debout sur la montagne de Sion [219] » accompagné des 144 000 « rachetés de la terre [220] », la proclamation des jugements divins, les sept coupes, la chute de Babylone, les noces de l'Agneau, la venue du Christ – « Son nom est la Parole de Dieu [221] ». « Il a sur son manteau et sur sa cuisse un nom écrit : Roi des rois et Seigneur des seigneurs » –, sa victoire sur la bête et sur les faux prophètes, le règne de mille ans [220], le jugement dernier, les nouveaux cieux et la nouvelle terre. Sous une forme poétique et prophétique, l'auteur de l'*Apocalypse* a chanté la foi et l'espérance de l'histoire du salut des hommes.

Moins colorées, moins inquiétantes, plus humaines et chaleureuses mais non moins spirituelles, sont les trois *Épîtres de Jean*, « rédigées dans un esprit de lumineuse contemplation [222] ». Au « Viens, Seigneur Jésus [223] » de l'*Apocalypse* se superpose la conviction profonde selon laquelle « Dieu est amour [224] ».

## LA TRADITION

Si grand sera, au XVIᵉ siècle, le respect des pères de la Réforme pour la sainte Écriture qu'ils adopteront la devise *Scriptura sola* !

(la sainte Écriture et elle seule !) Ils n'accepteront les **Credo de la primitive Église** et les décrets des quatre premiers conciles œcuméniques qu'après avoir vérifié leur conformité avec les enseignements bibliques. À cette exception près, le protestantisme refusera la Tradition, ou du moins s'interdira de la mettre en concurrence avec la Bible comme source de la révélation divine.

À l'opposé, l'Église orthodoxe voit dans la Tradition, plus qu'« un complément de la Parole, mais le Souffle [au sens de Saint-Esprit] qui porte la Parole et la rend vivante à tous les âges de l'Église [225] ». Inspirateur de la Bible, l'Esprit de Dieu est devenu « la mémoire sacrée et l'esprit de discernement de l'Église ». Il fait en premier lieu la fusion des deux Testaments devenus par ses divins soins le « corps unique de la Vérité ». Il permet à l'Église de glaner « les grains de vérité ou les symboles justes » que contiennent certains écrits apocryphes [226] – et admet leur introduction dans le monde des icônes et dans la liturgie –, d'assimiler les leçons des pères de l'Église, des docteurs et des saints, dès lors qu'elles se sont inscrites dans la « christosphère » qui entoure le corps mystique. Selon le mot du théologien Khomiakov [227], « l'Écriture, c'est la Tradition écrite, et la Tradition, c'est l'Écriture vivante [228] ». Cette Tradition se veut, comme le souhaitait saint Irénée, un dépôt de la Vérité. Non un dépôt figé, car la prédication évangélique doit sans cesse être actualisée (actualisée sans être déviée ou déformée), mais vraiment « un dépôt qui se rajeunit [229] ». Enfin la Tradition ne prétend point présider à une *évolution* dogmatique, la Vérité étant immuable ; mais contrôler une *involution* vivante, sensible et mystérieuse, ni sèchement dogmatique, encore moins brutalement imposée. Plutôt que des dogmes, la Tradition accumule des doxologies, louanges du Christ et de son Église [229].

Très tôt l'Église d'Occident eut une vénération particulière pour la Tradition. Les pères de l'Église en témoignèrent, qui s'efforçaient, non seulement de commenter la Bible, mais de réunir toutes les richesses contenues dans une tradition apostolique encore vivante de leur temps, ou encore très proche, en tout cas d'autant plus facilement utilisable qu'elle avait été transmise dans le cadre d'une civilisation de la mémoire.

Que firent les grands théologiens du moyen âge ? Avant de s'exprimer selon les catégories d'Aristote, avant de construire à l'instar de Thomas d'Aquin leurs nobles cathédrales de théologie spéculative, ils pratiquèrent les meilleures sources, ils firent de la théologie positive, s'appuyant sur la sainte Écriture, la tradition apostolique et les écrits des pères de l'Église, réunis en un trésor commun.

Que fit l'Église catholique ? Elle se considéra comme la gardienne légitime de ce trésor, qui comprit bientôt les plus riches éléments de la tradition apostolique (pourquoi se serait-elle arrêtée net à la mort du dernier survivant des Douze ?), les meilleurs fruits de la patrologie, les grands apports dogmatiques des conciles œcuméniques, enfin les définitions et les commentaires des docteurs du moyen âge, l'étonnant Thomas d'Aquin à leur tête. C'est l'addition de tous ces éléments, auxquels s'ajouteront les écrits doctrinaux des papes, qui pour Rome constitue la « Tradition sainte » et justifie ce qu'on nomme le magistère de l'Église.

Contre les protestants, le concile de Trente (1545-1563) impose la Tradition comme source éminente de la foi, cependant que Vatican II ne craint pas de dire Tradition *et* sainte Écriture, au lieu d'Écriture et Tradition [230]. Le concile du XXe siècle va plus loin puisque, dans la « Constitution dogmatique sur la révélation divine », le chapitre consacré à célébrer la Tradition précède ceux qui sont réservés à la Bible ! Le *Catéchisme de l'Église catholique* ne procède point autrement [231], attaché qu'il est aux enseignements de Vatican II.

Pour l'Église romaine, « la Tradition est un fleuve continu de vie, d'une même vie qui se développe [232] d'une façon homogène mais en assimilant toujours de nouveaux éléments [233] ».

M. Pouget, le fameux exégète lazariste, ne serait plus le seul à définir l'Écriture sainte comme étant « cette partie principale de la Tradition qui a été consignée dans des écrits [234] ». Il est vrai que ni M. Pouget, ni les pères du concile n'ignoraient les remarquables considérations du cardinal Newman [235] sur le « développement ». Ce développement, dont nous montrerons quelques grands exemples plus loin [236], a littéralement renouvelé le concept catholique de Tradition, le dépouillant de son aspect dogmatique pour l'inscrire dans la vie, la vie spirituelle, la vie de l'Église, ce « fleuve continu » dont parle avec chaleur le R.P. Bouyer.

> ### La Parole de Dieu
>
> *La Parole de Dieu n'est point un écheveau embrouillé.*
> *C'est un beau fil de laine qui s'empelotte autour du fuseau.*
> *Comme il nous a parlé, ainsi nous devons l'écouter.*
> *Comme il a parlé à Moïse.*
> *Comme il nous a parlé par Jésus.*
> *Comme il nous a parlé tout ainsi nous devons l'entendre.*
>
> Charles Péguy

## Notes

1. On verrait volontiers ici une malice de Pascal contre Descartes, si le texte en cause n'était extrait du célèbre *Mémorial*, rédigé au terme d'une nuit mystique, et cousu dans la doublure de l'habit de Pascal (1654).
2. P. Magnard, *Le Dieu des philosophes*, p. 15.
3. *Catéchisme de l'Église catholique*, p. 21.
4. P. Courthial, *La Confession de foi de La Rochelle*, p. 15.
5. *Romains*, 1, 18-20.
6. *Catéchisme de l'Église catholique*, p. 23.
7. Premières lignes de la conclusion de la *Critique de la raison pratique* par Emmanuel Kant (1788).
8. « Anathème à qui soutient que l'existence du Dieu créateur ne peut être connue à partir des faits par la lumière naturelle » (canon du concile Vatican I), in J. Guitton, *Portrait de M. Pouget*, p. 175.
9. Louis Bouyer, *Le Métier de théologien*, p. 83.
10. Ernest Renan, *Histoire des origines du christianisme*, p. 824.
11. Cité par Blaise Pascal, *Pensées*, p. 1288.
12. J. Guitton, *L'Absurde et le Mystère*, passim.
13. *Galates* 1, 8.
14. Curieusement, dans la Bible juive, le livre de *Daniel* figure parmi les *Écrits*, non parmi les *Prophètes*.
15. Les Bibles protestantes regroupent les 39 livres inspirés du canon juif palestinien (considérant comme « deutéro-canoniques » la *Sagesse*, l'*Ecclésiastique*, *Tobie*, *Judith*, *Baruch* et les deux livres des *Maccabées*), mais ne les présentent pas tout à fait dans le même ordre.
   Elles présentent d'abord les cinq livres du *Pentateuque* : *Genèse*, *Exode*, *Lévitique*, *Nombres* et *Deutéronome*. Puis les « livres historiques » : *Josué*,

les *Juges, Ruth, I Samuel, II Samuel, I Rois, II Rois, I Chroniques, II Chroniques, Esdras, Néhémie, Esther*. Ensuite les « livres poétiques » : *Job*, les *Psaumes*, les *Proverbes*, l'*Ecclésiaste*, le *Cantique des cantiques*. Enfin les Prophètes : *Isaïe, Jérémie*, les *Lamentations de Jérémie, Ézéchiel, Daniel, Osée, Joël, Amos, Abdias, Jonas, Michée, Nahum, Habaquq, Sophonie, Aggée, Zacharie, Malachie.*

16. E. Jacob, *L'Ancien Testament*, p. 15.
17. Les Bibles catholiques se présentent comme les protestantes (cf. *supra*, note 15) : *Pentateuque, Livres historiques* (ajouter, après *Néhémie* : *Tobie* et *Judith* ; ajouter, après *Esther* : *I Maccabées, II Maccabées*), *Livres poétiques et sapientiaux* (ajouter, après le *Cantique* : la *Sagesse* et l'*Ecclésiastique*), enfin les *Livres prophétiques* (les mêmes et dans le même ordre).
18. Pascal, *Pensées*, p. 1274.
19. J. Guitton, *Portrait de M. Pouget*, p. 120.
20. Saint Augustin, *Confessions*, p. 353.
21. Articles 3, 4, 5. Cf. P. Courthial, *La Confession de foi de La Rochelle*, p. 19-24.
22. *Actes du concile Vatican II*, p. 280.
23. *Ibidem*, p. 286.
24. *Luc* 24, 25-27.
25. *Luc* 24, 32.
26. Pascal, *Pensées*, p. 1299.
27. Emmanuel, *Pour comprendre la Genèse*, Paris, Payot, 1971, p. 97.
28. *Idem, ibidem*, p. 77.
29. C'est la thèse bien connue de saint Augustin.
30. *Genèse* 3, 5.
31. *Romains* 5, 14.
32. *Actes du concile Vatican II*, p. 281.
33. Pascal, *Pensées*, p. 1308.
34. *Jean* 4, 22.
35. Phrase de Martin Luther.
36. *Exode* 20, 5.
37. *Deutéronome* 6, 5, et *Matthieu* 22, 37.
38. *Lévitique* 19, 18, et *Matthieu* 22, 39.
39. Chateaubriand, *Le Génie du christianisme*, p. 1032.
40. Renan, *Histoire des origines du christianisme*, p. XXXVII.
41. *Genèse* 28.
42. *Genèse* 37.
43. *Matthieu* 26, 14-16.
44. *Nombres* 21, 8-9.
45. *I Samuel* 17, 38-54.
46. *I Rois* 10, 1-13.
47. *Matthieu* 2, 1-12.
48. *I Rois* 17, 8-24.
49. *Jean* 11, 1-44.
50. Pascal, *Pensées*, p. 1238.
51. *Isaïe* 42, 6 et 49, 6.
52. *Isaïe* 50, 6.

53. *Isaïe* 52 et 53.
54. *Isaïe* 53, 3-10.
55. Pascal, *Pensées*, p. 1262.
56. *Idem, ibidem*, p. 1229.
57. J. Guitton, *Portrait de M. Pouget*, p. 69.
58. Pascal, *Pensées*, p. 1310.
59. *Jean* 14, 6.
60. Oscar Cullmann, *Le Nouveau Testament*, p. 5.
61. L'*Épître aux Romains*, les deux *Épîtres aux Corinthiens*, l'*Épître aux Galates*, l'*Épître aux Éphésiens*, l'*Épître aux Philippiens*, l'*Épître aux Colossiens*, les deux *Épîtres aux Thessaloniciens*, les deux *Épîtres à Timothée*, l'*Épître à Tite*, l'*Épître à Philémon*.
62. Jadis attribuée à saint Paul, longtemps considérée avec méfiance en Occident.
63. Ce sont l'*Épître de Jacques*, les deux *Épîtres de Pierre*, les trois *Épîtres de Jean*, enfin l'*Épître de Jude*.
64. Ou « Révélation de Jésus-Christ », œuvre mystérieuse qui n'a cessé d'entretenir des dizaines de spéculations, mais qui s'achève – ou presque (22, 20) – par un admirable : « Viens, Seigneur Jésus ! » bien fait pour servir de conclusion à la Bible.
65. Comme pour la Bible judaïque, il a fallu éliminer nombre d'écrits « apocryphes », tels le *Protévangile de Jacques*, l'*Évangile du Pseudo-Matthieu*, l'*Histoire de Joseph le charpentier*, le *Livre du Passage de la Très Sainte Vierge Marie*, l'*Ascension d'Isaïe*, l'*Évangile de Pierre*, l'*Évangile de Nicodème*, les *Actes de Pierre*, les *Actes de Jean*, les *Actes de Paul*, les *Actes d'André*, la *Lettre des Apôtres*, l'*Apocalypse de Pierre*, ou l'*Apocalypse de Paul*. Cf. F. Amiot, *La Bible apocryphe. Évangiles apocryphes*, Paris, Le Cerf-Fayard, 1952.
66. En gros, la fin du IVe siècle ; mais « vers 200, le canon du Nouveau Testament se rapproche déjà beaucoup du nôtre » (O. Cullmann, *Le Nouveau Testament*, p. 120.)
67. O. Cullmann, *op cit.*, p. 118.
68. *Idem, ibidem*, p. 5.
69. *Les Actes du concile Vatican II*, p. 286.
70. Pascal, *Pensées*, p. 1313.
71. Jean-Paul II, *Entrez dans l'espérance*, p. 83.
72. *Les Actes du concile Vatican II*, p. 287.
73. Bien sûr, il la suppose connue, et nul n'ignore l'admirable péricope johannique sur le pain de vie (*Jean* 6, 22-58) : « Je suis le pain de vie. Celui qui vient à moi n'aura jamais faim, et celui qui croit en moi n'aura jamais soif »...
74. Oscar Cullmann, *Le Nouveau Testament*, p. 60.
75. *Idem, ibidem*, p. 97.
76. Si vraiment les trois courants évoqués plus haut existaient, il ne faudrait pas y voir des motifs de division, mais l'unité retrouvée des trois vertus théologales. Ce que l'on attribue à Pierre, serait-ce point l'espérance ? À Paul, serait-ce pas la foi ? À Jean, serait-ce pas l'amour ?
77. *Matthieu* 28, 1.

78. *Matthieu* 28, 5-7.
79. Renan, *Histoire des origines du christianisme,* p. 186.
80. *Jean* 20, 24-29.
81. Cf. *Luc* 24, 13-49 : un des plus beaux passages des Évangiles.
82. Dans le cas de saint Paul, par vision mystique.
83. *I Corinthiens* 15, 6.
84. *Ibidem* 15, 14.
85. *Ibidem* 15, 55.
86. Cf. *Luc* 1, 26-38 et seq.
87. *Marc* 1, 9-11 ; *Matthieu* 3, 13-17.
88. *Marc* 9, 2-13 ; *Matthieu* 17, 1-9.
89. *Matthieu* 15, 29-31, etc.
90. *Matthieu* 9, 18-26.
91. *Luc* 7, 11-17.
92. *Jean* 11, 38-44.
93. *Luc* 5, 1-11.
94. *Marc* 4, 35-41 ; *Matthieu* 8, 23-27 ; *Luc* 8, 22-25.
95. *Marc* 6, 45-51.
96. *Marc* 6, 30-44 ; *Marc* 8, 1-10.
97. *Marc* 10, 32-34 ; *Matthieu* 20, 17-19.
98. *Marc* 13, 1-3 ; *Matthieu* 24, 1-44 ; *Luc* 21, 5-36.
99. *Jean* 14, 15-31, et 16, 5-15.
100. *Marc* 1, 12-13 ; *Matthieu* 4, 1-11 ; *Luc* 4, 1-13.
101. *Jean* 10, 31, etc.
102. *Marc* 6, 4.
103. *Matthieu* 26, 59-68.
104. *Matthieu* 27, 27-31.
105. *Marc* 15, 20-27 ; *Matthieu* 27, 31-34 ; *Luc* 23, 26-38 ; *Jean* 19, 16-22.
106. *Marc* 15, 25-28 ; *Matthieu* 27, 35-38 ; *Luc* 23, 33-34 ; *Jean* 19, 18-22.
107. *Marc* 15, 16-18, et 29-32 ; *Matthieu* 27, 28-31, et 39-44 ; *Luc* 23, 11, et 35-38 ; *Jean* 19, 2-3.
108. « À la neuvième heure, Jésus s'écria d'une voix forte : *Éloï, Éloï, lama sabachtani* ? ce qui se traduit : Mon Dieu, mon Dieu, pourquoi m'as-tu abandonné ? » (*Marc* 15, 34). La phrase du Christ était elle-même une citation biblique (*Psaume* 22, 2).
109. *Jean* 2, 4.
110. *Matthieu* 12, 38.
111. *Jean* 11, 35.
112. *Jean* 11, 38-44.
113. *Jean* 11, 25.
114. O. Cullmann, *Le Nouveau Testament,* p. 17.
115. J. Guitton, *Portrait de M. Pouget,* p. 100.
116. Pascal, *Pensées,* p. 1293.
117. *Idem, ibidem,* p. 1316.
118. *Matthieu* 1, 1-17, qui compte trois fois quatorze générations d'Abraham à Jésus.
119. *Luc* 3, 23-38, qui remonte de Jésus jusques à Adam, « fils de Dieu ».
120. Pascal, *Pensées,* p. 1273.

121. On sait aujourd'hui que le texte de Marc est plus ancien.
122. O. Cullmann, *Le Nouveau Testament*, p. 21.
123. *Idem, ibidem*, p. 28.
124. *Idem, ibidem*, p. 33.
125. Ou cantique de Marie : *Luc* 1, 46-55.
126. Ou cantique de Zacharie : *Luc* 1, 68-79.
127. Ou cantique de Siméon : *Luc* 2, 29-32.
128. Ou cantique des anges : *Luc* 2, 14.
129. O. Cullmann, *Le Nouveau Testament*, p. 41.
130. Il en ira de même pour Blaise Pascal.
131. *Jean* 17, 1-3.
132. *I Jean* 4, 7-8.
133. J. Guitton, *Portrait de M. Pouget*, p. 77.
134. La généalogie de Jésus dans Luc (*Luc* 3, 23-38) s'articule autour de David, relais entre Adam et le Nouvel Adam. – Beaucoup ironisent sur cette filiation, arguant du fait que Joseph, incontestablement davidide, n'était que père adoptif de Jésus. Ils oublient que « l'ethnologie et l'histoire, y compris l'histoire sainte, enseignent que, quand il y a adoption, l'adopté devient le véritable enfant de celui qui l'adopte » (Jean-Paul Roux, *Jésus*, p. 88). – « Le titre même de Fils de David apparaît dans les Évangiles dès la première ligne de Matthieu » (P. Bonnard « Jésus », in J.-J. von Allmen, *Vocabulaire biblique*, p. 135).
135. Bethléem, ville de David, avait été annoncé comme berceau du Messie. Cf. *Michée* 5, 1, et *Matthieu* 2, 6.
136. *Marc* 1, 2-8 ; *Matthieu* 3, 1-12 ; *Luc* 3, 1-18 ; *Jean* 1, 6-8, et 19-34. Etc.
137. P. Bonnard, « Jésus », in J.-J. von Allmen, *Vocabulaire biblique*, p. 137.
138. Jean-Paul Roux, *Jésus*, p. 337.
139. P. Bonnard, *op. cit.*, p. 136.
140. *Matthieu* 26, 63-65.
141. Jean-Paul Roux compte une quarantaine de miracles christiques rapportés par les Évangiles (22 dans *Matthieu*, 19 en *Marc*, 14 dans *Luc* et 8 en *Jean*), dont trente-six avec précision.
142. Le caractère davidide de Joseph ne contredit pas cette réalité.
143. *Luc* 2, 10-11.
144. Tout le monde s'accorde à considérer l'épisode fameux des marchands chassés du Temple, comme une légitime et sainte colère, non comme un emportement coupable.
145. « Les plus violents ennemis de Jésus-Christ n'ont jamais osé attaquer sa personne » (Chateaubriand, *Le Génie du christianisme*, p. 943). On n'en peut dire autant de nos jours.
146. « Il n'y a de rédempteur que pour les chrétiens » (Pascal, *Pensées*, p. 1236).
147. *Matthieu* 4, 23.
148. *Matthieu* 3, 2.
149. *Jean* 1, 29.
150. *Matthieu* 16, 19.

151. *Matthieu* 17, 1-13.
152. *Luc* 10, 1.
153. *I Corinthiens* 15, 6.
154. *Matthieu* 4, 19 ; *Marc* 1, 17 ; *Luc* 5, 10.
155. *Juges* 8, 30.
156. *Exode* 30, 23.
157. Jean-Paul Roux, *Jésus,* p. 189.
158. *Idem, ibidem,* p. 40.
159. *Luc* 8, 9-10.
160. « Ma fille, ta foi t'a sauvée ; va en paix et sois guérie de ton mal » (*Marc* 5, 34).
161. « En vérité, je vous le dis, je n'ai trouvé chez personne, même en Israël, une si grande foi » (*Matthieu* 8, 10). Cette foi du centurion romain et le miracle de la guérison par Jésus du serviteur de cet officier doivent être un modèle pour tous, notamment pour les juifs.
162. *Matthieu* 5, 17-18.
163. *Matthieu* 5, 28.
164. *Matthieu* 5, 43-44.
165. Jean-Paul Roux, *Jésus,* p. 285.
166. *Marc* 2, 27.
167. « Que l'homme ne sépare donc pas ce que Dieu a uni » (*Matthieu* 19, 6).
168. Roux, *op cit.,* p. 293.
169. « Il m'enchante qu'une mortelle soit la Mère de notre Dieu, la *Théotokos*, l'humanité elle-même accouchant de son Sauveur » (Vladimir Volkoff, in Bluche, *Pourquoi croyez-vous en Dieu ?* p. 398).
170. Les noces de Cana. Cf. *Jean* 2, 1-11.
171. Non seulement étrangère, mais hérétique et adultère.
172. « La femme lui dit : – Je sais que le Messie vient, celui qu'on appelle Christ. Quand il sera venu, il nous annoncera tout. Jésus lui dit : – Je le suis, moi qui te parle » (*Jean* 4, 25-26).
173. Jean-Paul Roux, *Jésus,* p. 237.
174. Cf. *Jean* 8, 3-11.
175. Roux, *op cit.,* p. 376.
176. L'intervention de la femme de Pilate est narrée, on ne peut plus brièvement, par saint Matthieu (27, 19).
177. J. Jeremias, *Jérusalem au temps de Jésus,* p. 356.
178. « Rendez donc à César ce qui est à César, et à Dieu ce qui est à Dieu » (*Matthieu* 22, 21).
179. J. Pelikan, *La Tradition chrétienne*, t. I, p. 40.
180. « Le royaume de Dieu n'est-il pas l'expression parfaite du but final que poursuit l'idéaliste ? Le sermon sur la Montagne en reste le code accompli » (Renan, *Histoire des origines du christianisme,* p. 827).
181. *Matthieu* 5, 48.
182. *Exode* 20, 13-15.
183. *Matthieu* 5, 3-11.
184. *Luc* 18, 18-22.
185. *Matthieu* 7, 12-27.
186. *Matthieu* 6, 14-15.

187. *Matthieu* 7, 1-5.
188. *Matthieu* 7, 7.
189. *Matthieu* 6, 34.
190. *Marc* 2, 18 ; *Matthieu* 9, 14 ; *Luc* 5, 33.
191. *Matthieu* 10, 34.
192. *Matthieu* 10, 38.
193. Jean-Paul Roux, *Jésus*, p. 12.
194. *Matthieu* 6, 9-13.
195. Dans la prière juive du *Kaddisch* l'on trouve cette phrase : « Que soient reçues les prières et les supplications de tous ceux d'Israël, devant leur Père qui est au Ciel » (Robert Aron, *Les Années obscures de Jésus,* p. 236) ; mais, avant d'être nommé Père, Dieu est appelé deux fois Maître, une fois Saint. Cela dit, le Notre Père – bien plus net, plus pur, plus sobre – rappelle la prière du *Kaddisch*, qui se disait pour les défunts dans les offices de la synagogue.
196. J. Carmignac, *À l'écoute du Notre Père*, p. 105.
197. Cf. *Romains* 8, 15-17.
198. Karl Barth, *La Prière...*, in J. Carmignac, *op cit.*, p. 107.
199. Cf. *Éphésiens*, 1, 6-12.
200. Henri Bremond, in J. Carmignac, *op cit.*, p. 110.
201. J. Carmignac, *À l'écoute du Notre Père*, p. 111.
202. *Idem, ibidem*, p. 112.
203. *Idem, ibidem*, p. 116.
204. C'est le surnom donné au patriarche Abraham par Kierkegaard dans *Crainte et tremblement*.
205. *Habaquq* 2, 4.
206. L'*Épître aux Hébreux* ne pense pas autrement.
207. *Traduction œcuménique de la Bible. Nouveau Testament*, 1973, *Ancien Testament*, 1975.
208. *T.O.B. Nouveau Testament*, p. 452.
209. *T.O.B. Ancien Testament,* p. 1199.
210. Longtemps attribuée à tort à saint Paul.
211. Oscar Cullmann, *Le Nouveau Testament*, p. 46.
212. Elle en est séparée par plus d'une génération d'hommes.
213. O. Cullmann, *op. cit.*, p. 88.
214. *Idem, ibidem*, p. 86.
215. *Idem, ibidem*, p. 95.
216. Cf. O. Cullmann, *Le Nouveau Testament*, p. 95.
217. Cf. O. Cullmann, *op cit.*, p. 105.
218. *Jude* 1, 4.
219. *Apocalypse* 14, 1.
220. Ce chiffre des 144 000, tout comme la vision des mille ans de règne du Christ sur la Terre, alimentèrent longtemps et continuent d'alimenter mainte spéculation, surtout dans les sectes.
221. *Apocalypse* 19, 13.
222. O. Cullmann, *Le Nouveau Testament,* p. 107.
223. *Apocalypse* 22, 20.
224. *I Jean* 4, 8, et 4, 16.
225. Olivier Clément, *L'Église orthodoxe*, 4e éd., Paris, 1991, p. 80.

226. Comparez cette ouverture avec la rigueur extrême des Réformateurs à l'égard des textes apocryphes et livres « deutéro-canoniques ».

227. Peu connu en France, Alexeï Stepanovitch Khomiakov (1804-1860), poète slavophile et théologien orthodoxe, publia en 1858 *L'Église latine et le protestantisme du point de vue de l'Église d'Orient,* ouvrage d'où est extraite la citation ici reproduite.

228. Cité par O. Clément, *L'Église orthodoxe,* p. 80.

229. O. Clément, *op cit.,* p. 82.

230. *Les Actes du concile Vatican II,* p. 277, 279, etc.

231. *Catéchisme de l'Église catholique,* Paris, Mame-Plon, 1992, p. 70-74.

232. On sent ici l'influence du cardinal Newman.

233. R. P. Louis Bouyer, *Le Métier de théologien.* Entretiens avec Georges Daix, Paris, France-Empire, 1979, p. 51.

234. J. Guitton, *Portrait de M. Pouget,* p. 76.

235. Dans *Le Discours d'Oxford* (1843) et dans l'*Essai sur le développement de la doctrine chrétienne* (1845).

236. Cf. *infra,* chapitre III.

## CHAPITRE II

## LES GRANDS CREDO

*Les premières confessions de foi. – Le symbole des Apôtres. – Le Credo de Nicée-Constantinople. – Le symbole dit d'Athanase. – Une variante occidentale du Nicée-Constantinople. – L'assaut des hérésies. – Le dogme est-il trop grec ? – Le schisme d'Orient. – Trois Credo catholiques.*

Le temps de l'Église précède celui des Credo. Le temps de l'Église est inauguré par l'Esprit Saint au jour fameux de la première Pentecôte chrétienne. Depuis dix jours le Christ a quitté la Terre. Il avait annoncé aux Apôtres que la force de Dieu leur serait bientôt donnée, que le Saint-Esprit surviendrait et les transformerait en témoins. Depuis lors ils attendaient. Or, le dixième jour, nous dit saint Luc, comme ils étaient tous ensemble, « il vint du ciel un bruit comme celui d'un souffle violent qui remplit toute la maison où ils étaient assis. Des langues qui semblaient de feu et qui se séparaient les unes des autres leur apparurent ; elles se posèrent sur chacun d'eux. Ils furent tous remplis d'Esprit Saint et se mirent à parler en d'autres langues, selon que l'Esprit leur donnait de s'exprimer » (*Actes* 2, 1-4). Le miracle des langues s'inscrit contre Babel et l'antique confusion des langues.

D'autres merveilles marquent cette Pentecôte. Saint Pierre, inspiré de Dieu, littéralement possédé par l'Esprit, prononce une belle prédication, parfaitement biblique, tout à fait évangélique et, lorsque la nuit tombe sur Jérusalem, trois mille chrétiens, nous dit-on, ont déjà rejoint les Apôtres. L'Église est fondée. La communauté chrétienne prend forme. « La multitude de ceux qui avaient cru n'était qu'un cœur et qu'une âme » (*Actes* 4, 32). Grande était sa foi. Mais, pour en assurer la pérennité, l'Église du

Christ ne devait pas tarder à orienter et à encadrer les croyances de ses membres. Ce sera l'œuvre des Évangiles, puis des Credo.

Entre la mort du Christ et le Credo de Nicée, près de trois siècles se sont écoulés. L'empire romain fut à son apogée avec les Antonins et les Sévères. L'Église du Christ subit le choc de plusieurs vagues de persécution, de Néron jusques à Dioclétien (depuis 250, par la volonté de Dèce, l'adhésion au christianisme était un crime contre Rome, son unité, ses dieux). Il ne pouvait être question, en ces temps, de réunir les évêques, de tenir des conciles. Mais les martyrs, aussitôt honorés et vénérés, faisaient sans nul doute pour la foi beaucoup plus que toute profession écrite.

Si l'Église demeurait, par la contrainte des choses, une Église du silence, elle avait déjà ses docteurs, exégètes, apologistes, théologiens, les « pères apostoliques » : saint Ignace d'Antioche, saint Justin, saint Irénée, Clément d'Alexandrie, Tertullien, Origène, etc. Ces hommes étaient à la fois des penseurs et des hommes de terrain : Ignace mourut martyr. Ils connaissaient bien la sainte Écriture (Origène étudia de près le texte hébreu de l'Ancien Testament) ; ils prolongeaient le temps des Apôtres et étaient encore tout imprégnés de la tradition apostolique, mais ils ne cherchèrent point à imposer leurs doctrines. Ils pratiquaient, dans la plus grande liberté d'esprit, une théologie positive admirable et diversifiée.

Cependant le peuple de Dieu aspirait à l'unité doctrinale. Dès que l'empereur Constantin le Grand eut autorisé la religion chrétienne (313), l'Église songea à réunir un concile et à bien définir sa croyance. Il en résulta le premier concile œcuménique : Nicée (325).

## LES PREMIÈRES CONFESSIONS DE FOI

Nous avons tous quelque peu tendance à distinguer, voire à opposer, d'un côté message évangélique et témoignages apostoliques du Nouveau Testament, et de l'autre les grands « symboles » ou Credo. (Étymologiquement, symbole veut dire signe

Christ ne devait pas tarder à orienter et à encadrer les croyances de ses membres. Ce sera l'œuvre des Évangiles, puis des Credo.

Entre la mort du Christ et le Credo de Nicée, près de trois siècles se sont écoulés. L'empire romain fut à son apogée avec les Antonins et les Sévères. L'Église du Christ subit le choc de plusieurs vagues de persécution, de Néron jusques à Dioclétien (depuis 250, par la volonté de Dèce, l'adhésion au christianisme était un crime contre Rome, son unité, ses dieux). Il ne pouvait être question, en ces temps, de réunir les évêques, de tenir des conciles. Mais les martyrs, aussitôt honorés et vénérés, faisaient sans nul doute pour la foi beaucoup plus que toute profession écrite.

Si l'Église demeurait, par la contrainte des choses, une Église du silence, elle avait déjà ses docteurs, exégètes, apologistes, théologiens, les « pères apostoliques » : saint Ignace d'Antioche, saint Justin, saint Irénée, Clément d'Alexandrie, Tertullien, Origène, etc. Ces hommes étaient à la fois des penseurs et des hommes de terrain : Ignace mourut martyr. Ils connaissaient bien la sainte Écriture (Origène étudia de près le texte hébreu de l'Ancien Testament) ; ils prolongeaient le temps des Apôtres et étaient encore tout imprégnés de la tradition apostolique, mais ils ne cherchèrent point à imposer leurs doctrines. Ils pratiquaient, dans la plus grande liberté d'esprit, une théologie positive admirable et diversifiée.

Cependant le peuple de Dieu aspirait à l'unité doctrinale. Dès que l'empereur Constantin le Grand eut autorisé la religion chrétienne (313), l'Église songea à réunir un concile et à bien définir sa croyance. Il en résulta le premier concile œcuménique : Nicée (325).

## LES PREMIÈRES CONFESSIONS DE FOI

Nous avons tous quelque peu tendance à distinguer, voire à opposer, d'un côté message évangélique et témoignages apostoliques du Nouveau Testament, et de l'autre les grands « symboles » ou Credo. (Étymologiquement, symbole veut dire signe de ralliement.) Or, ces Credo, ces symboles fameux n'ont pris leur forme définitive qu'au IVe siècle – le symbole de Nicée date de 325 – ou plus tard encore. Beaucoup d'entre nous en retirent l'idée que la primitive Église aurait mis trois cents ans à se constituer un dogme. Et d'opposer l'Évangile et le dogme. C'est une vue trompeuse. Nombre de « confessions de foi » ont précédé et donc préparé celle du concile de Nicée. La chaîne jamais ne fut rompue. Sa continuité, sa solidité garantissent le caractère apostolique des grands symboles.

Pourquoi toutes ces « confessions » ? Leur intention première était de louer Dieu et le prier. Au Créateur, au Père qui a envoyé son Fils pour racheter les hommes, les croyants répondent par un fervent remerciement : « Je crois en Jésus-Christ. » D'où le rôle constant des confessions de foi dans le culte chrétien. En attendant de devenir une hymne, le Credo est une prière. Au reste ces confessions de la foi ne sont « pas le produit de la subjectivité d'un auteur mais la création spontanée de toute l'Église primitive [1] ». Elles jouent alors, avant le baptême, un rôle fondamental : en professant avec élan l'essentiel de ses convictions, le catéchumène montre qu'il est préparé à recevoir ce sacrement. Dans les *Actes des Apôtres,* saint Luc raconte comment le diacre Philippe rencontra un eunuque éthiopien tout prêt à embrasser la foi nouvelle : « Voici de l'eau, lui dit cet homme ; qu'est-ce qui m'empêche d'être baptisé ? Philippe dit : Si tu crois de tout ton cœur, cela est possible. L'eunuque répondit : *Je crois que Jésus-Christ est le Fils de Dieu* » (Actes 8, 36-37). Aussitôt Philippe le baptisa.

Les confessions de foi jouèrent de même un grand rôle tant que l'Empire persécuta les chrétiens. On sait que « martyr » signifie témoin. Devant leurs juges, ou encore face au public des arènes et des amphithéâtres, avant de mourir pour leur foi, les martyrs voulurent souvent la confesser. La confession de foi devenait d'abord témoignage.

On ne peut oublier la troisième fonction des premiers Credo – ou « règles de foi » comme les appelait Tertullien : prêcher l'évangile, répandre « la bonne nouvelle du salut ». Puisque les Apôtres, les évêques, les prêtres, les diacres et beaucoup d'autres ont une vocation et un constant souci missionnaire, ils veulent « disposer d'un texte court et incisif, qui expose l'essentiel de la foi de l'Église à ceux qui l'ignorent ² ». Immense est la valeur didactique des symboles, grands ou petits.

Enfin, et c'est le quatrième rôle des confessions de foi, tout Credo est une sauvegarde de la vérité, un memento d'orthodoxie, un garde-fou contre l'hérésie toujours redoutable, toujours proche. « La confession de foi a pour tâche d'éviter les glissements possibles, en fortifiant la position des croyants et les avertissant des dangers qu'ils courent » ; d'où parfois « un caractère polémique ² ».

Nombre de ces professions sont apostoliques ; certaines d'entre elles sont proprement évangéliques, contemporaines de la vie de Jésus-Christ, antérieures à la rédaction du Nouveau Testament, amorçant dès l'origine et résumant ce qui sera plus tard appelé christologie. Saint Pierre en eut la primeur. Au Maître demandant à ses disciples : « Que dites-vous que je suis ? Simon-Pierre déclara : – Tu es le Christ, le Fils du Dieu vivant » (*Matthieu* 16, 15-16). C'était une phrase inspirée du Ciel, comme il fut répondu à l'Apôtre. Elle saluait Jésus de Nazareth en qualité de Messie d'Israël et des nations (*Christ* traduit en grec le terme de Messie) ; elle reconnaissait implicitement sa divinité, elle faisait littéralement éclater le monothéisme « jaloux » de la religion juive.

Une autre confession, aussi brève et non moins percutante, peut être lue dans le quatrième *Évangile* (*Jean* 20, 28). Le Christ ressuscité était miraculeusement apparu dans la maison barricadée où se terraient frileusement les Douze. S'adressant à Thomas, encore incrédule, et qui avait souhaité voir dans les mains du Maître « la marque des clous » et tâter son côté percé d'un coup de lance, Jésus lui proposa de voir et de palper : « Ne sois pas incrédule, mais crois ! Thomas lui répondit : – Mon Seigneur et mon Dieu ! »

L'addition de ces deux phrases, celle de saint Pierre et celle de Thomas, contient la définition centrale de la christologie future : Jésus est Fils de Dieu et Dieu. Il est aussi « vrai Dieu et vrai homme », comme le précisera en son temps le concile de Chalcédoine (451). S'il n'avait été qu'homme, il ne pouvait avoir ressuscité. S'il n'avait été que Dieu (cette hypothèse fonde l'hérésie docète), sa Passion n'eût été qu'apparence, simulacre, et les cicatrices du Calvaire n'auraient point fait frémir les doigts puis l'âme de l'apôtre Thomas.

On rencontre, dans les trois premiers siècles du christianisme, trois types de confession de la foi nouvelle. Ces textes peuvent être christiques, ou binaires, ou enfin trinitaires. On pourrait croire qu'il s'agit là de leur chronologie, du développement même de la foi, allant de l'enseignement de Jésus jusqu'au temps du dogme proprement dit. Il n'en est rien, et la forme conférée aux symboles tient d'abord au milieu, au public auquel les textes s'adressent. La profession purement christique est surtout de mise lorsque les auditeurs sont juifs. Ces derniers, baignant dans le monothéisme depuis dix-huit siècles, n'ont pas besoin qu'on leur parle du Dieu créateur, du Dieu d'Israël, mais ils attendent le Messie, et les chrétiens souhaitent leur annoncer la venue du Messie, oint du Seigneur et Fils de Dieu. Une belle confession christique se rencontre sous la plume de saint Paul (*Romains* 10, 9) : « Si tu confesses de ta bouche le Seigneur Jésus, et si tu crois dans ton cœur que Dieu l'a ressuscité d'entre les morts, tu seras sauvé. »

Les confessions binaires semblent s'imposer en terre païenne, lorsque le polythéisme demeure vivace ou lorsqu'il tend au syncrétisme et risque d'absorber les croyances nouvelles. Aux païens aussi, on enseigne Jésus-Christ, mais en même temps on leur prêche le Dieu unique. Aux Corinthiens, pour qui « il y a beaucoup de dieux et beaucoup de seigneurs », Paul déclara : « Il n'y a qu'un seul Dieu, le Père, de qui viennent toutes choses, et pour qui nous sommes, et un seul Seigneur, Jésus-Christ, par qui sont toutes choses et par qui nous sommes » (*I Corinthiens* 8, 6).

Enfin les confessions de foi les plus complètes, les plus théologiques sont tripartites et donc trinitaires. En effet, comme le rappelle saint Irénée, « l'Église [...] a reçu des Apôtres et de leurs disciples la foi en un seul Dieu, Père tout-puissant [...] et en un seul Jésus-Christ, Fils de Dieu [...] et en l'Esprit Saint [3] ». Le concept trinitaire, déjà aisément décelable dans le Nouveau Testament (*Matthieu* 28, *Actes* 2, etc.), sera défini et proclamé avec toute sa force dans les grands Credo œcuméniques.

## LE SYMBOLE DES APÔTRES

Des trois plus importants Credo antiques – qui sont le symbole des Apôtres, le symbole de Nicée-Constantinople et le symbole dit de saint Athanase –, le premier nommé n'est pas entièrement et strictement le plus ancien. Il est toutefois le plus vénérable, déjà connu au milieu du IIe siècle sous le nom de « confession de foi romaine », selon un texte encore bref mais dense et trinitaire :

« Je crois en Dieu, le Père de toutes choses et le Seigneur, Et en Jésus-Christ notre Sauveur, crucifié sous Ponce Pilate, Et au Saint-Esprit qui a prophétisé par les prophètes ce qui concernait le Christ [4]. »

Cinquante ans plus tard, donc vers l'an 200, le Credo romain, complété, précisé, n'est déjà plus très loin de sa forme définitive :

« Je crois en Dieu, le Père tout-puissant, Et au Christ Jésus, Fils de Dieu, qui est né par l'Esprit Saint de la Vierge Marie, a été crucifié sous Ponce Pilate, est mort et a été enseveli, est ressuscité vivant le troisième jour, est monté aux cieux, est assis à la droite du Père, viendra juger les vivants et les morts, Et au Saint-Esprit, la sainte Église et la résurrection de la chair [4]. »

Dès cette époque la confession romaine portait aussi le beau titre de symbole des Apôtres. Au reste, saint Irénée (mort vers 208) ne craignait pas de l'attribuer aux Douze, tandis que Tertullien, célèbre père de l'Église, y voyait l'œuvre de Jésus-Christ lui-même. De ces attributions et du commun sentiment d'alors sortira une charmante légende, qui fleurira jusques au temps de l'humanisme : chacun des douze apôtres aurait écrit une phrase du texte, ou un membre de phrase, saint Pierre en tête, comme il se doit, puis André, Jacques, Jean, Philippe, etc., sans curieusement oublier Judas à qui est prêtée la résurrection de la chair ! Nos pères voulaient ainsi donner à leur principale confession de foi et prière la garantie apostolique. Ils souhaitaient lui conférer même valeur qu'aux écrits inspirés du Nouveau Testament.

C'est exactement ce qui se réalisa. Extraordinaire fut le destin de ce Credo, définitivement complété à la fin du VIe siècle ou au début du VIIe :

« Je crois en Dieu, le Père tout-puissant, créateur du Ciel et de la Terre,

Et en Jésus-Christ, son Fils unique, notre Seigneur, qui a été conçu du Saint-Esprit, est né de la Vierge Marie, a souffert sous Ponce Pilate, a été crucifié, est mort et a été enseveli, est descendu aux enfers ; le troisième jour, il est ressuscité des morts ; il est monté aux cieux, il siège à la droite de Dieu le Père tout-puissant ; il viendra de là pour juger les vivants et les morts.

Je crois en l'Esprit Saint, je crois la sainte Église catholique [universelle], la communion des saints, la rémission des péchés, la résurrection de la chair et la vie éternelle. Amen. »

Ce Credo apostolique est le plus justement connu, le plus universellement accepté, étudié, récité. Pour saint Éloi, au VII$^e$ siècle, il n'y a que deux prières fondamentales : le Notre Père, que dicta le Christ au cours du sermon sur la Montagne, et le symbole des Apôtres, admirable et non moins évangélique. Jeanne d'Arc enfant, à qui sa mère l'avait enseigné, le disait de mémoire. Même Jean Calvin, si méfiant à l'égard de ce que l'Église catholique nomme la Tradition, Calvin si attaché au seul recours à la sainte Écriture – le *sola Scriptura* (la Bible seule) cher à la Réforme – est parfai-

> *Symboles*
>
> *Symbole*, chez les chrétiens, est le mémoire des articles de la Foi, que tout chrétien doit savoir et croire. Le symbole des Apôtres se récite en toutes les prières ordinaires. Le symbole de Nicée se chante à la messe. Le symbole de St Athanase se dit à prime [...]. On tient que St Cyprien est le premier qui s'est servi du mot de symbole pour signifier l'abrégé de la foi chrétienne.
>
> Furetière

tement respectueux du Credo. Les symboles des Apôtres, de Nicée et d'Athanase sont reconnus, dans La *Confession de La Rochelle* (1559), résumé de la dogmatique calvinienne, « parce qu'ils sont conformes à la Parole de Dieu », c'est-à-dire comparables aux textes inspirés constituant l'Écriture sainte.

À l'instar du Notre Père, le symbole des Apôtres est parfaitement œcuménique. Il sera reçu par toutes les branches chrétiennes. Il figurera, loué et commenté, dans tous les catéchismes dignes de ce nom, ceux de la Réforme et ceux de la contre-Réforme. Le

*Catéchisme de Heidelberg*, texte réformé (1563), écrit : « Qu'est-il nécessaire à un chrétien de croire ? – Tout ce qui nous est promis dans l'Évangile et que les articles de la foi universelle et indubitable de tous les chrétiens renferment en abrégé dans le symbole des Apôtres. » Trois siècles plus tard, vous pouvez lire dans le *Catéchisme de saint Pie X* : « Quelle est la première partie de la doctrine chrétienne ? – La première partie de la doctrine chrétienne est le symbole des Apôtres, appelé communément le Credo. – Pourquoi appelez-vous le Credo symbole des Apôtres ? – Le Credo est appelé symbole des Apôtres parce qu'il est un abrégé des vérités de la foi enseignées par les Apôtres. »

Le Credo est le trésor commun du peuple chrétien. D'ailleurs, et contrairement au symbole de Nicée-Constantinople, il n'a jamais vraiment été sujet à controverse. Tout au plus les protestants traduisent-ils *catholique* par *universel*, ce qui est le sens étymologique de catholique. Les diverses conceptions de l'Église – structure établie *ou* assemblée des croyants – et les différences dans la définition de la communion des saints n'auraient jamais dû être et ne sont vraiment plus de nos jours des pommes de discorde.

Si le Credo fait l'unanimité dans les grandes Églises, sauf à irriter quelques sectes et les hérétiques anti-trinitaires, il peut laisser rêveurs les agnostiques. Noyau du dogme chrétien, ce texte pose, par son existence même, la question de la légitimité du dogme. C'est fort bien, avancera le sceptique, de lui donner le nom de symbole des Apôtres, mais 1° il n'est pas signé, et 2° il est un peu tardif. Qui nous prouve qu'il est vraiment conforme aux témoignages apostoliques authentiques, qu'il résume sans déformation ni addition le contenu des Évangiles et des Épîtres ?

En réalité, cette inquiétude n'est pas fondée, car déjà beaucoup de fragments du Credo reprennent, parfois mot à mot, des citations du Nouveau Testament. Quand ce n'est pas exactement cas, le symbole reproduit des professions de foi du I$^{er}$ ou du II$^e$ siècle, utilisées avant le baptême. Bref, le Credo est ancré dans le temps des Apôtres. Il l'est aussi dans l'esprit et la tradition vivante de ces mêmes Apôtres.

Il est indispensable d'en juger point par point.

*Je crois en Dieu* [...] *créateur du Ciel et de la Terre*. Cette phrase résume la *Genèse* et peut-on dire tout l'Ancien Testament.

La foi dans le Créateur est tantôt confirmée (« Dieu, le créateur de toutes choses [5] »), tantôt supposée connue (« Ils ont adoré et servi la créature au lieu du Créateur [6] ») à travers le Nouveau Testament.

*Le Père tout-puissant.* « Pour nous, écrit saint Paul, il n'y a qu'un seul Dieu, le Père, de qui viennent toutes choses [7]. » Paul précise même : « Il y a un seul Seigneur [...], un seul Dieu et Père de tous, qui est au-dessus de tous, parmi tous et en tous [8]. »

*Et en Jésus-Christ.* Donner au rabbi Jésus de Nazareth le titre de Christ, c'est le reconnaître comme Messie, oint du Seigneur, ce sauveur unique annoncé par les prophètes et qu'attendait Israël. « Jésus est le Christ [9] » affirme Jean, le « disciple que Jésus aimait ».

*Son Fils unique.* Dans les Évangiles, chose étonnante, même les démons le savent et le disent : « Tu es le Fils de Dieu [10] », ou encore : « Que me veux-tu, Jésus, Fils du Très-Haut [11] ? » Dans les *Actes des Apôtres*, avant que le diacre Philippe ne baptise l'eunuque éthiopien, ce dernier s'écrie, comme en un bref Credo : « Je crois que Jésus-Christ est le Fils de Dieu [12]. »

*Notre Seigneur.* Au Christ ressuscité qui lui dit : « Ne sois pas incrédule, mais crois ! » l'apôtre Thomas répond : « Mon Seigneur et mon Dieu [13] ! » Or ce terme n'est point lancé au hasard. Pour les juifs comme pour les premiers chrétiens le mot Seigneur n'est applicable qu'à Dieu (*Adonaï*). Saint Paul, pour sa part, ne cesse de reconnaître et célébrer cette divine seigneurie : « Jésus-Christ est Seigneur [14] », ou encore : « Pour nous, il n'y a qu'un seul Dieu, le Père [...] et un seul Seigneur, Jésus-Christ, par qui sont toutes choses et par qui nous sommes [15]. » Au temps des persécutions, lorsque les fonctionnaires de l'empire romain exigeaient des chrétiens la formule courante d'allégeance au pouvoir – *Kyrios Kaisar*, César est seigneur –, ceux-ci allaient courageusement au martyre au cri de *Kyrios Christos* : seul le Christ est Seigneur.

*Qui a été conçu du Saint-Esprit, est né de la Vierge Marie.* Joseph, le charpentier de Nazareth, ne fut que père adoptif de Jésus. L'ange de l'Annonciation avait dit à Marie : « Le Saint-Esprit viendra sur toi, et la puissance du Très-Haut te couvrira de son ombre. C'est pourquoi le saint enfant qui naîtra sera appelé Fils de Dieu [16]. » « Cet évangile, écrit l'apôtre Paul, concerne son Fils, né de la descendance de David selon la chair, et déclaré Fils de Dieu [17]. » Dès le IIe siècle, la communauté chrétienne considérait la Vierge Marie comme « davidide », appartenant à la famille du roi David tout comme Joseph, son cousin, père nourricier de Jésus.

*A souffert sous Ponce Pilate.* Saint Paul déjà avait parlé de Pilate [18], le procurateur romain de Judée au moment du procès du Christ, parce que, face à lui, Jésus avait vivement confessé et proclamé sa royauté. Au IIe siècle, le nom de Pilate servait à la fois à dater et inscrire dans l'Histoire la condamnation du Messie, et à en fixer les responsabilités. « Il a réellement souffert sous Ponce Pilate » écrit Ignace d'Antioche. Il fut « crucifié sous Ponce Pilate » écrit Justin en ses *Dialogues*.

*A été crucifié.* On connaît le passage fameux, à la Pentecôte, du discours de saint Pierre : « Cet homme, livré selon le dessein arrêté et selon la prescience de Dieu, vous l'avez fait mourir en le clouant à la croix par la main des impies [19]. » Toutefois, les tribunaux de Judée ne possédaient pas le droit du glaive. Les Romains seuls pouvaient exécuter leurs sentences de mort.

*Est mort et a été enseveli.* « Christ est mort pour nos péchés, écrit saint Paul, selon les Écritures [20]. » « Christ [...] est mort une seule fois pour les péchés, confirme saint Pierre ; lui juste pour des injustices, afin de vous amener à Dieu [21]. » « Il a été enseveli [22]. »

*Est descendu aux enfers.* Ces « enfers », au pluriel, ne s'appliquent nullement à l'enfer promis aux damnés. Il s'agit ici du « limbe des Patriarches », lieu provisoire de séjour des hommes justes de l'Ancien Testament [23].

*Le troisième jour, il est ressuscité des morts.* Cette affirmation est le rocher même de la foi chrétienne, la base de toute l'œuvre théologique et missionnaire de saint Paul, pharisien converti. « Il est ressuscité le troisième jour, selon les Écritures [22] », précise le même apôtre, excellent connaisseur des textes saints en sa qualité de docteur de la Loi. Pierre et Paul, ici encore, s'accordent. Saint Pierre s'écrie : « Vous avez fait mourir le prince de la vie, que Dieu a ressuscité d'entre les morts [24]. » Et saint Paul : « Si tu crois dans ton cœur que Dieu l'a [Jésus-Christ] ressuscité d'entre les morts, tu seras sauvé [25]. »

*Il est monté aux cieux.* Saint Pierre parle de « Jésus-Christ, monté au Ciel [26] ». Mais les juifs évoquaient en général les cieux, au pluriel. On sait que saint Paul fut enlevé, dans une vision mystique, au troisième ciel [27]. On sait aussi que, selon saint Matthieu, Jésus parla souvent du Royaume *des* cieux.

*Il siège à la droite de Dieu le Père tout-puissant.* Saint Pierre parle avec cette même précision de « Jésus-Christ qui, monté au Ciel, est à la droite de Dieu [26] ». Il n'était sans doute pas sans connaître les phrases du Psalmiste : « Oracle de l'Éternel à mon Seigneur : – Assieds-toi à ma droite, jusqu'à ce que je fasse de tes ennemis ton marchepied [28]. »

*Il viendra de là pour juger les vivants et les morts.* Paul et Pierre ont dit cela, de la même manière : « Le Christ Jésus qui doit juger les vivants et les morts [29] » ; « Ils en rendront compte à Celui qui est prêt à juger les vivants et les morts [30]. » Les théologiens nomment *parousie* le retour en gloire du Christ à la fin des temps.

*Je crois en l'Esprit Saint.* « Le Consolateur, le Saint-Esprit que le Père enverra en mon nom, c'est lui qui vous enseignera toutes choses et vous rappellera tout ce que moi je vous ai dit [31]. » Le temps de l'Église, de la Pentecôte à la parousie, est aussi l'ère du Saint-Esprit. Saint Paul en est persuadé, comme en témoigne assez cette admonestation : « Prenez donc garde à vous-mêmes et à tout le troupeau sur lequel le Saint-Esprit vous a établis évêques, pour faire paître l'Église de Dieu qu'il [le Christ] s'est acquise par son propre sang [32]. »

*Je crois la sainte Église catholique* [universelle], *la communion des saints.* « Sur cette pierre, avait dit Jésus à Pierre, je bâtirai mon Église [33]. » « Christ est le chef de l'Église, qui est son corps et dont il est le Sauveur [34] », nous dit saint Paul, coutumier de cette belle allégorie [35], la célèbre image du « corps mystique » dont personne ne lui conteste la paternité bien que l'apôtre des Gentils n'ait pas usé du mot mystique.

*La rémission des péchés.* « Buvez-en tous, car ceci est mon sang, le sang de l'Alliance, qui est répandu pour beaucoup, pour le pardon des péchés [36]. » « Le sang de Jésus-Christ [...] nous purifie de tout péché [37]. » « Ceux à qui vous pardonnerez les péchés, ils leur seront pardonnés, et ceux à qui vous les retiendrez, ils leur seront retenus [38]. »

*La résurrection de la chair.* « Ainsi en est-il, nous dit saint Paul, de la résurrection des morts. Semé corruptible, on ressuscite incorruptible [39]. »

*Et la vie éternelle.* « Ceux-ci iront au châtiment éternel, mais les justes à la vie éternelle [40]. » « Il faut, de même, que le Fils de l'homme soit élevé, afin que quiconque croit en Lui ait la vie éternelle [41]. »

*<br>* *

Nous sommes si habitués aux formules de ce Credo apostolique que nous en oublions, en général, deux choses : 1° c'est un texte magnifique, merveilleusement dense et percutant, 2° il n'a jamais prétendu être complet. L'enseignement de Jésus y est, en effet, supposé connu, cet enseignement qui, au contraire, remplit presque toutes les pages des quatre Évangiles. Et de même le salut par grâce. Et de même les sacrements, puisqu'on ne cite ni le baptême, ni l'eucharistie. C'est que le symbole des Apôtres n'a jamais voulu se substituer au Nouveau Testament. En revanche, il est résolument trinitaire, comme le sont aussi le Nicée-Constantinople et le Credo d'Athanase.

Il est trinitaire, presque entièrement trinitaire. Il proclame ainsi la priorité spirituelle et théologique des trois grands mystères de la foi : la Trinité (un seul Dieu en trois Personnes), l'Incarnation (Dieu s'est fait homme, en la Personne du Fils, par amour pour ses créatures) et la Rédemption (Jésus-Christ est mort pour racheter les péchés du monde). Ils sont inséparables. Sans Trinité, Jésus n'est plus Dieu. Sans la Trinité il ne saurait y avoir ni Incarnation, ni Rédemption : aussi édifiante soit-elle, la mort de Socrate n'a pas sauvé l'humanité. Les trois mystères forment un bloc divin. S'attaquer à l'un des trois, comme l'ont tenté ou le font encore les hérésies, c'est ébranler le corps mystique. Car si l'Église est véritablement le corps du Christ, de ce corps les trois grands mystères sont la colonne vertébrale.

## LE CREDO DE NICÉE-CONSTANTINOPLE

« L'autorité très réelle que possédait l'Église de Rome » avait fait adopter de bonne heure – vers 200 – le symbole romain « dans une bonne partie des Églises latines [42] ». Au contraire, « en Orient, la diversité des symboles a été plus marquée et s'est maintenue beaucoup plus longtemps [43] ». Les Églises n'avaient point un unique pôle de ralliement, mais plusieurs (Jérusalem, Antioche, Constantinople, Alexandrie) ; les évêchés étaient anciens, nombreux, réputés, souvent caractérisés par une vie intellectuelle intense. Chaque évêque voulait sa règle de foi. C'est pourquoi il fallut attendre le concile de Nicée (325) pour imposer aux Églises un texte exemplaire.

À cette date, la paix de l'Église due à l'Empereur Constantin avait douze ans. Les conditions de tenue d'un concile universel – assemblée des évêques de tout le monde chrétien – étaient remplies. Constantin, qui le convoqua et fut présent à son ouverture, avait choisi Nicée pour sa tenue, afin que les évêques d'Occident pussent s'y rendre sans trop de difficulté. Ce premier concile œcuménique, qui, dit-on, réunit 318 « pères », fut dirigé par un patriarche oriental, mais Rome y avait envoyé trois légats. La portée des décisions de Nicée fut aussi grande en Occident qu'en Orient, et d'ailleurs ses décrets « furent promulgués par Constantin, comme des lois de l'Empire [44] ». Son œuvre la plus importante et la plus durable fut une « exposition de la foi » ou symbole, proposée à l'Église tout entière et d'autant plus utile que l'hérésie du prêtre Arius, lequel contestait la divinité du Christ, venait de se faire jour et paraissait fort dangereuse.

Le texte « des 318 Pères », qui inaugure les actes du synode, ne fut pas une création *ex nihilo*. Il fut rédigé en discutant, complétant et précisant l'un des nombreux symboles alors en usage dans l'Orient chrétien. En voici un, qui, pour être moins précis et moins philosophique que le texte de 325, put servir de canevas à la célèbre exposition de la foi nicéenne :

« Je crois en un seul Dieu, le Père, tout-puissant, créateur de toute chose, visible et invisible,

Et en un seul Seigneur, Jésus-Christ, le Fils unique de Dieu, qui est né du Père avant tous les âges, par lequel tout a été fait, qui devint homme, souffrit et ressuscita le troisième jour, et monta au Ciel, et viendra dans la gloire pour juger les vivants et les morts,

Et au Saint-Esprit [45]. »

Il vous faut garder cette rédaction en mémoire pour la comparer avec le symbole de Nicée, mais déjà vous avez pu observer que cette profession archaïque ne soulève pas le problème de la substance divine et ne dit pas que le Fils est « de même substance » (*homoousios*) que le Père. Et maintenant, revenons au Credo nicéen et à son remarquable destin.

« Tout retentirait d'acclamations, écrit Chateaubriand, si l'on trouvait dans Platon ou dans Sénèque une profession de foi aussi simple, aussi pure, aussi claire que celle-ci :

– Je crois en un seul Dieu, Père tout-puissant, créateur du ciel et de la terre, et de toutes choses visibles et invisibles. »

L'auteur du *Génie du christianisme* loue en ces termes, non le symbole des Apôtres, mais le beau Credo dont l'essentiel remonte au concile de Nicée, et le complément au premier concile de Constantinople (381).

En 1435, le concile de Bâle avait obligé de dire ce Credo « en entier » à la messe. Enfin, au milieu du XVI$^e$ siècle, le symbole de Nicée-Constantinople se rencontrait, mot à mot, dans les décrets du concile de Trente (4 février 1546) comme dans la confession de La Rochelle, profession calviniste (1559). Il avait alors sa forme latine définitive :

*Credo in unum Deum Patrem omnipotentem, factorem caeli et terrae, visibilium omnium, et invisibilium ;*

*Et in unum Dominum Jesum Christum, Filium Dei unigenitum, et ex Patre natum ante omnia saecula ; Deum de Deo, lumen de lumine, Deum verum de Deo vero ; genitum, non factum, consubstantialem Patri, per quem omnia facta sunt ; qui propter nos homines, et propter nostram salutem descendit de caelis, et incarnatus est de Spiritu Sancto ex Maria Virgine, et homo factus est ; crucifixus etiam pro nobis sub Pontio Pilato, passus, et sepultus est ; et resurrexit tertia die secundum Scripturas, et ascendit in caelum, sedet ad dexteram Patris ; et iterum venturus est cum gloria judicare vivos et mortuos ; cujus regni non erit finis ;*

*Et in Spiritum Sanctum, Dominum et vivificantem, qui ex Patre, [Filioque* [45]*] procedit ; qui cum Patre et Filio simul adoratur, et conglorificatur ; qui locutus est per prophetas ;*

*Et unam, sanctam, catholicam, et apostolicam Ecclesiam. Confiteor unum baptisma in remissionem peccatorum ; et expecto resurrectionem mortuorum, et vitam venturi saeculi. Amen.*

En français :

« Je crois en un seul Dieu, Père tout-puissant, créateur du ciel et de la terre, de toutes choses visibles et invisibles.

Je crois en un seul Seigneur, Jésus-Christ, le Fils unique de Dieu, né du Père avant tous les siècles, Dieu de Dieu, lumière de lumière, vrai Dieu de vrai Dieu ; engendré et non créé, d'une même substance que le Père, par qui tout a été fait ; qui pour nous les hommes et pour notre salut, est descendu des cieux et s'est incarné par le Saint-Esprit dans la Vierge Marie et s'est fait homme ; il a été crucifié pour nous sous Ponce Pilate, il a souffert et il a été enseveli ; il est ressuscité le troisième jour selon les Écritures ; il est monté au ciel. Il siège à la droite du Père ; de là il reviendra avec gloire pour juger les vivants et les morts et son règne n'aura pas de fin.

Je crois en l'Esprit Saint, qui règne et donne la vie ; qui procède du Père [et du Fils [45]] qui a parlé par les prophètes, qui avec le Père et avec le Fils est adoré et glorifié.

Je crois l'Église une, sainte, catholique [universelle] et apostolique. Je confesse un seul baptême pour la rémission des péchés ; j'attends la résurrection des morts et la vie du siècle à venir.

Amen. »

Ce Credo, reçu par tous les chrétiens comme l'est aussi le symbole des Apôtres – et bien que les orthodoxes, comme nous le verrons plus en détail, n'aient jamais accepté l'introduction ultérieure par l'Église d'Occident du *Filioque* [45] –, résulte de la fusion du symbole voté à Nicée (« exposition de la foi des 318 Pères ») et du texte adopté à Constantinople en 381 (« le symbole des 150 Pères »). Ils ne se contredisaient nullement. Ils se complétaient ; l'un et l'autre fortement trinitaires, l'un et l'autre opposés à l'hérésie d'Arius. Ils furent assez longtemps utilisés parallèlement avant d'être fondus en une seule et même profession de foi.

Voici la traduction du texte nicéen, celui « des 318 Pères » :

« Nous croyons en un seul Dieu, le Père tout-puissant, créateur de toutes les choses visibles et invisibles. Et en un seul Seigneur, Jésus-Christ, Fils de Dieu, né du Père, c'est-à-dire de la substance du Père, Dieu de Dieu, lumière de lumière, vrai Dieu de vrai Dieu, engendré et non créé, de même substance (en grec *homoousios*) que le Père, par qui tout a été fait dans le ciel et sur la terre, qui pour nous les hommes et pour notre salut est descendu, s'est incarné, a été fait homme, a souffert et est ressuscité le troisième jour, est monté aux cieux, viendra juger les vivants et les morts. Et en l'Esprit Saint. »

Plus précis, et d'un équilibre trinitaire mieux assuré, apparaît le symbole des 150 Pères, rédigé et voté à Constantinople en 381 :

« Nous croyons en un seul Dieu, Père tout-puissant, créateur du ciel et de la terre, de toutes les choses visibles et invisibles ; et en un seul Seigneur Jésus-Christ, le Fils unique de Dieu, né du Père avant tous les siècles, Dieu de Dieu, lumière de lumière, vrai Dieu de vrai Dieu, engendré et non créé, de même substance [*homoousios*] que le Père, par qui tout a été fait ; qui pour nous les hommes et notre salut est descendu et s'est incarné de l'Esprit Saint et de la Vierge Marie et s'est fait homme ; il a été crucifié pour nous sous Ponce Pilate et a été enseveli ; il est ressuscité le troisième jour selon les Écritures, est monté aux cieux, siège à la droite du Père et reviendra avec gloire juger les vivants et les morts ; son règne n'aura pas de fin. Et en l'Esprit Saint, qui est Seigneur et donne la vie, qui procède du Père, qui avec le Père et le Fils est adoré et glorifié, qui a parlé par les prophètes ; [nous croyons] l'Église une, catholique et apostolique, nous confessons un seul baptême pour la rémission des péchés et nous attendons la résurrection des morts et la vie du siècle à venir. Amen. »

Le concile d'Éphèse (431) interdit « de professer, d'écrire ou de composer une confession de foi autre que celle définie par les saints Pères réunis à Nicée avec le Saint-Esprit [46] ». Entendez Nicée *et* Constantinople, car le concile de Chalcédoine (451) ne craignit pas de recopier successivement « le symbole des 318 Pères de Nicée » « et le même symbole des 150 Pères réunis à Constantinople ». Leur addition constituait un « sage et salutaire symbole de la grâce divine » donnant « un enseignement parfait sur le Père, le Fils et le Saint-Esprit [47] ».

Le *Filioque* n'avait pas encore été introduit dans le Symbole.

## LE SYMBOLE DIT D'ATHANASE

En confirmant le symbole de Nicée, le concile d'Éphèse (431) n'avait pas craint, peut-être imprudemment, d'interdire d'en professer, écrire ou composer un autre. Mais le concile de Florence, en sa huitième session (22 novembre 1439), n'hésita point à reconnaître ce qu'il appelait « la règle de foi énoncée par le très bienheureux Athanase [48] ».

Il s'agissait d'un Credo ancien, rédigé au V$^e$ siècle par un ou plusieurs évêques de l'Occident latin, amplifié et affiné au VI$^e$, en tout cas bien après la mort de son auteur présumé, entré dans la liturgie au IX$^e$ siècle. On l'a parfois attribué à saint Vincent de Lérins, à saint Césaire d'Arles ou encore à saint Ambroise, archevêque de Milan. En réalité, le symbole « d'Athanase » est fait de deux parties de style différent. Le début est une hymne trinitaire répétitive, scandée, parfaitement réglée sur la doctrine de saint Augustin. La suite est une profession christologique dans l'esprit du concile de Chalcédoine : Jésus-Christ, vrai Dieu et vrai homme.

Voici un extrait du Credo d'Athanase, un symbole trop négligé par l'Église catholique, reçu par les orthodoxes et les réformés, présent dans la liturgie anglicane :

« Telle est la foi catholique : nous vénérons un seul Dieu dans

---

### La Trinité

*Loin des murs flamboyants qui renferment le monde,*
*Dans le centre caché d'une clarté profonde,*
*Dieu repose en lui-même et vêtu de splendeur,*
*Sans bornes est rempli de sa propre grandeur.*
*Une triple personne en une seule essence,*
*Le suprême pouvoir, la suprême science,*
*Et le suprême amour, unis en Trinité,*
*Dans son règne éternel forment sa majesté.*

Jean Chapelain (1656).

---

la Trinité et la Trinité dans l'unité, sans confondre les Personnes ni diviser la substance. La Personne du Père est une, celle du Fils est une, celle du Saint-Esprit est une ; mais le Père, le Fils et le Saint-Esprit ne sont qu'un seul Dieu. Ils ont une gloire égale et une majesté égale et éternelle. Tel est le Père, tel est le Fils, tel est le Saint-Esprit.

Le Père est incréé, le Fils est incréé, le Saint-Esprit est incréé. Le Père est immense, immense est le Fils, immense est le Saint-Esprit. Le Père est éternel, éternel est le Fils, éternel est le Saint-Esprit ; et pourtant il n'y a pas trois éternels, mais un seul Éternel. Il n'y a pas trois incréés, mais un seul Incréé ; il n'y a pas trois immenses, mais un seul Immense.

De même, le Père est tout-puissant, le Fils est tout-puissant, le Saint-Esprit est tout-puissant ; et pourtant il n'y a pas trois tout-puissants, mais un seul Tout-Puissant. De même, le Père est Dieu, le Fils est Dieu, le Saint-Esprit est Dieu ; et pourtant il n'y a pas trois dieux, mais un seul Dieu. […]

Celui qui veut être sauvé doit avoir cette croyance de la Trinité [49]. »

## UNE VARIANTE OCCIDENTALE DU NICÉE-CONSTANTINOPLE

L'interdiction faite aux chrétiens de reconnaître de nouveaux symboles de la foi ne s'étendait pas aux professions personnelles, surtout lorsqu'elles s'inscrivaient, jusque dans la forme, à la suite presque exacte du symbole de Nicée. On en peut juger avec ce Credo, orthodoxe mais chaleureux et personnalisé, rédigé vers l'an 577 par saint Grégoire de Tours. Il précède sa fameuse *Histoire des Francs*. Chemin faisant, ce beau texte nous montrera l'introduction du *Filioque* dans le Symbole.

« Je crois donc en Dieu le Père tout-puissant. Je crois en Jésus-Christ, son Fils unique, notre Seigneur, né du Père, qui n'a pas été engendré, qui a toujours existé avec le Père, non pas dans le temps, mais avant le temps, car le Père n'aurait pu être ainsi désigné s'il n'avait eu un fils et celui-ci non plus ne serait pas un fils s'il n'avait pas un père. Quant à ceux qui disent : – Il fut un temps où il n'existait pas encore, je les renie avec exécration et je déclare qu'ils sont exclus de l'Église. Je crois que le Christ est le verbe du Père par qui toutes choses ont été créées. Je crois que ce

Verbe a été fait chair, que le monde a été racheté par sa passion et je crois que c'est son humanité et non sa divinité qui a subi la passion. Je crois qu'il est ressuscité le troisième jour, qu'il a délivré l'homme qui était perdu, qu'il est monté aux cieux, qu'il est assis à la droite du Père, qu'il viendra et jugera les vivants et les morts.

Je crois que le Saint-Esprit a procédé du Père et du Fils [*Filioque*], qu'il ne leur est pas inférieur, qu'il n'est pas vrai qu'il n'ait pas existé auparavant, mais qu'il leur est égal, et que, toujours co-éternel avec le Père et le Fils, il est Dieu, étant consubstantiel en nature avec eux, égal à eux par sa toute-puissance, sempiternel comme eux dans son essence, qu'il n'a jamais été sans le Père ni le Fils et qu'il n'est inférieur ni au Père ni au Fils.

Je crois que cette Trinité sainte subsiste avec ses personnes distinctes, qu'autre est la personne du Père, autre celle du Fils, autre celle de l'Esprit Saint. Je confesse que dans cette Trinité il n'y a qu'une seule divinité, une seule puissance, une seule essence. Je crois que la bienheureuse Marie est restée vierge après son enfantement comme elle l'était auparavant. Et je crois fidèlement à tout ce qui a été institué à Nicée par 318 évêques [50]. »

Cette profession de foi est tout à fait dans l'esprit des Credo de Nicée et Constantinople. Elle combat particulièrement l'hérésie arienne (en insistant sur l'égalité du Fils avec le Père) mais aussi l'hérésie docète, son opposée (en insistant sur la réalité physique et les souffrances de la Passion). Mais nous rappellerons que c'est une confession personnelle : Grégoire de Tours se plaît à proclamer ce qu'il tient pour le dogme fondamental de l'Église du Christ. Il n'entend nullement imposer son texte mot à mot. On ne saurait donc le mettre au rang des grands Credo œcuméniques. Au reste, il a introduit sans difficulté le *Filioque* – que l'Église d'Orient contestera bientôt – et la virginité perpétuelle de la Vierge Marie, dont ne parlaient ni le symbole des Apôtres, ni celui de Nicée-Constantinople.

## L'ASSAUT DES HÉRÉSIES

Si précis qu'apparaisse le symbole de Nicée-Constantinople,

chantre de la Trinité et résumé de la christologie, il fut cerné, agressé par des hérésies tenaces et répétitives. Leurs assauts font penser à ces vagues qui s'écrasent avec bruit contre les grands phares océaniques. Les hérésies sont aussi vieilles que l'Église : *Oportet haereses esse* avait écrit saint Paul [51] (il est bon qu'il y ait des controverses). Mais l'Église leur résista toujours, comme les phares de granit résistent à la tempête.

Au IIe et au IIIe siècle, le christianisme dut affronter le gnosticisme, le manichéisme, le marcionisme, le montanisme, pour ne citer que les principales déviations d'alors. Le gnosticisme, à travers de nombreuses formes – juive, païenne, voire chrétienne –, tendait à substituer à la religion révélée du Christ une philosophie initiatique. « Il est certain que le triomphe du gnosticisme au IIe siècle aurait touché le christianisme en plein cœur ; absorbant la prédication de l'évangile et l'Église chrétienne tout entière, le syncrétisme hellénique en aurait signé l'arrêt de mort [52]. » Le

---

### Un regard sur l'hérésie

*Oportet haereses esse* : pour saint Paul, auteur de cette formule célèbre, utile était la controverse religieuse puisqu'elle était occasion de définir et d'approfondir la doctrine du christianisme orthodoxe menacé. Mais on peut dire, je crois, que l'hérésie – au moins à son origine – entre dans le jeu (accepté par Dieu) d'une compétition vers la transcendance.

Les ariens, qui remettent en cause la divinité du Christ, et les docètes, qui nient son humanité, paraissent à première vue on ne peut plus opposés. Or ils ont une motivation commune : un commun souci de la divinité, de l'unité de Dieu, de sa toute-puissance, de son infini. Car enfin les docètes restreignent et presque suppriment l'humanité du Messie dans la crainte de diminuer Dieu ; quant aux ariens, ils contestent la divinité originelle de Jésus pour la même raison ! Ariens et docètes sont en somme des judéo-chrétiens, des chrétiens trop attachés au Dieu de l'Ancien Testament et redoutant que la Trinité ne vienne à dissoudre l'unité essentielle du Très-Haut.

manichéisme remplaçait le Dieu de la Bible par deux divinités hostiles, l'une vouée au mal (le Dieu créateur !), l'autre au bien ; leur conflit engendrant et expliquant l'histoire du monde. Le marcionisme, refusant en bloc l'Ancien Testament, prétendait couper les Évangiles de la tradition hébraïque afin de donner au christianisme un sens et une portée vraiment universels. Le montanisme se présentait comme une manière d'intégrisme moralisateur. Il prêchait la fin imminente du monde et voulait soumettre les évêques à l'autorité de nouveaux prophètes.

Dès que le christianisme sortit, par la volonté de l'Empereur Constantin, de la clandestinité, la tenue des conciles œcuméniques et leur multiplication jusqu'à l'an Mille, permirent à l'Église de préciser son dogme et ses doctrines. Elle le fit d'une manière systématique, moins en définissant (puisque le Credo de Nicée-Constantinople l'avait fait une fois pour toutes), qu'en dénonçant les thèses jugées dangereuses. Nous y gagnons de bien mesurer l'importance relative des diverses hérésies, dont la condamnation, mainte fois répétée, peut être reliée à une chronologie sans faille.

Nos contemporains, en cette fin du XX$^e$ siècle, sont souvent mal à l'aise quand il leur arrive de lire les longues listes de condamnations inscrites dans les décrets conciliaires (les quatre premiers conciles de Constantinople semblent rivaliser de sévérité). Les termes d'anathème et d'anathématiser les font presque frémir. Ce sont pourtant des termes bibliques, utilisés notamment par saint Paul :

« Mais si nous-mêmes, ou si un ange du Ciel vous annonçait un évangile différent de celui que nous vous avons annoncé, qu'il soit anathème !... Si quelqu'un vous annonce un évangile différent de celui que vous avez reçu, qu'il soit anathème ! » (*Galates* 1, 8-9).

Lorsque les évêques réunis en concile usent de l'anathème – ou de l'interdit, mot synonyme –, ils ne font qu'obéir au Nouveau Testament. Les Pères de ces vieux conciles étaient vraiment soucieux de ne pas voir prêcher « un autre évangile », et leur souci les a entraînés fort loin, dans un ou deux cas. À treize siècles de distance, on peut être étonné de voir condamné par le III$^e$ concile de Constantinople Origène, père de l'Église et l'un des plus grands : le cardinal Daniélou le place à la hauteur même de saint Augustin ! On peut trouver bizarre la condamnation – un triple anathème : 680, 787 et 869 – d'Honorius I$^{er}$ († 638), suspect de monothélisme. Ce bon pape avait cru voir, dans la doctrine qui donnait au Christ une double nature mais une seule volonté, le compromis heureux susceptible de ramener au bercail les monophysites d'Orient.

Plusieurs des hérésies sanctionnées par les premiers conciles remettaient en cause les données fondamentales de la Révélation. C'était le cas de l'hérésie paulicienne, avatar du manichéisme, condamnée aux III$^e$ et IV$^e$ conciles de Constantinople. Certains anathèmes visaient des doctrines annexes de la foi, relativement éloignées du cœur du dogme. Ainsi était refusée l'hypothèse de l'apocatastase finale (fin de Satan et de l'enfer, triomphe définitif de Dieu à la fin des temps) soutenue par Origène. D'autres interdits visaient des questions de structure ecclésiale, de discipline ou de morale : d'où la condamnation des sabbathiens, novatiens, montanistes (en 381) ou des marcianites (en 431, à Éphèse).

Les thèses hérétiques les plus dangereuses remettaient peu ou prou en cause les trois mystères fondamentaux de l'Église, base de la foi chrétienne : la Trinité, l'Incarnation et la Rédemption. Ou, si l'on préfère, la christologie et le dogme trinitaire ; étant entendu que la moindre erreur sur la Personne du Christ ne peut qu'attenter à l'équilibre trinitaire (trois Personnes, une même substance, un seul Dieu et Seigneur).

Le peuple chrétien dut attendre l'an 451 et le concile de Chalcédoine pour recevoir le dogme capital résumant la nature du Christ, « vrai Dieu et vrai homme », mais les spéculations christiques avaient débuté au II$^e$ siècle et battaient leur plein à la veille du concile de Nicée et de la rédaction de son Credo (325).

En simplifiant, l'on peut trouver cinq ou six groupes d'hérésies christiques. Les unes contestaient ou diminuaient la divinité de Jésus (ariens et « semi-ariens »). Les autres privilégiaient sa divinité, parfois, comme les docètes, au point d'en oublier son humanité.

L'hérésie arienne, rudement combattue par saint Athanase, fut, on le sait, condamnée par le concile de Nicée en 325. Cette condamnation fut en quelque sorte scellée par le Credo de Nicée et Constantinople. Arius, en contestant la divinité substantielle du

Christ, désacralisait la religion chrétienne, faussait le mystère de l'Incarnation, rendait comme impossible celui de la Rédemption et il inaugurait pour des siècles les déviations anti-trinitaires. L'Église avait immédiatement senti le danger de cette doctrine, et ce n'est point un hasard si tous les conciles œcuméniques ont sanctionné l'arianisme, de Nicée (325) à Constantinople IV (870). Parallèlement aux ariens et aux eudoxiens (véritable synonyme), les assemblées conciliaires jetaient l'anathème sur ce qu'elles nommaient les semi-ariens. Les eunomiens, condamnés en 381 et 553, en faisaient partie, qui disaient le Fils d'une nature différente du Père, récusant chemin faisant la consubstantialité du Dieu trinitaire. De 381 à 869 furent anathématisés de même les macédoniens (du nom de Macedonius, patriarche de Constantinople), dits aussi « pneumatomaques ». Comme ce surnom l'indique, ces hérétiques réduisaient au rang de créatures, non seulement le Fils, mais l'Esprit Saint. Les photiniens étaient également des semi-ariens, ou si l'on préfère des adoptiens ou adoptianistes. À leurs yeux, le Christ n'était pas Fils consubstantiel (*homoousios*, en grec) de Dieu, mais seulement son fils adoptif. Le premier concile de Constantinople les anathématisa en 381.

À l'autre extrême fleurissait le docétisme, représenté par Apollinaire de Laodicée (v. 310-v. 390), Eutychès et Dioscore, eux aussi condamnés de 381 jusqu'à 870. Les docètes ne prêtaient au Fils qu'une nature divine. Cette hérésie ne bouleversait nullement le fait trinitaire, mais elle enlevait à l'Incarnation et à la Rédemption l'essentiel de leur valeur sotériologique.

Venaient ensuite ceux qu'on pourrait appeler des semi-docètes. Parmi eux, les sabelliens refusaient de distinguer les Personnes et ne voyaient pas de différence entre le Fils et le Père. Les marcelliens – ainsi nommés parce qu'ils suivaient Marcel d'Ancyre – noyaient le Fils dans la Trinité. Plus connus demeurent les monophysites : Théodore de Mopsueste, Jean d'Antioche, Théodoret, Ibas, le patriarche Sévère d'Antioche, et surtout Nestorius (v. 380-451). Ce dernier, fortement condamné à Éphèse en 431 pour avoir refusé à la Vierge Marie le titre de *Théotokos* (Mère de Dieu), n'admettait pas l'égalité entre les deux natures du Christ. Il voyait en lui une nature divine substantielle et une nature humaine seulement accidentelle.

Ces anathèmes peuvent sembler aujourd'hui bien sévères, tant il est vrai que beaucoup de chrétiens – et même de ministres du Christ – ont perdu l'ancrage trinitaire, ne savent plus très bien ce que signifient : Personnes, substance, natures, ne donnent pas toujours à l'Incarnation et à la Rédemption leur pleine signification, à la fois mystérieuse et lumineuse. Trop de nos contemporains préfèrent des Credo « actualisés », voire improvisés, au symbole des Pères de Nicée. Trop d'entre eux ignorent ou oublient les deux compléments du Credo apportés aux chrétiens par le concile d'Éphèse (Marie, Mère de Dieu) et par celui de Chalcédoine en 451 (le Christ, vrai Dieu et vrai homme).

Il est aisé de discuter de nos jours le vote des pères conciliaires, mais c'est oublier que, sans leur vigilance, sans leurs soins attentifs, sans l'aide évidente de l'Esprit Saint, l'Église du Christ aurait dès longtemps disparu. Certes il n'y a plus de « tunique sans couture », puisque le schisme d'Orient (867 et 1054) et la Réforme (1517 et 1521) l'ont divisée en trois. Mais imaginez l'émiettement que chaque hérésie aurait provoqué ou augmenté au long des siècles, même en se limitant au premier millénaire de l'ère chrétienne. Il y aurait eu, à côté des Églises ariennes (trop longtemps nombreuses et puissantes), nestorienne (elle subsiste, réconciliée avec Rome), et bien sûr catholique et orthodoxe, une Église marcionite, une Église docète, une Église monothélite (hérésie monophysite atténuée), une Église eudoxienne, une Église eunomienne, une Église macédonienne ou pneumatomaque, une Église adoptienne ou adoptianiste, etc. Combien d'entre elles auraient duré quatre ou cinq siècles ? Comment leur existence n'aurait-elle pas entamé le corps et l'âme de l'Église conçue dans son ensemble et comme un ensemble ?

Sans l'attention des conciles œcuméniques, le message évangélique, privé de gardiens et de garde-fous, n'aurait plus été transmis ; la chaîne apostolique aurait été bientôt brisée. Dans le sermon sur la Montagne, Jésus avait dit aux Apôtres : « C'est vous qui êtes le sel de la Terre. Mais, si le sel devient fade, avec quoi le salera-t-on ? » (*Matthieu* 5, 13).

Il ne faut pas moins que cette référence évangélique pour recevoir sans inquiétude une version un peu trop grecque et philosophique du christianisme. En vue superficielle, on peut en effet croire que ses « origines irrationnelles [...] – ce Dieu fait homme, mort sur la croix pour les péchés des hommes et ressuscité le troisième jour –, la faiblesse qui faisait la force émouvante de cette folie, comme l'avaient vu Paul de Tarse et plus tard Tertullien, tout cela a comme disparu, résorbé dans le vocabulaire de la raison raisonnante, expliqué jusque dans le détail des termes qui servaient normalement à se faire une idée du cosmos, de la physique, du jeu des causes et des effets. La naissance de l'enfant-Dieu, promis à ceux qui dormaient dans les ténèbres de la mort, annoncé aux mages de l'Orient par l'étoile, et la résurrection du Crucifié livré pour le salut d'un grand nombre, tout cela qu'au temps des Césars on lisait tel quel dans la naïveté des vieux textes, et qu'on vivait si dangereusement à Rome, à Lyon, à Carthage, à Nicomédie, tout cela était maintenant transposé dans les catégories impassibles des écoles. Et ce qu'on lisait ainsi dans les actes des conciles, on n'était pas toujours sûr de le comprendre [53] ». « Cela n'empêchait ni la ferveur ni la fureur des masses [53]. » Mystérieux paradoxe qui, Lucien Jerphagnon le dit fort bien, « échappe à la compétence de l'historien ».

Est-il plus extraordinaire que l'histoire de Moïse, que le passage de la mer Rouge, que la royauté de David, que l'Annonciation, que la naissance virginale du Sauveur ? Incompréhensibles sont les voies de Dieu (*Romains* 11, 33).

## LE DOGME EST-IL TROP GREC ?

Si les hérésies successives ont contraint les grands conciles à multiplier les définitions ou mises au point dogmatiques en langue grecque et selon les catégories de pensée helléniques, on ne doit pas oublier la nécessité interne d'hellénisation du christianisme : en jargon moderne, d'« acculturation du christianisme à l'hellénisme [54] ».

L'Écriture sainte, avant l'œuvre de traduction latine (ou *Vulgate*) par saint Jérôme à la fin du IV$^e$ et à l'aube du V$^e$ siècle, n'était guère connue des chrétiens que dans son texte grec : l'Ancien Testament selon la version des Septante ; le Nouveau Testament dans son grec d'origine [55]. Origène fut un des rares pères de l'Église à avoir étudié l'Ancien Testament d'après le texte hébreu.

Lorsque saint Paul, juif hellénisé parce que romanisé (l'élite romaine du temps affectait de parler grec, comme l'aristocratie russe du XIXᵉ siècle ne voulait parler que français), évoque ceux à qui l'évangile s'adresse, il ne dit pas « les juifs et les nations », mais « les juifs et les Grecs ». Pour lui, « les Grecs », ceux, Grecs ou Latins, qui entendaient la langue d'Homère et de Platon, désignait la partie la plus civilisée du monde civilisé ; ce dernier étant à peu près synonyme d'empire romain. « Ne soyez, écrit-il, une pierre d'achoppement ni pour les Grecs, ni pour les juifs » (*I Cor.* 10, 32). On sait quel rôle capital joua ce même Paul de Tarse dans l'expansion et l'« universalisation » de la prédication évangélique. Apôtre des Gentils (les non-juifs), opposé au judaïsme rémanent de saint Jacques et de l'Église de Jérusalem, il parvint à faire partager ses vues à saint Pierre. Le christianisme, n'étant plus une secte juive, mais la religion d'un salut offert à l'humanité tout entière, la langue de cette pieuse ambition universelle ne pouvait être que la langue universelle d'alors : le grec. (Au XXᵉ siècle après J.-C., Paul eût opté pour l'anglais.)

Les huit premiers conciles œcuméniques se tinrent tous en Orient : quatre à Constantinople, quatre en Asie mineure (à Nicée, Éphèse et Chalcédoine). La majorité des « pères » présents en ces conciles était orientale, de même que la majorité des pères de l'Église et des théologiens du temps. Ces pères de Nicée, Constantinople, Éphèse ou Chalcédoine n'ont jamais prétendu prêcher une religion nouvelle, ou même intellectualiser une religion trop simple. Ils « ont préservé le caractère historique du Dieu de la Bible [56] » : l'importance par eux apportée à la christologie, « à la compréhension de la pleine divinité et de la pleine humanité de Jésus [56] », le prouve. Par ailleurs, ces pères conciliaires ont en quelque sorte canalisé les courants souvent bouillonnants de la patristique, si audacieux parfois qu'ils en furent téméraires (songeons, par exemple, aux excès d'un Tertullien, d'un Origène), si créatifs qu'ils pouvaient à l'occasion créer des hérésies. Cette indispensable, cette très légitime canalisation fut parfois et demeure trop souvent critiquée.

Depuis Renan, créateur de la formule, on a parlé de « polythéisme métaphysique », comme si en 325 les pères du concile de Nicée avaient inventé le fait trinitaire, et même rompu avec le Dieu d'Israël. En fait, la théologie trinitaire se trouvait, dès avant Nicée, au cœur des préoccupations patristiques. Non seulement les pères de l'Église n'avaient eu aucun mal à l'extraire du Nouveau Testament (la théophanie du baptême du Christ, l'ordre donné par Jésus ressuscité d'enseigner et de baptiser les nations, etc.), même si le mot de Trinité n'était point utilisé, mais les plus entreprenants, comme Origène en Orient ou saint Augustin en Occident, ne cessaient de chercher cette même Trinité dans la Bible juive ou Ancien Testament ; par exemple au chapitre 18 de la *Genèse*[57].

Car « le salut vient des juifs », comme l'affirme l'Évangile johannique (4, 22). Or, s'il est avéré que le dogme initial vient des Évangiles et des Épîtres, et non des Grecs, on ne voit pas pourquoi Dieu n'aurait pas associé « les Grecs » – les païens convertis instruits – à la mise en formule et à l'expansion intellectuelle, liturgique, missionnaire et même populaire, des vérités de la foi. Si les « juifs demandent des miracles, et les Grecs cherchent la sagesse », tandis que les chrétiens prêchent « Christ crucifié, scandale pour les juifs et folie pour les païens » (*I Corinth.* 1, 22-23), pourquoi le dessein de Dieu n'aurait-il pas associé Grecs et juifs dans l'œuvre de la genèse du dogme ? Jean l'Évangéliste ne représentait-il pas, déjà, la synthèse vivante des deux courants ? En vue superficielle, l'*Apocalypse* semble trop juive et le quatrième Évangile trop hellénique, ou hellénisant, pour avoir été composés et rédigés par un même auteur ; et pourtant une étude comparative fait « apparaître des analogies dans les thèmes doctrinaux (par exemple, la notion de "témoignage", celle d'"agneau de Dieu", celle de "bon berger" et celle d'"eau vive"[58] ». Dès la rédaction des écrits inspirés du Nouveau Testament, apparaissait donc une synthèse, ou pour mieux dire une symbiose entre tradition judaïque et pensée grecque.

## LE SCHISME D'ORIENT

Le texte latin du Credo « des 150 Pères » (Constantinople, 381) comportait, on s'en souvient, ce membre de phrase : *Et in Spiritum Sanctum, Dominum et vivificantem, qui ex Patre procedit* (Je crois en l'Esprit Saint, qui règne et donne la vie ; qui procède du Père). Or, à l'aube du IXᵉ siècle, à Jérusalem, des moines grecs, disputant avec des moines latins, découvrirent que nombre de chrétiens d'Occident – en l'espèce les Espagnols et les Francs de l'empire carolingien – avaient modifié le Credo de 381 en y introduisant *Filioque*. Cela donnait : *qui ex Patre Filioque procedit* (qui procède du Père et du Fils). Débuta alors l'interminable querelle de la « procession » du Saint-Esprit. Certes les deux camps sont trinitaires, les uns et les autres admettent et célèbrent la pleine divinité de l'Esprit Saint ; mais l'Orient et l'Occident ne sont plus d'accord sur la théologie « pneumatique ». Cette dispute du *Filioque* ne fut pas seulement formelle. Elle toucha au fond, et graves en ont été les conséquences pour l'Église.

Le *Filioque* fut, en effet, la cause principale du schisme d'Orient, amorcé par Photius (en grec Photios) en 867, consacré par Michel Cérulaire (en grec Keroularios) en 1054 ; le patriarcat de Constantinople et les évêques orientaux refusant toute modification apportée au Credo de Nicée-Constantinople sans l'intervention préalable d'un nouveau concile œcuménique. Or l'Occident, non seulement n'était pas unanime à soutenir l'entrée du *Filioque* dans la liturgie (elle ne sera cautionnée par Rome qu'en 1014), mais ne pouvait guère se prévaloir que de conciles régionaux : le troisième concile de Tolède (589), le synode de Fréjus (796), le concile d'Aix-la-Chapelle (809).

La thèse de la « double procession » du Saint-Esprit avait en revanche pour elle, en Occident, une assez longue tradition. Déjà ébauchée par Tertullien (v. 220) au IIIᵉ siècle, puis par Hilaire de Poitiers au IVᵉ, elle avait trouvé l'essentiel de ses arguments en 416 avec le traité *De la Trinité* de saint Augustin [59]. Le célèbre Père latin disait l'Esprit Saint procédant « du Père et du Fils comme d'un seul principe », et donnait à la « double procession » du Saint-Esprit un fondement scripturaire. Tous ceux qui, dans l'Église latine, vont soutenir la légitimité du *Filioque* (Isidore de Séville, Paulin d'Aquilée, Alcuin, Hincmar de Reims, Thomas d'Aquin [60]) s'appuieront sur le *De Trinitate* d'Augustin.

Mais une chose était de croire à la double procession de l'Esprit, une autre de porter atteinte au symbole de Constantinople, « confirmé et scellé » par les conciles œcuméniques suivants. Ainsi pensait le bon pape Léon III. Alors que Charlemagne avait fait accepter par les évêques francs, au concile d'Aix-la-Chapelle

(809), la légitime adjonction du *Filioque*, Léon III montra son irritation et condamna cette décision. Or ce même pape admettait quant au fond la double procession ! Deux siècles encore, la liturgie romaine va continuer de réciter et chanter un Credo sans *Filioque*.

Le patriarche Photius prit le risque du schisme en 867 parce qu'il voyait dans l'adjonction du *Filioque* une nouveauté dangereuse, une greffe inacceptable. Pour les évêques d'Orient, il y avait là, de toute façon, scandale dans la procédure. Certes le premier concile de Constantinople avait enrichi le Credo de Nicée – qui disait seulement : « Et au Saint-Esprit. » Autrement dit, un concile œcuménique avait perfectionné les actes d'un concile précédent. Mais ce qui est permis aux conciles ne l'est pas aux évêques, ni aux patriarches, ni même au pape. D'ailleurs les conciles d'Éphèse (431) et de Chalcédoine (451), confirmant le symbole de Nicée-Constantinople, avaient interdit d'y rien ajouter ou retrancher. Au reste, la procédure scandaleuse n'était pas purement formelle. Elle touchait bientôt au fond.

Pour Photius, la tradition est majoritairement hostile à la double procession de l'Esprit, à l'exception de saint Ambroise peut-être, et de saint Augustin [61]. Presque tous les Pères grecs y furent hostiles ou étrangers : Origène, Grégoire de Nazianze, saint Basile, Grégoire de Nysse, etc. Photius tient le *Filioque* pour hérétique, blasphématoire envers la Trinité [62], remettant en cause la monarchie du Père. Le Christ n'a-t-il pas déclaré : « Le Père est plus grand que moi » ? (*Jean* 14, 28). Paradoxalement – et ce n'est point un cas isolé dans l'Histoire –, la thèse de la procession unique paraissait, et paraît encore aux orthodoxes, le garant, le verrou, la clef de voûte du dogme trinitaire, alors que la thèse opposée, celle de la double procession de l'Esprit Saint, semblait et semble encore à l'Église latine le garant, le verrou et la clef de voûte du même dogme trinitaire.

L'analyse qui précède peut sembler complexe. Elle est en réalité étrangement simplifiée, tant l'affaire va ressembler et continue de ressembler à une « querelle byzantine ». Au XIIIe siècle, d'ailleurs, on aura l'impression que le byzantinisme n'est plus à Byzance – qui fonde sa doctrine sur une inattaquable fidélité liturgique –, mais en Occident, depuis que la scolastique a ranimé la controverse en usant de catégories philosophiques trop compliquées pour le fidèle de la rue ou des champs.

Enfin on se gardera de voir dans l'attitude obstinée des Orientaux une quelconque méfiance à l'égard de l'Esprit de Dieu. L'Église orthodoxe va, au contraire, lui faire une part grandissante : « À la période christologique des conciles œcuméniques succède en quelque sorte une période pneumatologique [63]. »

## TROIS CREDO CATHOLIQUES

Après la confirmation sans ambages en 1054 du schisme oriental de 867, Rome ne se sentit plus obligée de suivre à la lettre les clauses du concile d'Éphèse en matière de Credo. Elle n'en respecta pas moins l'esprit : depuis Innocent III jusques à Paul VI, les professions de foi par elle dictées aux croyants demeurèrent, bien entendu, fidèles aux définitions de Nicée et de Constantinople. Mais conciles et papes crurent nécessaire, face aux hérésies ou aux schismes, de préciser ou même de compléter les articles du vieux Credo. L'intention était louable ; mais, bien entendu, ces Credo actualisés ne peuvent être dits œcuméniques.

La première grande initiative revient à Innocent III. Non content d'avoir convoqué le IV$^e$ concile de Latran (1215), cet illustre pontife fit aussitôt voter par les 400 évêques latins présents un nouveau symbole de foi. D'esprit résolument nicéen, ce Credo marquait avant tout l'importance et la primauté des trois mystères. Celui de la sainte Trinité : « trois Personnes, mais une seule essence, substance ou nature absolument simple ». Celui de l'Incarnation, avec une précision trinitaire remarquable et un peu surprenante : « le Fils unique de Dieu, Jésus-Christ, *incarné par une œuvre commune de toute la Trinité*, conçu de Marie, toujours Vierge, par la coopération du Saint-Esprit »... Celui de la Rédemption : « Alors que, selon la divinité, il est immortel et incapable de souffrir, il s'est fait lui-même, selon l'humanité, capable de souffrir et mortel ; bien plus, pour le salut du genre humain, il a souffert sur le bois de la croix et est mort. »

Suit une doctrine de l'Église, plus affirmée qu'elle n'apparaissait dans l'ancien Credo. « Il y a une seule Église universelle des fidèles, en dehors de laquelle absolument personne n'est sauvé [64]. » C'est la reprise de la thèse, déjà rudement affirmée, de saint Cyprien (« Hors de l'Église, point de salut [65] ») et d'Origène. Nous trouvons enfin, trente-cinq ans après la condamnation des cathares et des vaudois, l'obligation de reconnaître quatre sacrements. Le baptême, qui « sert au salut » (la formule est faible). La pénitence, qui, si elle est « vraie », restitue l'état de grâce. L'ordre, car le prêtre participe au « pouvoir des clés de l'Église ». Enfin, et surtout, le « sacrement de l'autel », l'eucharistie. La présence réelle du Christ y est physique et miraculeuse, « le pain étant *transsubstantié* au corps et le vin au sang par la puissance divine [65] ». C'est là la première mention de la transsubstantiation comme article de foi.

Au lendemain de la clôture du concile de Trente (1545-1563), le pape Pie IV publia, le 13 novembre 1564, la bulle *Injunctum nobis*, une profession de foi destinée aux clercs mais permettant aux croyants de connaître et de méditer les mises au point doctrinales tridentines. La bulle reproduisait d'abord le texte du Credo de Nicée-Constantinople. Elle énumérait ensuite les éléments précis de la « vraie foi catholique, hors de laquelle personne ne peut être sauvé [66] ».

Dans l'évocation des sources de la foi, la Tradition précédait l'Écriture sainte. De cette Écriture sainte, il était dit que seule l'Église en pouvait juger l'interprétation. De part et d'autre, il s'agissait d'un refus des thèses protestantes. La suite de la profession tridentine ne faisait que confirmer avec force la condamnation des théologies de la Réforme. Les sacrements doivent être comptés sept (le baptême, la confirmation, l'eucharistie, la pénitence, l'extrême-onction, l'ordre et le mariage), « institués par notre Seigneur Jésus-Christ et nécessaires au salut du genre humain ». Les catholiques doivent recevoir les articles du concile concernant le péché originel (que le baptême efface) et la justification (qui n'est point accomplie par la foi seule, mais par la foi, et la grâce et les œuvres).

La messe est définie comme sacrement et sacrifice « propitiatoire pour les vivants et les morts ». Il y a dans l'eucharistie présence réelle par un « changement que l'Église catholique appelle transsubstantiation ». Le texte pontifical ajoute « que, sous une seule des espèces [les protestants communient sous les deux espèces], c'est le Christ tout entier et complet et le véritable sacrement qu'on reçoit ». Contre la Réforme encore, Pie IV impose la croyance au purgatoire et le fait « que les âmes qui y sont retenues sont aidées par les intercessions des fidèles ». Il justifie la vénération des saints et des reliques, les images du Christ « et de la mère de Dieu toujours vierge, ainsi que celles des autres saints ». Il affirme « le pouvoir des indulgences » et dit leur usage « très salutaire ». Enfin, avant d'imposer le refus de « toute espèce d'hérésie condamnée, rejetée et anathématisée par l'Églige », la profession de foi tridentine requiert une déclaration de loyalisme total envers Rome et le successeur de Pierre : « Je reconnais la sainte, catholique et apostolique Église romaine comme la mère et la maîtresse de toutes les Églises. Je promets et je jure vraie obéissance au pontife romain, successeur du bienheureux Pierre, chef des Apôtres, et vicaire de Jésus-Christ [66]. »

Le 30 avril 1995, Jean-Paul II déclarait, sur les lieux mêmes du concile : « Les affirmations dogmatiques du concile de Trente conservent naturellement toute leur valeur [67]. » Pourtant la bulle *Injunctum nobis*, sévère envers les doctrines protestantes comme envers le schisme d'Orient, était, en son principe même, bien éloignée de tout œcuménisme (on disait alors « union des Églises »). Si l'on compare sa « profession de foi » aux anciens symboles – celui des Apôtres, celui de Nicée, celui d'Athanase –, il faut bien constater que plus un Credo se veut précis et détaillé, plus il perd de son universalité. Celui de Pie IV, véritable charte de la contre-Réforme, fondement doctrinal de l'immense courant de la restauration catholique en Europe et dans le monde, consacrait aussi la rupture entre catholicisme et Réforme.

Quatre siècles plus tard, exactement le 30 juin 1968, Paul VI proposait une nouvelle profession de foi, plus longue et plus précise que toutes les précédentes. Elle était dans la logique du concile Vatican II, comme celle de Pie IV l'avait été du synode tridentin. Le texte du pape Paul VI se présente comme un prolongement fidèle du Credo de Nicée, seulement enrichi de développements jugés nécessaires au XX$^e$ siècle. Il se défend d'être « une définition dogmatique proprement dite [68] », mais se présente comme évangélique (émaillé de citations bibliques) et doctrinal.

La profession de foi de Paul VI est avant tout nicéenne – et sur ce point parfaitement œcuménique, c'est-à-dire pouvant être reçue et agréée par tous les chrétiens membres des grandes Églises. Comme le symbole de Nicée-Constantinople, elle s'appuie sur les trois grands mystères de la foi : « la très sainte Trinité », l'Incarnation, la Rédemption. La Trinité vient en premier, définie et célébrée. Paul VI cite même le Credo d'Athanase qui, on le sait, est le plus trinitaire de tous. Est ensuite évoquée l'Incarnation. Le Fils fait homme, par l'œuvre du Saint-Esprit, dans la Vierge Marie. Les articles de Nicée sont renforcés, chemin faisant, par les apports d'Éphèse (Marie, Mère de Dieu, *Théotokos*) et de Chalcédoine (le Christ a deux natures, une seule Personne). Au reste, la profession de foi n'évite pas les difficultés : le Christ est donné comme *homoousios*, consubstantiel au Père. La Rédemption est exposée de la manière traditionnelle : Jésus a porté les péchés du monde ; son sang nous sauve.

Le paragraphe sur le Saint-Esprit, qui anime et conduit l'Église, est si strictement « nicéen » qu'il évite le *Filioque* comme dans le texte grec du vieux symbole.

Se greffent sur ces affirmations fondamentales d'autres points de doctrine, les uns parfaitement universels, les autres plus romains. Tout chrétien peut lire et chaudement approuver le résumé fait par le pape de l'enseignement évangélique : primauté du commandement d'amour et importance exceptionnelle des béatitudes, le Christ seul Médiateur entre Dieu le Père et les hommes, le salut possible pour les hommes de bonne volonté non chrétiens, l'espérance d'une Église retrouvant son unité première.

Par contre, nombre d'articles sont strictement catholiques et romains. L'infaillibilité pontificale (« Nous croyons à l'infaillibilité dont jouit le successeur de Pierre quand il parle *ex cathedra* en tant que pasteur et docteur suprême de tous les fidèles [69] ») n'est admise, en effet, ni par les orthodoxes, ni par les protestants. Nombreux sont encore les points de doctrine affirmés, qui heurtent de front les conceptions et l'esprit de la Réforme. La profession de Paul VI évoque le Christ en gloire jugeant les hommes « chacun selon ses mérites » (une thèse différente de celle du salut par grâce précisé par saint Paul : *Éphésiens* 2, 8-10). La théologie mariale – très discrète quoique essentielle dans les vieux symboles – n'est pas moins éloignée des croyances protestantes. Elle intègre en effet les définitions dogmatiques récentes de l'immaculée conception (1854) et de l'Assomption (1950) de la Vierge Marie. Le texte pontifical la dit aussi « associée par un lien étroit et indissoluble au mystère de l'Incarnation et de la Rédemption [70] ». Ou bien, c'est ici une amplification de la notion de *Théotokos*, et tous les chrétiens, catholiques, orthodoxes et protestants, en sont d'accord, ou c'est un premier pas vers une doctrine de Marie co-rédemptrice, que la Réforme ne saurait admettre.

D'autres points soulignent encore les oppositions entre Réforme et contre-Réforme. Paul VI met la Tradition et le magistère de l'Église sur le même plan que l'Écriture sainte [69]. Il oblige à croire au purgatoire, à la messe comme sacrifice, à la transsubstantiation, à la rémanence eucharistique et à l'adoration de l'hostie. Enfin sa conception de la communion des saints et de la réversibilité des mérites est celle même du concile de Trente.

\*
\* \*

Notre dessein ne fut jamais ici de glisser un esprit de critique désacralisateur, car la profession de foi de Paul VI est fort belle et riche en spiritualité, mais de replacer ce texte dans la perspective plus large de l'histoire des Églises chrétiennes. Il résulte de cet examen que le développement du dogme est parfois difficilement conciliable avec l'unité doctrinale et, de nos jours, avec les perspectives – si souvent rêvées ou du moins énoncées – d'un retour à l'unité. « L'unité de l'Église, à vues humaines, n'est pas possible entre catholiques et protestants sans que les uns ou les autres n'abandonnent une conviction fondamentale de leur foi [71]. » Sans rien abandonner, si les uns et les autres, renonçant à tous les Credo actualisés, voulaient bien réciter chaque dimanche – au culte ou à la messe – le symbole de Nicée-Constantinople, ils se persuaderaient qu'il n'y a pas plusieurs religions du Christ ; ils comprendraient ou devineraient que ce qui les sépare est bien moins important que ce qui les unit.

Combien de fois entendons-nous dire, même par d'importantes personnalités religieuses : « Ce qu'il nous faudrait, c'est un Credo œcuménique. » Or il en existe trois : le symbole des Apôtres, le symbole de Nicée, le symbole d'Athanase. Rendonsleur jeunesse, élan et sincérité. Ils seront sans doute, au regard de Dieu, la plus belle prière pour l'unité chrétienne.

---

*Notes*

    1. Oscar Cullmann, *La Foi et le culte de l'Église primitive,* 1963, p. 75.
    2. Marc Lods, *Précis d'histoire de la théologie chrétienne du $\mathrm{II^e}$ au début du $\mathrm{IV^e}$ siècle,* 1966, p. 159.
    3. *Idem, ibidem,* p. 163.
    4. *Idem, ibidem,* p. 164.
    5. *Éphésiens* 3, 9.
    6. *Romains* 1, 25.
    7. *I Corinthiens* 8, 6.
    8. *Éphésiens* 4, 5-6.
    9. *I Jean* 2, 22.
  10. *Marc* 3, 11.
  11. *Marc* 5, 7.
  12. *Actes des Apôtres* 8, 37.
  13. *Jean* 20, 27-28.
  14. *Philippiens* 2, 11.
  15. *I Corinthiens* 8, 6. – Voir aussi *Romains* 10, 9, et *I Corinthiens* 12, 3.
  16. *Luc* 1, 35.
  17. *Romains,* 1, 2-4.
  18. *I Timothée* 6, 13.
  19. *Actes* 2, 23.
  20. *I Corinthiens* 15, 3.
  21. *I Pierre* 3, 18.
  22. *I Corinthiens* 15, 4.
  23. Cf. *I Pierre* 3, 19-20, et *Actes* 2, 31 (discours de Pierre).
  24. *Actes* 3, 15.
  25. *Romains* 10, 9.
  26. *I Pierre* 3, 22.
  27. *II Corinthiens* 12, 2.
  28. *Psaume* 110, 1.
  29. *II Timothée* 4, 1.
  30. *I Pierre* 4, 5.
  31. *Jean* 14, 26.
  32. *Actes* 20, 28.
  33. *Matthieu* 16, 18.
  34. *Éphésiens* 5, 23.
  35. Cf. aussi *I Corinthiens* 12, 27, et *Éphésiens* 5, 29-30.
  36. *Matthieu* 26, 27-28.
  37. *I Jean* 1, 7.

38. *Jean* 20, 23.
39. *I Corinthiens* 15, 42.
40. *Matthieu* 25, 46.
41. *Jean* 3, 14-15.
42. Marc Lods, *Précis d'histoire de la théologie chrétienne du IIᵉ au début du IVᵉ siècle*, p. 163.
43. *Idem, ibidem*, p. 164.
44. Alberigo, *Les Conciles œcuméniques...*, t. II ¹, p. 31.
45. La greffe du *Filioque*, point de départ du schisme d'Orient, et ses conséquences seront étudiées plus loin.
46. Alberigo, *op cit.*, p. 155.
47. *Idem, ibidem*, p. 195.
48. *Idem, ibidem*, p. 1128-1129.
49. Nous avons connu, dans les années soixante-dix, une paroisse réformée indépendante qui rythmait ainsi les Credo : un dimanche sur quatre, le Nicée-Constantinople ; deux dimanches, le symbole des Apôtres ; le quatrième dimanche du mois, le symbole trinitaire dit de saint Athanase.
50. Grégoire de Tours, *Histoire des Francs*, éd. Latouche, Paris, 1975, t. I, p. 34-35.
51. *I Corinthiens* 11, 19.
52. Oscar Cullmann, *Le Salut dans l'Histoire*, p. 17.
53. Lucien Jerphagnon, *Le Divin César*, Paris, Tallandier, 1991, p. 478-479.
54. Juan-Luis Segundo, *Qu'est-ce qu'un dogme ?...*, Paris, Le Cerf, 1992, p. 293.
55. Notons que l'abbé Jean Carmignac et M. Claude Tresmontant ont assuré qu'il a existé une version hébraïque originale perdue des textes du Nouveau Testament, dont le grec ne serait que la traduction.
56. J.-L. Segundo, *op cit.*, p. 306.
57. Nous pensons aux trois anges visitant Abraham sous les chênes de Mamré.
58. Oscar Cullmann, *Le Nouveau Testament*, p. 114.
59. J. Pelikan, *La Tradition chrétienne*, t. II, p. 201-202.
60. *Idem, ibidem*, t. II, p. 197-200, t. III, p. 7 et 20.
61. *Idem, ibidem*, t. II, p. 198.
62. J. Pelikan, *La Tradition chrétienne*, t. II, p. 298 ; Olivier Clément, *L'Église orthodoxe*, p. 10.
63. O. Clément, *op cit.*, p. 10.
64. Alberigo, *Les Conciles œcuméniques*, t. II ¹, p. 495-497.
65. Gervais Dumeige, *La Foi catholique*, p. 18.
66. *Idem, ibidem*, p. 23.
67. *Le Figaro*, 2 mai 1995, p. 12.
68. G. Dumeige, *op cit.*, p. 24.
69. *Idem, ibidem*, p. 27.
70. *Idem, ibidem*, p. 26.
71. O. Cullmann, *Catholiques et protestants...*, 1958, p. 30.

## CHAPITRE III

# LE DÉVELOPPEMENT

*Le mystère des sacrements. – Le baptême. – L'eucharistie. – La messe. – Les autres sacrements du septain. – Le pieux cortège des saints. – Surcharges populaires de la foi. – La seigneurie de Notre Dame. – Marie dans le Nouveau Testament. – Marie, de Byzance à la Gaule. – Le triomphe de la Vierge. - L'immaculée conception et l'Assomption.*

La thèse du cardinal Newman sur le développement [1] aurait dû stopper, ou du moins bouleverser la controverse opposant protestants et catholiques au sujet de la Tradition et de son importance ; une controverse en général formelle et stérile. Car, s'il n'y a pas toujours eu Tradition, il y a toujours eu développement, par la volonté du Saint-Esprit. Et ce, même à l'intérieur de l'Écriture sainte puisque l'Esprit en fut « l'auteur principal [2] ».

L'Ancien Testament est un témoignage sur quatre formes d'une Alliance unique entre le Créateur et ses créatures, Yaveh et son peuple élu, le Seigneur tout-puissant et toutes les nations du monde. Adam, Noé, Abraham, Moïse enfin furent les bénéficiaires successifs de ce message, de ce don de Dieu. Or, nul ne peut nier qu'il y a progrès et précision grandissante entre la révélation au jardin d'Éden, l'Alliance noachique poétiquement scellée par l'arc-en-ciel [3], et le faisceau de promesses dont bénéficiera le patriarche Abraham [4].

Une quatrième théophanie marqua, beaucoup plus tard, l'approfondissement de l'Alliance : la rencontre de Moïse avec Dieu au Sinaï, la révélation de Dieu et de sa Loi [5]. Or, le Décalogue fut le tuteur du peuple élu –, pour les chrétiens, élu afin de préparer l'Incarnation –, mais aussi « le code le plus parfait de la justice naturelle ⁶ ». Quel développement depuis les formes primitives de l'Alliance !

N'y a-t-il pas développement au cœur de la Révélation, entre les premiers temps de la Loi et l'âge des grands prophètes ? Entre les sages maximes de Salomon et les brûlantes visions d'un Isaïe, d'un Ézéchiel ? Entre l'ancien Temple et une foi nouvelle qu'avait trempée la rigueur de l'Exil ? Entre la vieille image d'un Dieu guerrier, jaloux, presque cruel, et la notion affinée d'un Dieu providentiel, aimant, Père des hommes ?

N'y a-t-il pas développement entre l'Ancien Testament et le Nouveau ? Le tragique destin de Jean-Baptiste symbolise assez l'inévitable déchirure que provoqua cette révolution mystique. Ne voit-on pas un développement à l'intérieur même du Nouveau Testament, quand on compare le discours positif et spontané des trois Évangiles synoptiques, au style déjà théologique de l'Évangile johannique ? À l'aurore de Marc ou Matthieu succéda l'irradiation de Jean ⁷. Or, Marc, Matthieu et Jean sont témoins de la même bonne nouvelle, annoncée de la bouche du même Seigneur. Cet exemple nous montre que *développement* n'est pas toujours synonyme d'*évolution* ⁸.

Eh bien, s'il y a développement dans l'Ancien comme dans le Nouveau Testament, on ne doit pas s'étonner de retrouver un développement ensuite au temps des pères de l'Église, puis en ce « moyen âge énorme et délicat » où la théologie se conceptualise ⁹ ; le tout pour aboutir à la dogmatique, logique et compliquée, des XVIᵉ et XVIIᵉ siècles.

Il y a pourtant deux éléments correcteurs. D'abord, pour le catholicisme, « ce qu'on appelle développement du dogme, au fond, cela n'existe pas ¹⁰ ». Le dogme n'est qu'un jalon mystique ; si vous voulez, une croix de carrefour. S'il y a développement, c'est dans le concret, dans la pratique chrétienne, comme on l'observe au moyen âge avec le recours grandissant aux sacrements. Ou encore, toujours pour le catholicisme, s'il y a développement, c'est un développement de la Révélation, le dogme n'en constituant que la lunette d'approche. Le second élément correcteur vient de la conscience des limites du dogme. Comme nous l'avons dit à propos de la conception orthodoxe de la Tradition ¹¹, à côté de la doctrine, il y a, dans la vie et la pensée, dans l'âme et la sensibilité de l'Église, des éléments liturgiques et iconographiques qui ne sont pas moins importants. Enfin, ces trois données : doctrine, liturgie, iconographie, sont accessibles au peuple de Dieu, soumis à son examen, confrontés à ses besoins, à ses

> ### Le développement du dogme
>
> Le catholique, en prenant le dogme tel que le temps l'a fait et sans approfondir, est, en un sens, plus près de la grande philosophie que le protestant, qui cherche à revenir sans cesse à une prétendue formule primitive du christianisme. Si l'on pouvait convenablement diriger la source même de l'opinion dans l'Église, il y aurait, dans la manière catholique de laisser faire le dogme par le courant des idées dominantes et par une sorte d'entente tacite des fidèles, quelque chose de plus profond que dans l'appel à une religion immuable, que l'on s'oblige à trouver une fois pour toutes dans tous les temps.
>
> W.E. Channing

désirs, voire à ses exigences. Aucune dogmatique ne peut subsister en vase clos, coupée des sentiments des croyants.

Dans certains cas, c'est le clergé (conciles, docteurs, etc.) qui, imposant un dogme, va contribuer au développement en entraînant les fidèles : nous le verrons en étudiant les sacrements. Dans d'autres cas, ce sont les fidèles qui – parfois pendant plusieurs siècles de suite – pèseront sur la hiérarchie afin de transformer une croyance en dogme, une foi en doctrine : nous l'observerons en méditant le développement de la mariologie.

## LE MYSTÈRE DES SACREMENTS

Depuis la Réforme, les chrétiens croisent le fer au sujet du nombre des sacrements. Depuis la contre-Réforme, les catholiques ont tendance à croire qu'il y a toujours eu des sacrements dans l'Église, et qu'ils ont toujours été au nombre de sept. Mais catholiques et protestants se retrouvent pour ignorer, en général, un fait important : le mot sacrement est inconnu du Nouveau Testament. *Sacramentum* se rencontre dans la Vulgate, le texte latin de saint Jérôme, mais il ne correspond point à ce que l'Église nommera plus tard des sacrements. Le mot d'origine est *mysterion*, terme grec qui est devenu pour nous « mystère ».

Dans l'*Épître aux Éphésiens*, on peut lire, par exemple : « L'homme quittera son père et sa mère pour s'attacher à sa femme, et les deux deviendront une seule chair. Ce mystère est grand ; je dis cela par rapport à Christ et à l'Église » (*Éphésiens* 5, 31-32). Et, plus loin, l'apôtre des Gentils parle de « faire connaître avec hardiesse le mystère de l'évangile » (*Éphésiens* 6, 19).

Au sens initial de mystère, le *sacramentum* est beaucoup plus que les sacrements définis plus tard. Si saint Paul s'incline devant le mystère de l'évangile, l'Église orthodoxe – qui, par parenthèse, continue de nommer *mysteria* ses sacrements – considère comme le plus grand des mystères-sacrements l'Église même du Christ [12]. Pour la Réforme, le plus grand des sacrements (au sens de mystère) demeure la Parole de Dieu [13]. Aux yeux de Pascal, toute la foi s'ordonne autour du « mystère de Jésus [14] ».

Aux IIe et IIIe siècles, l'Église et les Pères réfléchirent sur la grâce divine et les « moyens de grâce » : c'est assez net chez Tertullien. Mais comme le remarque Jaroslav Pelikan, si nous relisons les pères de l'Église jusqu'à saint Jean Chrysostome, nous voyons « clairement quelle grande diversité d'usages et d'enseignement chrétiens, bien au-delà de tout ce que la dogmatique moderne désigne comme sacramentel, pouvaient recouvrir le latin *sacramentum* et le grec *mysterion* [15] ». « La doctrine des sacrements en général et la détermination du septénaire sacramentel n'apparurent qu'avec les débuts de la théologie scolastique en Occident latin ; et ils semblent avoir été adoptés par l'Orient grec à partir de leur développement occidental [15] ».

Mais, diront les hommes pieux, comment nos pères purent-ils rester si longtemps ignorants, sinon de la grâce de Dieu, au moins des moyens de cette grâce ? Nous répondrons comme M. Pouget : « Le Christ... n'a pas besoin de sacrement pour donner la grâce. À l'époque où la pénitence et surtout la communion pascale n'étaient point inscrites dans la loi positive, nous voyons un saint Antoine passer trente ans loin de la société des hommes, et cependant il priait, il méditait, il luttait avec le démon, il vivait de la vie de Dieu [16]. »

Dans la primitive Église, les savants comptaient comme sacrement essentiel l'exégèse, le commentaire pieux de la sainte Écriture, Parole de Dieu [17]. Dans cette même primitive Église, les fidèles entraient dans la foi par le baptême, entretenaient cette foi par l'eucharistie. Ils ne se préoccupaient guère de définir ces deux importants mystères.

Le concile de Nicée eut la grande sagesse de ne pas parler des sacrements. Le chrétien n'avait qu'à se confier à l'Église, gardienne de sacrements non définis, encore moins comptabilisés. De Nicée (325) à Latran II (1139), les canons et décrets des conciles œcuméniques ne citent que cinq sacrements : manquent la confirmation et l'extrême-onction. Au reste, ils ne les présentent pas comme des sacrements, même s'ils entrent dans certains détails ; ainsi pour le baptême, le mariage et l'ordination. Le premier grand concile sacramentel fut celui de Latran IV (1215). À propos de l'ordination, il évoque « les sacrements de l'Église selon les formes [18] ». Surtout, il impose aux fidèles une communion annuelle et une confession annuelle : eucharistie et pénitence, nettement définies comme des sacrements, entrent ainsi parmi les « commandements de l'Église ».

En ce XIIIe siècle, il est vrai, l'Église d'Occident (ou du moins son clergé) s'est largement ralliée à la thèse du septain sacramentel. Elle apparaît – ou presque, à quelques années près – au milieu du XIIe siècle dans les *Quatre livres des sentences* de Pierre Lombard, surnommé le Maître des sentences, et qui fut évêque de Paris en 1159. Les sacrements, présentés comme moyens de grâce, y sont comptés sept : cinq communs à tous les chrétiens, et deux qui ne s'appliquent pas à tous. Les cinq premiers sont le baptême, la confirmation, l'eucharistie, la pénitence et l'extrême-onction ; les deux autres sont le mariage et l'ordination. Cette doctrine sacramentelle devient presque aussitôt un des points de référence de la théologie scolastique en général [19], de saint Thomas d'Aquin en particulier.

Cependant la foule chrétienne, déjà quelque peu violentée (c'était la violence de Dieu) par les prescriptions impératives du concile de Latran IV, restera quelque peu imperméable à cette théologie. À la fin du XVᵉ siècle, l'Occident confond encore les sacrements proprement dits (le septain) et ce que l'Église nomme les « sacramentaux » (comme sont l'imposition des mains, l'aspersion d'eau bénite, les bénédictions). Les fidèles ne voient pas toujours la différence entre les sacrements, venus du Christ ou de la tradition apostolique, et les sacramentaux, eux aussi signes sacrés mais conservés ou institués par l'Église au fil des âges. C'est là que l'on voit la coupure entre clercs et laïcs, entre la science des docteurs et les gestes spontanés de la foule chrétienne.

Dans le cas particulier cette séparation s'explique, tant la tradition avait été floue, par excès de sève d'ailleurs et non par manques. Au moment où paraît le livre des *Sentences,* il y a nombre de bons catholiques qui estiment les sacrements à plus d'une douzaine, accordant une valeur sacramentelle à beaucoup d'autres signes sacrés : la bénédiction du cierge pascal, les vœux monastiques, le signe de croix, la consécration des églises, la fidélité conjugale [20], le sacre des rois de France [21], la consécration des évêques, etc.

À l'occasion des bulles d'union avec certaines Églises d'Orient, le concile de Florence, en 1439, précisa sa doctrine des sacrements. Aux sacrements de l'Ancienne Loi, préfiguration de la grâce à venir, s'opposent les sept sacrements de la Nouvelle Loi. Ils «contiennent la grâce et la confèrent à ceux qui les reçoivent comme il convient. Les cinq premiers d'entre eux ont été ordonnés pour la perfection spirituelle de chaque homme en soi-même, les deux derniers pour la conduite et la multiplication de l'Église entière. Par le baptême, en effet, nous renaissons spirituellement ; par la confirmation, nous croissons dans la grâce et nous sommes fortifiés dans la foi. Nés à nouveau et fortifiés, nous sommes nourris par l'aliment de la divine eucharistie. Et si, par le péché, nous tombons dans une maladie de l'âme, nous sommes guéris spirituellement par la pénitence. Spirituellement et corporellement, selon qu'il convient à l'âme, par l'extrême-onction. Mais, par l'ordre, l'Église est gouvernée et multipliée spirituellement ; par le mariage, elle est accrue corporellement [22] ».

Le concile de Trente ne fit que confirmer cette doctrine.

# LE BAPTÊME

Le baptême, le premier, le plus important, le plus universellement révéré des sacrements, « est le sacrement de la grâce [23] ». Ainsi le définit saint Augustin en un superbe raccourci. Qu'il soit pratiqué par *immersion* (ainsi le veulent les orthodoxes et les baptistes), par *aspersion* (très rare procédé qui a pu servir à baptiser des foules) ou par *affusion* (le prêtre ou le pasteur verse quelques gouttes d'eau sur la tête de celui qu'il baptise), le baptême ne change pas.

Tertullien lui prêtait quatre dons : « la rémission des péchés, la délivrance de la mort, la régénération et le don du Saint-Esprit [24] ». Ne l'oublions pas : à l'aube du III$^e$ siècle la doctrine de ce sacrement était arrivée à sa perfection. La théologie des siècles suivants n'apporta rien de significativement nouveau. Sauf pour Augustin à y montrer la souveraineté de la grâce [25] et à insister pour que le baptême – à l'instar de la circoncision dans l'Ancienne Alliance – soit distribué aux nouveau-nés [26]. Ce dernier point fit réfléchir saint Augustin sur la participation active des bénéficiaires des sacrements de l'Église. Dans le cas du pédobaptisme, il y avait bien la foi des parents, des parrain et marraine et de l'entourage, mais le nouveau-né ne pouvait participer. L'évêque d'Hippone en conclut que – au moins dans ce cas précis – le sacrement agissait *ex opere operato,* c'est-à-dire par sa puissance mystérieuse et surnaturelle, par sa force intrinsèque, son « efficace ». C'est un point que contestera vivement la Réforme au XVI$^e$ siècle, mais nous n'en sommes pas là. La primitive Église use du baptême sans s'interroger vraiment, et lui accorde d'autant plus de prix qu'elle sait combien ce mystère saint tenait à cœur à son fondateur.

En effet Jésus lui-même, bien avant de donner au baptême sa transfiguration chrétienne, avait voulu se soumettre au baptême de son cousin Jean. Le Baptiste, préparant « les voies du Seigneur », baptisait dans le désert « par un baptême de repentance et de pardon ». Baptême d'eau, et non encore d'Esprit, celui de Jean purifiait et donnait l'espoir, canalisait l'attente messianique et annonçait, sans l'instaurer, la Nouvelle Alliance [27]. On sait que le baptême du Christ mit fin à l'activité de Jean, car ce dernier s'effaça devant Celui qui baptiserait « d'Esprit Saint et de feu » (*Matthieu* 3, 11).

Ce fut après la Résurrection seulement que Jésus ordonna aux Apôtres de baptiser ; non point en son nom seul, mais au nom de la Trinité sainte : « Allez, faites de toutes les nations des disciples, baptisez-les au nom du Père, du Fils et du Saint-Esprit » (*Matthieu* 28, 19). Cet ordre, toujours valable, est un des grands jalons de l'histoire du salut. Il signifie qu'on ne peut entrer dans l'Église sans cette « nouvelle naissance » que signifie le baptême [28] ; encore moins aspirer au Royaume [29].

## L'EUCHARISTIE

Le concile de Florence a défini l'eucharistie, à l'intention des uniates. La *matière* « est le pain de froment et le vin de la vigne ». La *forme*, « ce sont les paroles du Sauveur par lesquelles il a effectué ce sacrement ». « Par la vertu de ces paroles la substance du pain se change en le corps du Christ et celle du vin en son sang. » Le *ministre* de l'eucharistie est le prêtre. L'*effet* du sacrement, « qu'il opère dans l'âme de celui qui le reçoit dignement, est l'union de l'homme au Christ ». D'où un accroissement de grâce : « nous sommes retirés du mal, confortés par le bien et nous progressons vers un surcroît de vertus et de grâces [30] ».

L'eucharistie est au cœur même du Nouveau Testament. Aux disciples et à la foule qui l'écoutaient, Jésus avait dit cette mystérieuse parole : « Moi, je suis le pain de vie [31]. » « Dans la nuit où il fut livré [le Seigneur] prit du pain et, après avoir rendu grâces, le rompit et dit : Ceci est mon corps, qui est pour vous ; faites ceci en mémoire de moi [32]... » Telles furent, du sacrement ineffable, la promesse et l'institution. Mais le Nouveau Testament nous renseigne aussi sur la mise en œuvre du mystère eucharistique par les premières communautés chrétiennes. Saint Paul a consacré une part de sa *Première Épître aux Corinthiens* à la façon de célébrer « le repas du Seigneur [33] » : dans la sobriété, avec respect et discernement. « Celui qui mangera le pain et boira la coupe du Seigneur indignement, sera coupable envers le corps et le sang du Seigneur. Que chacun donc s'examine soi-même, et qu'ainsi il mange du pain et boive de la coupe ; car celui qui mange et boit sans discerner le corps [du Seigneur], mange et boit un jugement contre lui-même [34]. »

« Pour les premiers chrétiens, la chair et le sang du Seigneur étaient instruments de grâce : le Christ étant vivant, c'est qu'il était là. Nous en concluons la présence réelle [35]. » Mais celle-ci n'était ni doctrine précise, ni objet de discussion. La Présence « ne devint pas sujet de controverse avant le IXe siècle [36] ». Les pères de l'Église ne songèrent jamais à en faire un dogme. Saint Augustin paraît lui-même hésiter entre l'idée de transsubstantiation et celle de présence symbolique [37]. À l'âge patristique, le concept de présence eucharistique se situait entre deux extrêmes. Une présence seulement symbolique ? Non ! « quoique Clément [d'Alexandrie] et Origène fussent tout près de le faire ». Une transsubstantiation (sans le nom, qui n'avait point encore été forgé) ? Non ! « quoique Ignace [d'Antioche] et Justin fussent tout près de le faire [38] ». Bref, la présence réelle était vite devenue « objet de foi dans l'Église [39] », mais elle n'était ni bien définie par les docteurs et théologiens d'alors, ni enseignée d'une manière claire et explicite, ni « confessée par les symboles de la foi [39] ». Le mystère eucharistique justifiait son nom de mystère (*mysterion*).

Sur la foi en une présence réelle du Christ dans l'hostie et dans le vin du calice, se greffa bientôt l'idée de rémanence : le pain et le vin consacrés ne conservaient-ils pas, en dehors de la communion, la présence divine ? Au IIIe siècle, le peuple chrétien répondait oui à la présence rémanente, et l'on connaît la belle histoire du martyr Tarcisius († vers 255), courageux acolyte qui portait sur lui des espèces consacrées et refusa de les livrer aux païens. Quant à l'adoration des espèces consacrées (le « saint sacrement »), elle « ne commença que vers 350 [35] ».

La rémanence sera confirmée par l'Église au quatrième concile de Latran (1215), dont la 20e constitution exige de conserver « l'eucharistie en lieu sûr [et] sous clé, en sorte qu'aucune main téméraire ne puisse s'en saisir pour se livrer à quelque action horrible ou impie [40] ».

Ce même concile Latran IV imposait aux chrétiens la croyance à la transsubstantiation [41], traduction philosophique, et presque chimique – en tout cas miraculeuse –, de l'idée de présence réelle : après que le prêtre a prononcé les paroles d'institution (« Ceci est mon corps..., Ceci est mon sang »), le pain et le vin ne sont plus que « des espèces ou apparences ». L'hostie et le vin sont devenus « réellement et substantiellement » le Christ, son corps, son sang, son âme et sa divinité.

Les deux notions, bientôt inséparables, de transsubstantiation et de rémanence, fondues dans une conception rénovée de la « présence réelle », ne vont cesser d'être honorées par l'Église et, par elle, proposées aux fidèles. En 1264, le pape Urbain IV, pour célébrer cette présence réelle eucharistique, créa la fête-Dieu, ou *Corpus Christi,* ou fête du saint sacrement [42], et confia à saint Thomas d'Aquin le soin d'établir la liturgie de l'office. La magnifique séquence *Lauda, Sion, Salvatorem,* et l'hymne eucharistique *Pange lingua* [43] en furent les moments forts.

Avant que la Réforme ne vienne contester le mot [44] et la notion même de transsubstantiation, en même temps que récuser la rémanence, la présence divine dans l'eucharistie fut glorifiée magistralement par le peintre Raphaël, au Vatican, dans la chambre de la Signature (1508-1509), sous le titre baroque de *Dispute du saint sacrement.* Autour et au-dessus d'un autel, que surmonte la Trinité, et sur lequel l'hostie est exposée dans un ostensoir, le peintre a représenté tous les chantres de l'eucharistie et de la présence réelle : saint Augustin, saint Ambroise de Milan, saint Jérôme, Pierre Lombard, Duns Scot, saint Bonaventure, les **papes** Grégoire le Grand et Innocent III ; enfin Dante, la tête couronnée de lauriers.

La Réforme entamée, le catholicisme attacha grand prix à de nombreux miracles eucharistiques, fort souvent liés à la rémanence. Il en est un qui eut en son temps un large retentissement et fut une des causes de la conversion de Turenne : comme le feu s'était déclaré au Louvre le 6 février 1661, et que les courtisans s'éparpillaient avec effroi, un prêtre portant le saint sacrement fit reculer les flammes.

Depuis 1215, par la volonté d'Innocent III et selon la constitution 21 du concile Latran IV, la communion annuelle était devenue obligatoire dans l'Église catholique. Chaque fidèle devait recevoir « avec respect au moins à Pâques le sacrement de l'eucharistie [45] », précédé d'une confession sincère, elle aussi au moins annuelle. Ces deux prescriptions ont marqué l'histoire de l'Église et l'histoire des sensibilités, comme les marquera plus tard, au XVII*e* siècle, la dispute de « la fréquente communion », particulièrement vive entre jésuites et jansénistes.

En fait, au moins dans le cadre de l'Église romaine, il est impossible de séparer la théologie de l'eucharistie de celle de la messe. Elles seront, l'une et l'autre, attaquées par le protestantisme. Elles furent, l'une et l'autre, l'objet des réflexions et prescriptions de Rome et des évêques catholiques.

## LA MESSE

La messe, que saint François de Sales désignait comme « le soleil des exercices spirituels », a cette particularité étrange : on ignore l'origine véritable de son nom (congé ? envoi en mission ? simplification du mot terminal : *ite, missa est ?* = allez, vous avez congé ?). Cependant, dès le IV*e* siècle, *missa* était déjà appliqué au « saint sacrifice ».

« Qu'est-ce qui constitue le culte dans une religion quelconque ? C'est le sacrifice. Une religion qui n'a pas de sacrifice n'a pas de culte proprement dit [46]. » Pourtant les premiers cultes chrétiens furent d'abord des « agapes », repas communautaires comportant la fraction du pain en cours de repas. L'*Épître de Jude* nous indique qu'elles n'étaient pas toujours édifiantes, trop d'impies n'y venant que pour festoyer et se repaître [47]. Et saint Paul n'est guère satisfait des agapes à la corinthienne, où tant de convives se disputent, où d'autres s'empiffrent au nez des pauvres, où certains sont ivres au moment de la fraction du pain [48]. Durant deux siècles, les Églises locales tentèrent de mettre de l'ordre dans ces cultes d'assemblées. Sous Trajan, les chrétiens de Bithynie avaient, semble-t-il, trouvé une solution harmonieuse pour concilier – en les séparant – repas et liturgie : ils pratiquaient à l'aurore un rite eucharistique, ils réservaient à la soirée la tenue de repas communautaires. Au III*e* siècle, les repas communautaires se transformèrent en repas de charité, tandis qu'une liturgie se constituait autour de l'eucharistie. Au IV*e* siècle, le mot *missa*, nous l'avons vu, gagne sa signification.

À l'origine, il est clair que, pour les chrétiens, le culte eucharistique rappelait le souper du Christ avec les disciples d'Emmaüs : une fraction du pain, un geste sacré, commémorant le repas de la Cène, celui du jeudi saint. Mais déjà saint Paul, semble-t-il, ne l'entendait point ainsi. Au cœur de la célèbre tirade admonestant les Corinthiens irrespectueux, Paul avait dit : « Toutes les fois que vous mangez ce pain et que vous buvez cette coupe, *vous annoncez la mort du Seigneur,* jusqu'à ce qu'il vienne [49]. » Quelle que soit l'immense leçon du jeudi saint, elle n'a sa pleine signification qu'en raison et qu'en fonction du vendredi saint. On ne saurait séparer la Cène et le Calvaire. Doit-on en conclure que Paul voyait déjà dans le culte eucharistique un aspect sacrificiel ? L'ombre de la croix devait-elle sans cesse planer sur le repas vivifiant et consolateur du Seigneur ? Les catholiques répondent oui, voyant dans la messe un sacrement et un sacrifice (l'union du jeudi saint et du vendredi saint). Les protestants répondent non, considérant qu'il n'y a qu'un sacrifice, unique, irremplaçable, impossible à reproduire, accompli une fois pour toutes au Calvaire.

Cependant, dès le IIIe siècle, saint Cyprien voyait dans le culte eucharistique la commémoration du Calvaire : « Si Jésus-Christ, notre Seigneur et notre Dieu, est lui-même le grand prêtre de Dieu le Père et s'est offert le premier en sacrifice au Père, et a ordonné de faire ceci en commémoration, il est certain que le prêtre accomplit vraiment l'œuvre du Christ, lui qui imite ce que le Christ fit ; et il offre donc un sacrifice vrai et complet dans l'Église à Dieu le Père, lorsqu'il procède pour l'offrir selon ce qu'il voit que le Christ lui-même a offert [50]. »

Appuyée sur l'idée que le culte eucharistique (*missa*) est à la fois un sacrement (l'eucharistie) et un sacrifice (le sacrifice du Christ au Calvaire, mais désormais non sanglant), l'Église a, peu à peu, constitué puis défini une liturgie cultuelle dont le *Missel* de saint Pie V (1570) sera le point d'orgue. À l'article « Liturgie » d'un récent *Dictionnaire historique de la papauté* [51], vous découvrez un étonnant résumé de cette genèse rituelle. On ne trouve aucun missel jusqu'au VIe siècle. Puis apparaît, aux alentours de 625, un missel pontifical, nommé le « sacramentaire grégorien » parce qu'on l'avait attribué au pape Grégoire Ier. Parallèlement, existait, à l'usage des paroisses romaines, un « sacramentaire gélasien », attribué à Gélase I$^{er}$. Les deux liturgies furent concurrentes au VII$^e$ siècle. Puis, à la fin de ce même siècle, on les vit fusionner en un missel « grégorien de type II », qui inspira les liturgies régionales (gallicane, ambroisienne, wisigothique, etc.). De l'abbaye bourguignonne de Flavigny est issu, vers 765, un nouveau missel « gélasien », admiré et promu par Pépin le Bref.

Cet effort d'unification relative n'empêcha pas maint enrichissement liturgique. Ce fut l'œuvre des moines, clunisiens puis cisterciens. Il n'empêcha pas non plus un éclatement régional, ce qui engendra un *rit* parisien, un *rit* lyonnais, etc. Au XIII$^e$ siècle, extrême était devenue la diversité liturgique. Enfin parut le « Pontifical romain » de l'évêque Guillaume Durand (1485), donnant à la messe sa structure presque définitive [51].

**Mais** la véritable unification liturgique est l'œuvre du concile de **Trente** (1545-1563), à qui l'on doit, face à la Réforme, la meilleure définition de la messe catholique.

Jésus-Christ fut, sur l'ordre du Père, « un autre prêtre selon l'ordre de Melchisédek », prêtre et sacrificateur par excellence. « Cependant, parce qu'il ne fallait pas que son sacerdoce soit éteint par la mort, lors de la dernière Cène, la nuit où il fut livré, il voulut laisser à l'Église, son épouse bien-aimée, un sacrifice qui soit visible (comme l'exige la nature humaine). Par là serait représenté le sacrifice sanglant qui devait s'accomplir une fois pour toutes sur la croix... Il offrit à Dieu le Père son corps et son sang sous les espèces du pain et du vin ; sous le symbole de celles-ci, il les donna aux Apôtres (qu'il constituait alors prêtres de la nouvelle Alliance) pour qu'ils les prennent... *Faites ceci en mémoire de moi*.... Il institua la Pâque nouvelle [52]... »

Dans le sacrifice de la messe, « ce même Christ est contenu et immolé de manière non sanglante ». Cette oblation, dit le concile, est propitiatoire, notamment pour les âmes du purgatoire. Si le sacrifice est toujours offert à Dieu, l'Église célèbre volontiers des messes « en l'honneur et en mémoire des saints ». Le canon de la messe, vénérable et multiséculaire, « est fait soit des paroles mêmes du Seigneur, soit des traditions des Apôtres et des pieuses instructions des saints pontifes ». Les rites de la messe ont été créés pour stimuler les esprits des fidèles et les conduire « à la contemplation des choses les plus hautes qui sont cachées dans ce sacrifice ».

Le concile ne condamne pas les messes où seul le prêtre communie. Il ne veut pas de messes « en langue vulgaire », mais invite les prêtres « à donner quelques explications fréquemment » aux fidèles.

En résumé : dans la messe est « offert à Dieu un véritable et authentique sacrifice ». La messe est beaucoup plus « qu'un sacrifice de louange et d'action de grâces », beaucoup plus qu'une « commémoration du sacrifice accompli sur la Croix ». La messe est « un sacrifice propitiatoire », qui peut être offert « pour les vivants et les morts », « pour les péchés, les peines, les satisfactions et les autres nécessités [53] ».

Jusqu'à l'apparition des catéchismes au XVIe siècle, toutes ces définitions échappaient un peu au fidèle moyen, sauf si monsieur le curé, au prône, voulait bien dégager la signification de l'office divin. Mais si le « caractère propitiatoire du sacrifice » était en ces termes peu ou mal connu, il suffisait d'une ou deux anecdotes ou paraboles pour remplacer la dogmatique austère. On pouvait savoir, par exemple, grâce à la prédication d'un frère franciscain, « comment, célébrant la messe, le jour des morts, frère Jean de l'Alverne vit un grand nombre d'âmes sorties du purgatoire [54] ». On savait aussi que « Vincent Ferrier [55], chaque fois qu'il consacrait l'hostie, versait tant de larmes que les assistants se mettaient à pleurer [56] ».

Quant au latin, nos lecteurs âgés, qui ont connu les messes d'autrefois, savent que les plus humbles des fidèles, sans connaître littéralement la langue de Cicéron et de saint Augustin, comprenaient parfaitement, sinon toute la liturgie du missel, du moins le *Confiteor*, le *Gloria*, le *Credo*, le *Pater*, le *Sanctus* et l'*Agnus*.

## LES AUTRES SACREMENTS DU SEPTAIN

Le concile de Florence, définissant la pénitence, y voyait pour *matière* les actes de pénitence (contrition, confession, réparation), pour *forme* l'absolution donnée par le prêtre, pour *ministre* le prêtre, et pour *effet* l'absolution des péchés [57]. La scolastique était passée par là, avec sa logique et ses définitions élaborées.

En réalité, en dépit d'une référence évangélique fort nette, la pénitence avait longtemps cherché sa voie, ou du moins sa forme et sa définition. Le Christ avait donné à ses Apôtres le « pouvoir des clefs » : « Je te donnerai, avait-il déclaré à Pierre, les clefs du Royaume des cieux : Ce que tu lieras sur la Terre sera lié dans les Cieux, et ce que tu délieras sur la Terre sera délié dans les Cieux » (*Matthieu* 16, 19). Ressuscité, il avait dit aux disciples : « Ceux à qui vous pardonnerez les péchés, ils leur seront pardonnés, et ceux à qui vous les retiendrez, ils leur seront retenus » (*Jean* 20, 23). L'apôtre Jacques, cousin de Jésus, chef de l'Église de Jérusalem, avait insisté : « Confessez vos péchés les uns aux autres » (*Jacques* 5, 16). Pourtant, au début du VIIIe siècle, un Bède le Vénérable, s'il parle souvent de « pénitence », entend surtout par là un repentir, et il ne considère pas la pénitence comme un sacrement [58].

La forme ancienne du futur sacrement avait été une pénitence publique, que l'Église imposait dans le cas de péchés par elle

> *Ô Dieu, si mes péchés irritent ta fureur,*
> *Contrit, morne et dolent, j'espère en ta clémence.*
> *Si mon deuil ne suffit à purger mon offense,*
> *Que ta grâce y supplée et serve à mon erreur.*
>
> *Mes esprits éperdus frissonnent de terreur,*
> *Et, ne voyant salut que par la pénitence,*
> *Mon cœur, comme mes yeux, s'ouvre à la repentance,*
> *Et me hais tellement que je m'en fais horreur.*
>
> *Je pleure le présent, le passé je regrette :*
> *Je crains à l'avenir la faute que j'ai faite ;*
> *Dans mes rebellions je lis ton jugement.*
>
> *Seigneur, dont la bonté nos injures surpasse,*
> *Comme de Père à fils uses-en doucement.*
> *Si j'avais moins failli, moindre serait ta grâce.*
>
> Mathurin Régnier

jugés fort graves : l'idolâtrie, le meurtre, l'adultère, la fornication. « Cette pénitence n'était accordée qu'une fois dans la vie. Elle était très longue, elle était humiliante : les pénitents n'assistaient qu'à la première partie de la messe, et quand le sacrifice commençait, on les mettait dehors [59]. » D'ailleurs, dans les premiers siècles de l'Église, on ne se confessait guère que pour les quatre graves péchés cités plus haut. « Et il y avait des cas où l'on avait l'idée que Dieu seul pouvait donner l'absolution : on donnait cependant la pénitence à l'heure de la mort. Après, les moines ont fait leur confession et ils ont conseillé aux fidèles d'en faire autant, d'où la pratique des confessions de dévotion [59]. »

Une nouvelle étape s'inscrivit dans le développement du sacrement, avec l'obligation faite au chrétien, par le concile de Latran IV (1215), de la confession individuelle au moins annuelle. Les fidèles se verront contraints de méditer quelque peu sur la contrition : ainsi naquit vraiment l'examen de conscience, une individualisation plus grande de la notion de péché, mais aussi de la notion de salut. Aux péchés de fait, aux fautes objectives vont s'additionner les péchés d'intention ; ou, plutôt, l'intention va déterminer la gravité même du péché. Une doctrine parfaitement évangélique, que tout chrétien peut relier au sermon sur la Montagne [60].

Dès le XIII$^e$ siècle, le sacrement de pénitence a atteint son plein développement. L'invention du confessionnal au XVI$^e$ siècle, les contestations venues du protestantisme, l'abus d'une casuistique pélagienne dans les directions de conscience au temps de la contre-Réforme, n'y changeront rien.

L'ordre ou ordination, lui aussi déduit du pouvoir des clefs, fut, beaucoup plus tôt que la pénitence, hissé au rang de sacrement. Dès le temps de la primitive Église, et même si on hésita assez longtemps à voir une différence entre les évêques et les prêtres, le sacerdoce [61] fut honoré, reconnu « comme dispensateur des moyens de grâce [62] », comme gage de la continuité apostolique et comme garantie de l'unité de l'Église.

Le concile de Florence résume ainsi le sacrement de l'ordre : Sa « *matière* est ce par la transmission de quoi est conféré l'ordre. Par exemple la prêtrise est transmise par l'acte de tendre le calice avec le vin et la patène avec le pain [63] ». Sa *forme* est la suivante : « Reçois le pouvoir d'offrir le sacrifice dans l'Église pour les vivants et les morts, au nom du Père, du Fils et du Saint-

Esprit [64]. » Le *ministre* n'en peut être que l'évêque. Son *effet* est un accroissement de grâce.

On sait que la Réforme remettra l'ordre en cause, au nom du sacerdoce universel et de l'idée qu'après le Christ, Sacrificateur et sacrifié suprême, il ne saurait y avoir de nouveaux sacrificateurs, mais la hâte avec laquelle luthériens et calviniens s'empresseront de reconstituer un clergé (sans le nom) plaide en faveur d'un sacerdoce de droit divin [65].

La confirmation fut toujours considérée comme un précieux complément du baptême. Par elle, dit le concile de Florence, « nous croissons dans la grâce et nous sommes fortifiés dans la foi [66] ». La *matière* en est le chrême « fait d'huile, qui signifie la lumière de la conscience, et de baume, qui signifie l'odeur de la bonne réputation [67] ». Sa *forme* est la phrase : « Je te signe du signe de la croix et te confirme par le chrême du salut au nom du Père, du Fils et du Saint-Esprit. » Son *ministre* est l'évêque. Son *effet* est le don du Saint-Esprit, « comme il a été donné aux Apôtres le jour de la Pentecôte [67] ».

Avant la théologie scolastique, ce sacrement de confirmation restait mal défini, d'ailleurs rarement inscrit sur la liste des sacrements de l'Église. On assurait pourtant, quelquefois, que « la confirmation était plus grande que le baptême dans la mesure où son administration était réservée aux évêques [68] » ! Plus sérieusement l'on faisait remarquer que, à défaut d'une institution christique précise et positive, la confirmation avait une racine apostolique très visible, appuyée qu'elle était sur plusieurs épisodes des *Actes des Apôtres*. Pourtant la Réforme n'en fera pas un sacrement – pour ne pas diminuer l'effusion de grâce du baptême, pour ne pas sembler contester la puissance du Saint-Esprit – et l'Église orthodoxe la confond avec le baptême.

Malgré son importance spirituelle, individuelle et sociale, le mariage ne fut vraiment considéré comme sacrement qu'au XIIe siècle. Les docteurs du moyen âge avaient pourtant constaté, après les pères de l'Église, que la seule mention du mot *sacramentum*, dans le Nouveau Testament, se reliait au mariage [69]. On sait que saint Paul y avait comparé l'union du mari et de l'épouse à celle du Christ et de l'Église. Mais les commentateurs oubliaient en général que l'Apôtre se reprenait pour dire que le *sacramentum* (en grec *mysterion*), ce mystère, se rapportait moins au mariage, qu'à l'Église. Ils oubliaient aussi un autre célèbre passage des *Épîtres,* où Paul encourageait le célibat des hommes et le non-remariage des veuves : « S'ils manquent de continence, qu'ils se marient ; car il vaut mieux se marier que de brûler [70]. » Au VIIe siècle, pour Isidore de Séville, le mariage est une bonne chose, mais la virginité est meilleure [71]. Enfin saint Bruno de Segni ne jugeait pas le mariage digne d'être élevé au rang de sacrement [72]. Rien pourtant n'empêchait le mariage, sacrement ou signe sacré, d'être de droit divin.

C'est également vers le XIIe siècle, au temps de Pierre Lombard, que l'extrême-onction gagne en importance, au point d'être alors comptée, non seulement comme un sacrement, mais comme un « grand sacrement [72] ». Toutefois les docteurs scolastiques discutent davantage sur son origine [73], que sur son efficacité. On sait comment le protestantisme déclassera sans hésitation cette onction des malades invisible dans les Évangiles, trop visible dans l'*Épître de Jacques* qui lui semble suspecte.

## LE PIEUX CORTÈGE DES SAINTS

Un saint est avant tout celui dont on est assuré qu'il est au Paradis. À cet égard, le saint le plus authentique – dont l'Église et ses serviteurs continuent d'ignorer le nom [74] – est connu de tous sous le surnom du Bon Larron. Il n'a pas été canonisé par l'Église, mais par Jésus-Christ lui-même : « En vérité, je te le dis, aujourd'hui tu seras avec moi dans le Paradis » (*Luc* 23, 43).

À la suite de ce pécheur repenti, les premiers chrétiens ont désiré connaître, puis célébrer, vénérer et implorer les élus assurés. Or, selon Tertullien – et il n'était pas le seul à en juger ainsi –, il n'y avait que les martyrs pour posséder « l'unique clef du Paradis [75] », et ce par la vertu incomparable de leur sacrifice. Selon le mot de Renan, « ce sont les martyrs qui fondent les religions ».

Beaucoup d'Apôtres moururent martyrs ; quand ce n'était pas le cas, on considérait que, si familiers du Christ, ils n'avaient pu être oubliés de leur Maître. C'est pourquoi, dès le deuxième siècle en Orient, depuis le troisième en Occident, Apôtres et martyrs « furent l'objet d'un culte spontané [76] ». « Le culte des saints, reçu et accepté par l'Église, n'est que la reconnaissance d'une dévotion essentiellement populaire, et la canonisation elle-même a toujours eu le caractère de la reconnaissance d'un culte spontané ; cela ne peut guère se passer autrement [77]. »

Renan crut bon d'attribuer à la superstition des anciens païens la première vénération des martyrs. « Le culte des martyrs, écrit-il, fut la première concession arrachée par la faiblesse humaine à la mollesse d'un clergé qui voulait se faire tout à tous, pour gagner tout à Jésus-Christ [78]. » C'est une interprétation excessive. On en peut juger dans l'analyse du respect des sépultures. Longtemps les premiers chrétiens voulurent inhumer leurs défunts le plus près possible des tombes des martyrs. Peut-être y avait-il quelque superstition dans l'idée que ces martyrs sauraient protéger les corps de leurs humbles voisins et défendre leurs tombeaux contre la profanation. Mais cette frilosité intéressée était confondue avec l'espérance de la résurrection finale : au dernier jour sortiraient en gloire de leur sépulture les témoins du Christ, entraînant à leur suite, si Dieu y consentait, tous ceux qui avaient ainsi été enterrés *ad Sanctos* [79].

Au culte spontané des martyrs (II$^e$ et III$^e$ siècles) puis des « confesseurs » (IV$^e$ siècle) se superposa, non sans retard, le sceau de l'Église. Elle voulut, d'abord au stade du diocèse, puis des provinces, permettre ou non telle liturgie improvisée, contrôler les listes officieuses de martyrs, ou martyrologes, enfin canoniser dans le cadre du ressort des évêques (IX-XI$^e$ siècles). Rome n'entra dans le circuit de la sanctification que très progressivement. Benoît VIII, au XI$^e$ siècle, admit au rang des saints Siméon de Polirone, mais il fallut attendre Innocent III et le concile de Latran IV (1215) [80] pour voir interdire de vénérer les reliques de tel saint sans l'autorisation du pape. Désormais, « la canonisation d'un saint est l'un des droits fondamentaux qu'exerce le souverain pontife en matière spirituelle. La portée des décrets solennels par lesquels le pape reconnaît la sainteté d'un serviteur de Dieu et permet qu'on lui rende un culte public universel est considérable : il s'agit à la fois de reconnaître et de confirmer les dévotions qui s'exprimaient déjà spontanément envers l'homme de Dieu, et de proposer au peuple chrétien des modèles de spiritualité conformes aux enseignements de l'Église [81] ». Cette dernière avait, dès le IXᵉ siècle, instauré la fête de la Toussaint dont Sixte IV fera en 1480 une célébration très solennelle.

Mais, en dépit de la prudence de l'Église, la relation des chrétiens envers les saints continua de dépendre surtout de la sensibilité des fidèles. C'est le peuple qui donnait de l'importance à tel sanctuaire, à tel pèlerinage, à tel reliquaire. C'est le peuple qui choisissait ses saints préférés et qui les fêtait. Dans l'Église orthodoxe, le phénomène était presque général : avant d'être des élus de Dieu, saint Vladimir ou saint Alexandre Newsky ont été les élus du peuple. En Occident, avant d'être canonisé en 1165 par l'antipape Pascal III [82], Charlemagne l'avait été par les foules.

Dans la France du moyen âge, les saints, fondés de pouvoir du Seigneur Dieu, protègent la Cité, veillent sur les campagnes, parrainent les métiers. Saint Georges est le patron des chevaliers ; saint Isidore, des laboureurs. Saint Yves, des avocats ; saint Claude, des tanneurs ; sainte Marthe, des aubergistes ; saint Maurice, des soldats. Saints Côme et Damien parrainent les médecins. Saints Crépin et Crépinien veillent sur les cordonniers ; saint Hubert sur les veneurs ; saint Éloi sur les orfèvres ; saint Nicolas sur les écoliers sages ; saint Étienne sur les tailleurs de pierre [83].

Le peuple chrétien « dans la routine d'une religion très extériorisée » garde « une foi robuste [84] », quand même semble-t-elle friser parfois la superstition. L'Église, en général, ferme les yeux quant aux dévotions trop spontanées ou quelque peu déviées. Elle n'impose « aux ignorants ni questions ni combats spirituels comme le fera le protestantisme [84] ».

Elle ne s'étonne donc pas du retard avec lequel saint Joseph, père adoptif du Christ, est vraiment honoré [85]. Elle ne s'oppose pas au culte des saintes Maries de la mer, dont la légende ne se fraie un chemin qu'en 1187 [86]. Elle se réjouit de voir Jean-Baptiste si vénéré par ses ouailles. Le Précurseur, non content de veiller sur les sources et de garantir « leurs vertus curatives [87] », sert de patron aux peaussiers, aux bergers, aux lainiers, aux oiseleurs, aux couteliers, aux musiciens et – bien entendu – aux prisonniers [87].

L'Église sait que, s'il parvient à éviter la superstition, « ce culte si fervent, si tenace, des intercesseurs, n'amoindrit pas la grandeur de Dieu [88] ».

# SURCHARGES POPULAIRES DE LA FOI

C'est à l'historien Johan Huizinga, auteur de L'*Automne du moyen âge* [89], que nous empruntons l'expression de « surcharge de la foi ». Il l'appliquait à ce XVe siècle pré-baroque, tumultueux, passionné, exubérant, riche et désordonné, d'où sortiront bientôt la Réforme et la contre-Réforme – deux phénomènes de hautes eaux [90]. À ce XVe siècle où voisinent le mysticisme et la superstition, les prières et les amulettes, le retour aux apocryphes et L'*Imitation de Jésus-Christ*. Où se multiplient les fêtes, les statues, les images de piété populaire, les pratiques nouvelles, la *devotio moderna*.

Le christianisme occidental n'est alors ni dépouillé, ni discipliné. Il a lâché la bride à la religion populaire. Ce n'est pas forcément péjoratif. Cette piété populaire peut être « la véritable expression de l'âme d'un peuple, dès lors qu'elle est touchée par la grâce et forgée par l'heureuse rencontre entre l'œuvre d'évangélisation et la culture locale [91] » (Jean-Paul II).

On dira que, dans la France de la fin du moyen âge, la culture locale aurait pu être assez évoluée. Or, nos pères mélangeaient sans scrupule le devoir d'adoration envers Dieu et la vénération des saints. S'il avait alors existé des sondages d'opinion, combien de braves gens auraient avoué *adorer* la Vierge Marie ? Au reste, ils ne savaient pas toujours trouver la frontière entre religion populaire et superstition.

En 1995, à l'occasion d'un sondage sérieux [92], à la question « Que représente avant tout un saint ? » 58 % des Français interrogés ont répondu : « Un protecteur que l'on invoque [93] », mettant en première position saint Christophe. En 1495, la piété populaire comptait, très officiellement, quatorze « saints auxiliaires » – treize martyrs et un ermite –, tous réputés protecteurs ou guérisseurs. Il est piquant de constater que saint Christophe figure déjà sur la liste. Il protège les voyageurs (à pied, à cheval, en voiture ou en bateau). Il éloigne la foudre, écarte les accidents, peut vous épargner la mort subite [94].

Pour les maux de gorge, on prie saint Blaise, pour les maux de tête, saint Acathe ; en cas de phtisie ou de consomption, il convient d'invoquer saint Pantaléon ; contre les maux d'entrailles on prie saint Érasme, martyr dont les intestins auraient été roulés

113

sur un treuil. Saint Cyriaque guérit les maladies des yeux mais peut encore protéger contre la possession diabolique. Saint Gilles intervient en faveur de la rémission des péchés, il guérit la peur et combat la folie. Il protège de l'épilepsie. En cas d'insuccès, l'épileptique peut s'adresser à saint Gui (l'épilepsie se nomme alors « danse de saint Gui »), lequel protège aussi des morsures de chiens et de serpents.

Saint Denis, le grand saint Denis martyr qui fut évêque de Paris, protège de la rage, mais aussi de la possession diabolique, et encore tout bonnement de la migraine. Saint Georges est invoqué contre les dartres et contre les maladies contagieuses. Sainte Marguerite veille sur les femmes enceintes et protège des maux de reins. Sainte Catherine protège les jeunes filles (et les moins jeunes). On notera qu'il n'y a que trois saintes sur les quatorze bienheureux auxiliaires ; que sur ces trois, deux seulement protègent particulièrement les femmes ; que ces deux furent précisément les compagnes de l'archange Michel à Domremy lorsque Jeanne d'Arc entendit l'appel de voix mystérieuses. La troisième sainte protectrice est Barbe, patronne des mineurs, sapeurs et artilleurs. On l'invoque contre la foudre, les explosions, les incendies et elle protège de la malemort (mort subite et cruelle). Saint Eustache, lui, protège seulement du feu [94].

Nous n'avons aucun motif de moquer nos pères. Aujourd'hui, pour la majorité des Français, un saint est d'abord une « fête à souhaiter [93] ». À la veille de la Réforme, le saint protecteur est, au contraire, d'abord un intercesseur. Cette confiance dans l'intercession, qui va tant irriter Calvin, ne se fonde peut-être pas légitimement en théologie positive, mais elle n'est pas condamnée par l'Église catholique. D'ailleurs, elle représente une foi évidente envers Dieu, sa toute-puissance et sa Providence. Le paysan du Soissonnais ou du Dauphiné, qui demande à saint Gui ou à saint Gilles la guérison de son épilepsie, ne pense pas que Gilles et Gui soient des magiciens ou des sorciers, mais que, l'un saint ermite, l'autre martyr, ils sont favorablement placés pour obtenir un miracle de Dieu.

## LA SEIGNEURIE DE NOTRE DAME

« Le thème de la glorification de la Vierge apparaît au milieu du XIIe siècle au portail de [la cathédrale de] Senlis et devient rapidement l'un des types obligatoires de l'iconographie gothique [95]. » On y représente généralement la Dormition de Marie et son Assomption, surmontées de son couronnement par le Christ.

C'est au XIIe siècle également, le siècle de saint Bernard, que nombre d'églises, surtout en France, choisissent la Vierge comme patronne et Notre-Dame pour vocable. Notre Dame (sans trait d'union) est une formule chevaleresque et féodale, que les beaux-arts et les belles-lettres s'empressèrent d'adopter pour s'accorder avec la sensibilité du plus grand nombre ; les clercs continuant à dire « la bienheureuse Vierge Marie ». Les « chanoines bâtisseurs », souvent plus proches du peuple que les évêques, se complurent à répandre aussi le nom de la Mère de Dieu et à rappeler sa seigneurie. Il en résulta, du XIIe au XIVe siècle, l'extraordinaire réseau marial qui donnait à la France son originalité spirituelle et sociale.

Du baptême de Clovis (498) jusqu'au concile de Trente (1545), l'on vit au moins 58 cathédrales placées sous l'invocation de la *Théotokos*. Deux cathédrales paroissiales [96] : Aix et Apt. Sept cathédrales Sainte-Marie, toutes méridionales : Auch, Bastia, Bayonne, Lombez, Marseille, Oloron et Toulon. Quarante-neuf ayant Notre-Dame pour vocable [97] : Ajaccio, Alet [98], Amiens [99], Arras, Avignon, Bayeux, Boulogne-sur-Mer, Cambrai, Chartres – au pèlerinage fameux que chantera Péguy –, Clermont-[Ferrand], Coutances, Dax, Die, Digne, Embrun – célèbre lieu de pèlerinage grâce à l'image miraculeuse de Notre-Dame des Bois devant laquelle vint s'incliner le roi Louis XI –, Évreux, Fréjus, Gap, Glandèves [100], Grasse, Grenoble, Laon, Lescar, Luçon, Montauban, Nice, Nîmes, Noyon [101], Orange, Paris [102], Le Puy – cathédrale-reliquaire au pèlerinage fréquenté, qui sera plus tard surnommé « le Lourdes du moyen âge » –, Reims – illustrée par le sacre des Capétiens –, Rieux, Riez, Rodez, Rouen, Saint-Bertrand-de-Comminges, Saint-Lizier, Saint-Omer, Saint-Paul-Trois-Châteaux, Saint-Pol-de-Léon, Sées, Senez, Senlis, Sisteron, Strasbourg, Tarbes, Vaison et Verdun.

Lorsque l'on avait cherché, dans le haut moyen âge, les premiers vocables, la place de la Vierge Marie était encore fort modeste. Les Apôtres et les martyrs venaient en tête. Mais ils avaient peu à peu cédé le pas à la Mère de Dieu, comme à Paris où l'ancienne cathédrale se nommait Saint-Étienne. Il y eut bientôt un fossé entre la multiplicité des invocations mariales (58) et la relative rareté des cathédrales vouées à saint Pierre (14 cas), l'un des premiers martyrs et le chef de la primitive Église, et à saint Étienne (le premier martyr, ayant prêté son patronage à 13 cathédrales).

Pourtant ces chiffres, s'ils sont impressionnants, ne couvrent qu'une portion de la présence mariale en France. Les cathédrales ne sont pas les seuls lieux de pèlerinage. Il faut compter aussi avec « les découvertes miraculeuses de statues de la Vierge, comme à Notre-Dame de l'Épine en 1400 et à Notre-Dame de l'Étang près de Dijon en 1453 [103] », sans parler des très nombreuses statues miraculeuses, comme celle d'Embrun dont nous avons déjà parlé.

Enfin, que de statues de la Vierge dans les églises et chapelles communes ; que de chapelles de la Vierge dans les cathédrales, églises, hôtels-Dieu et hôpitaux ; que de portails de la Vierge dans les basiliques ; que de vitraux, que de tableaux, que de gravures dont Marie était l'humble, la souffrante ou la glorieuse figure centrale !

Depuis le XIIe siècle, même si ce sont des gens d'Église, comme saint Bernard, qui ont restauré, ressourcé et répandu la dévotion mariale, on sent que ce courant, à la fois large et profond, de foi et de piété est avant tout populaire. Le menu peuple, qu'effraie le Christ souffrant ou plus encore le Christ glorieux venu juger les vivants et les morts, est moins intimidé par Marie, sa Mère, mère adoptive de tous ceux qui pleurent. Il lui importe peu que l'on puisse dire que le récit de l'Assomption est emprunté à un texte apocryphe. Il sait que la bienheureuse Marie toujours Vierge fut la mère du Sauveur : le Credo l'assure. Il ignore, et d'ailleurs ce n'est pas son affaire, que la sainte Écriture parle peu de Notre Dame.

# MARIE DANS LE NOUVEAU TESTAMENT

Le premier mystère de Marie est assurément l'humble, la très humble place tenue par la Mère de Dieu dans les écrits évangéliques. Ceux-ci ne parlent de la Vierge qu'avec « une extrême sobriété » (J.-J. von Allmen) et la Mère du Sauveur n'apparaît qu'une douzaine de fois à travers le Nouveau Testament. Cette réserve est à l'opposé de l'exubérance anecdotique des textes apocryphes.

Chronologiquement, la première mention est due à saint Paul : « Lorsque les temps furent accomplis, Dieu a envoyé son Fils, né d'une femme, né sous la Loi, afin de racheter ceux qui étaient sous la Loi, pour que nous recevions l'adoption » (*Galates* 4, 4-5). Le nom de Marie n'apparaît même pas. Son rôle dans l'Incarnation est pourtant déjà établi, ce qui est capital.

Les Évangiles de l'enfance sont plus diserts. Nous devons à saint Luc le récit fameux de l'Annonciation, l'annonce faite à Marie. L'ange Gabriel dit à la Vierge : « Le Seigneur est avec toi », puis lui découvre les desseins de Dieu : elle a trouvé grâce auprès du Seigneur, elle enfantera un enfant du nom de Jésus. « Il sera grand et sera appelé Fils du Très-Haut... et son règne n'aura pas de fin ! » – « Comment cela se produira-t-il, réplique Marie, puisque je ne connais pas d'homme ? – Le Saint-Esprit viendra sur toi, et la puissance du Très-Haut te couvrira de son ombre. » L'ange ajoute que « rien n'est impossible à Dieu ». Alors Marie répond : « Voici la servante du Seigneur ; qu'il me soit fait selon ta parole » (*Luc* 1, 26-38).

Saint Luc narre ensuite la Visitation, célèbre visite de la Vierge Marie à sa cousine, enceinte de Jean-Baptiste. Élisabeth, saluée par Marie, sent son enfant tressaillir, et déclare à Marie : « Tu es bénie entre les femmes, et le fruit de ton sein est béni. » Celle-ci répond par le fameux cantique du *Magnificat* : « Mon âme exalte le Seigneur... Toutes les générations me diront bienheureuse. Parce que le Tout-Puissant a fait pour moi de grandes choses... Il a fait descendre les puissants de leurs trônes, Élevé les humbles... Il a secouru Israël, son serviteur... » *Luc* 1, 41-55.

L'Évangile de Matthieu lui fait suite. Il nous montre les hésitations de Joseph, surpris par la grossesse de Marie et songeant,

« homme de bien », à « rompre secrètement ». Un ange le rassure : « Car l'enfant qu'elle a conçu vient du Saint-Esprit, et elle enfantera un fils, et tu lui donneras le nom de Jésus, car c'est lui qui sauvera son peuple de ses péchés » (*Matthieu* 1, 19-21). Peu après, Joseph et Marie quittent Nazareth pour Bethléem (*Luc* 2, 1-6).

Le prochain tableau marial est celui de la Nativité. Lorsque Joseph et Marie furent parvenus à Bethléem, « le temps où Marie devait accoucher arriva, et elle enfanta son fils premier-né. Elle l'emmaillota et le coucha dans une crèche, parce qu'il n'y avait pas de place pour eux dans l'hôtellerie » (*Luc* 2, 6-7). Luc rapporte que, prévenus par un ange, des bergers vinrent adorer Jésus. Ils « trouvèrent Marie, Joseph et le nouveau-né dans la crèche ». « Marie, nous dit l'évangéliste, conservait toutes ces choses, et les repassait dans son cœur » (*Luc* 2, 19). Matthieu raconte ensuite la venue de « mages d'Orient », savants astronomes attirés à Bethléem par les mouvements d'une mystérieuse étoile. « Ils entrèrent dans la maison, virent le petit enfant avec Marie, sa mère, se prosternèrent et l'adorèrent ; ils ouvrirent ensuite leurs trésors, et lui offrirent en présent de l'or, de l'encens et de la myrrhe » (*Matthieu* 2, 11).

L'autre Évangile de l'enfance, celui de saint Luc, contient un récit fort important en ce qui regarde la Vierge Marie. Luc rapporte la présentation rituelle de Jésus au Temple, « suivant ce qui est écrit dans la loi du Seigneur ». Il nous montre le vieillard Siméon, un homme « juste et pieux », prenant le petit enfant en ses bras, louant le Ciel et remerciant Dieu d'avoir pu, avant de mourir, voir le Sauveur du monde, « lumière pour éclairer les nations et gloire de ton peuple, Israël ». Or, après avoir béni Joseph et Marie, Siméon « dit à Marie, sa mère : – Voici. Cet enfant est là pour la chute et le relèvement de beaucoup en Israël, et comme un signe qui provoquera la contradiction, et toi-même, une épée te transpercera l'âme, afin que les pensées de beaucoup de cœurs soient dévoilées » (*Luc* 2, 25-35).

Matthieu prend le relais, racontant (2, 13-23) la fuite en Égypte de la sainte famille, prolongement de l'adoration des Mages. Un ange, nous dit-il, apparut à Joseph, l'informa des menaces du roi Hérode et lui enjoignit de se réfugier en Égypte avec Marie et l'enfant. Aucun détail nouveau ne concerne ici la Vierge, toujours modeste, discrète, obéissante. Tout danger écarté, Joseph, Marie et Jésus retournent en Israël et vivent paisiblement dans la bourgade de Nazareth.

Ces « années obscures de Jésus » ne furent marquées par aucun événement important. « Le petit enfant grandissait et se fortifiait ; il était rempli de sagesse, et la grâce de Dieu était sur lui » (*Luc* 2, 40). Un fait pourtant se détache, auquel l'évangéliste attache avec raison le plus grand prix. Il concerne Jésus et Marie. L'enfant a douze ans. Comme chaque année, ses parents l'ont emmené à Jérusalem pour la fête de Pâque. Or, sur le chemin du retour, Jésus est introuvable. Joseph et Marie reviennent donc sur leur pas. Trois jours durant, ils fouillent Jérusalem à sa recherche. Le voici enfin, « dans le Temple, assis au milieu des docteurs, les écoutant et les questionnant. Tous ceux qui l'entendaient, rapporte Luc, étaient surpris de son intelligence et de ses réponses ». Unique et remarquable anticipation de la vie publique à venir.

Avec douceur Marie admoneste son fils : « Enfant, pourquoi nous as-tu fait cela ? Voici que ton père et moi nous te cherchons avec angoisse. Il leur dit : – Pourquoi me cherchiez-vous ? Ne saviez-vous pas qu'il faut que je m'occupe des affaires de mon Père ? Mais ils ne comprirent pas la parole qu'il leur disait. Puis il descendit avec eux pour aller à Nazareth, et il leur était soumis. Sa mère conservait toutes ces choses dans son cœur » (*Luc* 2, 48-51). Cette dernière phrase résume près de vingt ans de vie cachée.

Jusques ici le rôle de Marie, nettement dessiné ou suggéré, apparaît dans les textes inspirés comme essentiel et lumineux. Vierge innocente et obéissante, servante du Seigneur, l'Évangile montre en elle le moyen miraculeux par Dieu choisi pour réaliser l'Incarnation, ce tournant de l'histoire du monde, cette nouvelle création.

Quand débute le ministère public du Sauveur, Marie s'efface, laissant à Jésus toute la place dans les récits inspirés. Non seulement, au travers des Évangiles synoptiques, on ne cite à peu près plus Marie, mais la rupture apparaît nettement entre le Christ et sa famille, tandis que Marie semble ignorer le caractère messianique de la nature et de l'enseignement de son fils. Ici Marie est indiquée pour situer Jésus (« Sa mère ne s'appelle-t-elle pas Marie ? » ou encore : « N'est-ce pas le charpentier, le fils de Marie ? »). Là le Seigneur, tout appliqué à prêcher la foule, refuse d'interrompre sa prédication pour sa mère et ses cousins : « Ma mère et mes frères, ce sont ceux qui écoutent la Parole de Dieu et la mettent en pratique » (*Luc* 8, 21).

En apparence, l'Évangile selon saint Jean présente une plus grande solidarité entre Jésus et la Vierge Marie. Le récit fameux des noces de Cana (*Jean* 2, 1-12) le prouve. La scène se passe au début de la vie publique du Christ, en Galilée. Marie est invitée à un banquet nuptial ; Jésus et ses premiers disciples ont été priés avec elle. Au cours de la fête, le vin manqua. Marie dit à son fils : « Ils n'ont plus de vin » (phrase d'apparence banale, mais chargée à l'extrême de foi et d'espérance). Jésus répond : « Femme, qu'y a-t-il entre toi et moi ? Mon heure n'est pas encore venue » (phrase rude, même si on la traduit par : « Mère, qu'attends-tu de moi ? C'est à notre Père des cieux de choisir le temps des miracles »). Cependant Marie, comme si son fils avait dit oui, ne craint pas de dire aux serviteurs : « Faites tout ce qu'il vous dira. » Et, par la volonté de Jésus, l'eau de six grandes jarres fut changée en vin.

Si Marie est à l'origine du premier des miracles christiques, saint Jean nous la montre, à l'autre extrémité chronologique et psychologique de la vie publique. Sur le Calvaire, près de son fils supplicié. C'est un passage fort court, justement célèbre, qui sera relu, médité, commenté au long des siècles. « Près de la croix de Jésus, se tenaient sa mère et la sœur de sa mère, Marie femme de Clopas et Marie de Magdala. Jésus, voyant sa mère, et debout auprès d'elle le disciple qu'il aimait dit à sa mère : – Femme, voici ton fils. Puis il dit au disciple : – Voici ta mère. Et dès cette heure-là, le disciple la prit chez lui » (*Jean* 19, 25-27).

Une dernière mention de Marie se rencontre dans le Nouveau Testament (*Actes* 1, 14). L'auteur des *Actes des Apôtres* vient de narrer l'Ascension. Il nous montre les Onze (Judas est mort, son successeur n'a pas encore été coopté), quittant le mont des Oliviers pour la ville et regagnant « la chambre haute où ils se tenaient d'ordinaire ». Outre les Apôtres, « persévéraient dans la prière » les saintes femmes, « avec Marie, mère de Jésus ». Quelques jours plus tard, au temps de la fête de la Pentecôte, « ils étaient tous ensemble dans le même lieu » (*Actes* 2, 1). L'évangéliste ne précise pas si Marie et les autres femmes fidèles se trouvaient encore au côté des disciples, mais la chose est vraisemblable. En tout état de cause, la Vierge Marie ne pouvait être étrangère ou indifférente à cet événement capital : la venue du Saint-Esprit animant la jeune Église du Christ.

## MARIE, DE BYZANCE À LA GAULE

On ne saurait dépeindre correctement, en trente paragraphes, ce phénomène spirituel multiséculaire, remarquable et mystérieux, qui peut être appelé « le développement mariologique ». Il y faudrait dix volumes, et sans espoir d'être exhaustif. Mais il est possible, et utile, d'évoquer au moins quelques idées et quelques faits représentatifs.

Le premier grand jalon doctrinal concernant la Vierge Marie fut le Credo. Le symbole des Apôtres enseignait Jésus-Christ, Fils unique de Dieu, « notre Seigneur, qui a été conçu du Saint-Esprit, est né de la Vierge Marie ». Le symbole de Nicée avait précisé : « qui pour nous les hommes et pour notre salut, est descendu des Cieux et s'est incarné par le Saint-Esprit dans la Vierge Marie et s'est fait homme ». Là s'arrêtait la doctrine de Marie, déjà riche de réalité comme de potentialités. Les chrétiens du IV$^e$ siècle se devaient de croire que Marie, vierge, avait été rendue mère par la puissance de l'Esprit Saint et qu'elle avait enfanté Jésus-Christ, le Fils unique de Dieu.

En 431, le concile œcuménique d'Éphèse donna une valeur accrue à cette simple et sublime doctrine, lorsqu'il accorda à la Vierge le titre de *Théotokos* (Mère de Dieu). Et cette dernière prit toute sa signification lorsque le concile de Chalcédoine, vingt ans plus tard, définit Jésus comme « vrai Dieu et vrai homme ». La dogmatique s'est précisée, elle n'a pas changé. D'ailleurs il n'existe pas encore de mariologie, hors du cadre de la dévotion. Les précisions apportées sur Marie sont uniquement destinées à nuancer et approfondir la théologie christique. En Occident il faut attendre l'époque carolingienne pour voir commenter et justifier théologiquement la définition d'Éphèse[104]. D'ailleurs, « comme le titre même de *Théotokos* le suggérait, c'était une doctrine dans laquelle la règle de la prière jouait un rôle encore plus important que d'habitude dans l'élaboration de la règle de foi [105] ». Or, à l'époque patristique, en Occident, personne ou presque ne priait Marie ; les martyrs et les Apôtres servant seuls de cortège au Christ.

L'élan de foi, de dévotion, de vénération, de contemplation des images concernant la Mère de Dieu vint d'Orient. Très important y avait été le rôle des icônes – qu'une grave querelle séculaire (730-843) contestera avant de finalement le renforcer –, d'autant que les premières icônes remontent au IIIe siècle. Non moins grand fut le rôle de la liturgie [106], et ceci dès la fin du IVe siècle, avec saint Basile et saint Jean Chrysostome ses deux illustres promoteurs. On vit se vérifier à propos de la Vierge Marie, cette réalité quotidienne de la Tradition orientale : un courant permanent s'établit spontanément entre piété populaire, liturgie et théologie. Un mouvement de noria ascendant et descendant, une symbiose constante entre les croyances des serviteurs de Dieu et la vie même de l'Église du Christ, doctrine incluse. La notion de *Théotokos* était partie de la base. La liturgie fit sienne, assimila et ennoblit nombre de notions issues de l'attente du peuple, de ses prières, de ses visions, et des images sacrées. La théologie s'en nourrissait à son tour peu à peu, d'ailleurs sans imposer de dogmatique.

Or, en Orient, Marie, son nom, son visage, les étapes de sa vie, n'avaient cessé d'apparaître dans les oraisons, les invocations, les hymnes, les antiennes, les saintes icônes. Ces dernières s'étaient vu attribuer très vite nombre de miracles, « et les vies des saints byzantins sont remplies de récits de conversions et de guérisons effectuées par elle [la Théotokos] [107] ». La *Dormition* de la Vierge – « dans le sens où la mort de la Mère de Dieu, encore plus que toutes nos morts à nous, n'est pas une vraie mort [108] » – était rapidement devenue à Byzance le « sujet favori des peintres [107] ».

La liturgie ne put rester indifférente à ces élans multipliés. Saints Basile et Jean Chrysostome ont donc fait à Marie une large place dans les textes de l'office divin, parlant de « l'intercession de la sainte Mère de Dieu [109] » ou la nommant « Notre toute sainte immaculée, toute bénie et glorieuse Dame, la Mère de Dieu et toujours vierge Marie [109] ». La théologie suivra, Nicéphore de Constantinople (v. 758-829) ne craignant pas, par exemple, de transformer la Vierge en Médiatrice [107], en contradiction d'avec les enseignements de saint Paul [110].

La synthèse de cette sensibilité mariale s'est traduite dans les arts majeurs. « C'est à Sainte-Sophie que le service divin et le culte de la *Théotokos* ont reçu leur expression artistique adéquate [111]. » Or, des églises comme Sainte-Sophie étaient, pour le peuple croyant, une initiation permanente à la théologie. Disons au moins, au catéchisme.

Ces valeurs furent ensuite transmises à l'Occident. Ce dernier ne pouvait encore rivaliser avec Byzance, tant pour la liturgie que pour la dévotion des icônes. Mais, comme l'Orient, il savait prier, implorer, chanter. Comme en Orient, « la règle de la prière jouait un rôle [...] dans l'élaboration de la règle de foi [105] ». Dès le Vᵉ siècle, nos pères récitaient la « salutation angélique » : « Je vous salue, Marie, pleine de grâce, le Seigneur est avec vous [112] ; vous êtes bénie entre toutes les femmes et Jésus, le fruit de vos entrailles, est béni [113]. » Au VIIᵉ siècle, ils compléteront par : « Sainte Marie, Mère de Dieu, priez pour nous, pauvres pécheurs. » Au XIIIᵉ, sous l'influence des franciscains, ils termineront avec : « Maintenant et à l'heure de notre mort. Ainsi soit-il. » Ne voilà-t-il pas encore un exemple de développement ? L'*Ave Maria*, la prière la plus connue au monde, presque à égalité avec le Notre Père, s'est enrichie au cours des siècles, illustrant ici, sinon un développement du dogme, au moins l'intensité croissante d'une dévotion et l'orientation d'une sensibilité spirituelle, édifiante et populaire.

## LE TRIOMPHE DE LA VIERGE

Depuis la fin du XIᵉ siècle et l'aube du XIIᵉ, la Vierge Marie était devenue en Occident le sujet de toutes les spéculations et l'objet de mainte dévotion. Les théologiens se penchèrent sur son rôle dans l'économie du salut [114], étudièrent ses mérites, ses privilèges, ses prérogatives. Le peuple catholique vit de plus en plus, en elle, à la fois la reine du Ciel et la mère des hommes. Les poètes chantèrent ses vertus. Les artistes rivalisaient entre eux pour la faire aimer et révérer, tant pour elle-même que comme objet d'une dévotion particulière (comme celle du Rosaire).

Trois docteurs se distinguèrent par leur zèle : Anselme de Cantorbéry (1033-1109), Bernard de Clairvaux (1090-1153) et Duns Scot (v. 1266-1308). « Admirable réalité, déclarait saint Anselme : Marie a enfanté Dieu [115]. » « Ô femme merveilleusement singulière et singulièrement merveilleuse, par qui les éléments sont rénovés, les enfers cicatrisés, les démons piétinés, les hommes sauvés, les anges réintégrés [116] ! » Et de plaider en faveur de l'« immaculée conception » de la Vierge – une miraculeuse rupture en faveur de Marie de la terrible chaîne du péché originel qui marque toute l'humanité – et de son Assomption corporelle (le corps de Marie, emporté au Ciel par les anges, ne repose pas en terre).

Saint Bernard, quant à lui, aimait à dire : *De Maria nunquam satis*, « De Marie on ne parle jamais assez [117] ». Pour y remédier, le réformateur de Cîteaux conçut et répandit d'admirables *Sermons sur la Vierge Marie*, à qui il avait consacré un culte fervent. Il fut un de ceux qui répandirent alors le thème de Marie médiatrice. « C'est elle, en effet, notre médiatrice : par elle, ô

---

### Ave Maris Stella

*Étoile de la mer, Mère du Tout-Puissant,*
*Toujours Vierge, toujours étoile sans nuages,*
*Porte du Ciel ouverte au pécheur gémissant,*
    *Reçois notre humble hommage.*

*De nous, comme de l'ange, accepte ce salut ;*
*Et dans une paix sainte affermissant notre âme,*
*Change l'impression que notre sang reçut*
    *De la première femme.*

*Des captifs du péché, romps les tristes liens,*
*Aux esprits aveuglés rends de vives lumières,*
*Chasse loin tous les maux, obtiens-nous tous les biens,*
    *Vierge, par tes prières.*

Pierre Corneille

Dieu, nous avons reçu ta miséricorde, et par elle aussi nous pouvons à notre tour accueillir le Seigneur Jésus dans nos maisons [118]. » Duns Scot vint enseigner à l'université de Paris à l'aube du XIVe siècle, mais il s'y trouva fort isolé, presque seul à soutenir la thèse « immaculiste ».

Sur les deux sujets qui vont, du XIIe au XXe siècle, alimenter la controverse, l'immaculée conception de Marie et son Assomption corporelle, les théologiens étaient pour le moins partagés [119], l'Église demeurait fort réservée. Le plus illustre docteur du temps, le dominicain Thomas d'Aquin, s'était gardé d'entrer dans la querelle de la Conception. L'Église reprochait à l'Assomption corporelle de n'avoir pour source que des écrits apocryphes. Même Jacques de Voragine y insiste dans *La Légende dorée* [120].

Toutefois un consensus se fait jour, réconciliant les clercs, les poètes, les artistes, le peuple chrétien, sur les mérites et sur les titres de la bienheureuse Vierge Marie. Dans les psaumes mariaux, dans les litanies de la Vierge [121], dans les cantiques, les prières, les méditations, les prédications, les poésies, Marie est la Nouvelle Ève [122], la Reine du Ciel (*Regina Coeli*), l'Étoile de la mer (*maris stella*), la Mère sans tache, la Mère du Sauveur, la Mère du Créateur, l'Étoile du matin, le Refuge des pécheurs, la Reine des anges. Dans les litanies elle est « Miroir de justice », « Temple de la sagesse », « Rose mystique », « Arche d'alliance », « Porte du Ciel », « Consolatrice des affligés », etc.

Depuis le XIIe siècle, Marie tient une place croissante dans l'œuvre des peintres et des sculpteurs. « Une des beautés de l'art chrétien, qui en a tant, est qu'il raconte l'histoire de la pensée chrétienne [123] » : comment le moyen âge, surtout celui de l'art gothique, aurait-il oublié la Vierge ? Dans la cathédrale, ce « livre ouvert où le peuple pouvait apprendre tout ce qu'il lui était nécessaire de savoir [124] », le fidèle suivait la vie de Notre Dame, de l'Annonciation jusques à l'Assomption, en passant par la Visitation, la Nativité, la fuite en Égypte, les noces de Cana, la tragique station au Calvaire, la descente de Croix (*Pieta*) et l'ensevelissement de Jésus, enfin la Pentecôte. Au XIIIe siècle, dans la sculpture gothique, la Vierge porte l'enfant Jésus avec respect ; au XIVe, elle échange avec l'Enfant-Dieu un sourire ; au XVe, elle supporte le corps meurtri du Crucifié. Son attitude, son visage, ses gestes reflètent la sensibilité des chrétiens qui la vénèrent et qui l'ont choisie comme mère adoptive.

La représentation mariale la plus complète d'alors est celle que nous citions plus haut [125] : sa Dormition, à gauche, son Assomption, à droite ; le tout surmonté par le Couronnement de la Vierge. Ce sont thèmes médiévaux. Ce seront encore les thèmes de la contre-Réforme. « Le plus savant triomphe de la Vierge qui ait jamais été peint est celui de la coupole du dôme de Forli [126] », ville d'Émilie. Son auteur, le peintre Carlo Cignani, y avait œuvré avec amour de 1686 à 1706 ! Ici, c'est la sainte Trinité elle-même qui posera sur le front de Marie la couronne d'étoiles pressentie par l'*Apocalypse* [127] ; mais, auparavant, chaque groupe de saints personnages avait apporté à la *Théotokos* une couronne particulière et en quelque sorte spécialisée. Abraham, au nom des patriarches. David en celui des Prophètes. Melchisédek, au titre des prêtres. Étienne, premier de la longue cohorte des martyrs. Saint Jean-Baptiste et saint Joseph, au nom des purs. Michel, enfin, comme chef des milices célestes.

Nulle créature humaine, même des plus saintes, n'avait été aussi parfaitement honorée !

La place manque ici pour évoquer toutes les formes de piété et de dévotion mariales de la fin du moyen âge : fêtes spécialisées (on célébrait la Purification, l'Annonciation, la Nativité, la Conception, l'Assomptiom ; au XIV$^e$ siècle fut créée la fête de la Visi-

---

### *Ballade pour prier Nostre Dame*

*Dame du Ciel, régente terrienne,*
*Emperière des infernaux palus,*
*Recevez-moi, vostre humble chrestienne,*
*Que comprinse soye entre vos eslus,*
*Ce non obstant qu'oncques rien ne valus.*
*Les biens de vous, ma Dame et ma Maistresse,*
*Sont trop plus grands que ne suis pécheresse,*
*Sans lesquels biens âme ne peut mérir*
*N'avoir les cieux. Je n'en suis jangleresse :*
*En ceste foi je vueil vivre et mourir...*

François Villon

tation, et la liste n'était pas close), cultes particuliers (les vêpres de la Vierge), prières nouvelles (le « Souvenez-vous », etc.), pèlerinages multiples, confréries vouées à Marie.

Des dizaines, des centaines de confréries encadraient l'humble peuple de Dieu, dont beaucoup, en cette fin du moyen âge, avaient la Mère de Dieu pour patronne. Il y avait, par exemple, les confréries des sept douleurs de la Vierge. Il y eut, depuis 1470, nombre de confréries du Rosaire. Celle de Colmar, en haute Alsace, créée en 1484, regroupa bientôt quelque 6 500 membres. Chaque confrère – il pouvait être prêtre, échevin, artisan ou fermier – s'engageait à réciter chaque semaine, sa vie durant, les 150 Psaumes de la Vierge [128].

## L'IMMACULÉE CONCEPTION ET L'ASSOMPTION

À la veille de la Réforme, le culte de la bienheureuse Vierge Marie pouvait paraître si important, si varié, si partagé, qu'il eût pu nuire à l'adoration de son divin Fils. Les attaques des Réformateurs ne firent cependant pas de tort à la *Théotokos*. La dévotion mariale populaire en sortit renforcée et, en quelque sorte canalisée [129].

Le menu peuple et même la majorité du peuple chrétien ignoraient le sens exact de la doctrine attachée à l'immaculée conception de Marie. Les uns la confondaient avec la naissance virginale du Christ ; les autres pensaient que c'était une manière de la dire sainte et sans péché, vierge et pure. Les artistes penchaient pour cette seconde version : comment auraient-ils pu faire autrement ? Comment fixer sur une toile une subtilité théologique marquant la coupure de la chaîne du péché originel ? Les *Vierge*[s] *à l'immaculée conception* des temps baroques – celles de Tintoret, Corrège, Rubens, Guido Reni, Pierre de Cortone, Ribera ou Murillo – étaient reçues par leurs admirateurs comme des symboles de la pureté perpétuelle. Les catholiques de la contre-Réforme aimaient et respectaient la fête de la Conception de Marie (8 décembre) sans comprendre les réticences des théologiens.

Or, celles-ci demeuraient patentes, même si, depuis Sixte IV à la fin du XVᵉ siècle, les « immaculistes » avaient gagné beaucoup de terrain[130]. Les deux ordres mendiants rivaux du XIIIᵉ siècle, dominicains et franciscains, unis pour répandre la dévotion mariale dans le peuple, étaient en désaccord à propos de sa conception : aux franciscains immaculistes s'opposaient, encore au XVIIᵉ siècle, les dominicains anti-immaculistes. Chose très symbolique, le concile de Trente (1545-1563) s'était gardé d'étudier la question, se contentant de dire Marie sans péché et, pour le reste, s'en tenant au point de vue de Sixte IV interdisant aux tenants des deux thèses de s'anathématiser entre eux.

Au XIXᵉ siècle, lorsque Rome songea à mettre un terme aux spéculations et aux controverses, elle pouvait s'appuyer sur deux réalités : 1° la grande majorité des clercs avait enfin rejoint le camp des « immaculistes », et 2° l'immense majorité des fidèles – toujours sans renseignements précis, mais toujours dévote et empressée à vénérer la Mère de Dieu – attendait que l'Église prenne un parti et s'y tienne. Monsieur Pouget déclara un jour à Jean Guitton : « L'immaculée conception, pour moi, est une conclusion théologique, qui a été définie pour satisfaire la foi des fidèles[131]. »

---

*L'immaculée conception et l'Assomption*

On peut déduire l'Assomption de la notion de maternité divine en raisonnant ainsi : si la Vierge est mère du Christ-Dieu, celui-ci une fois glorifié dans son corps n'a pu manquer de glorifier mystérieusement le corps de sa mère, dont il tenait le sien sans partage. Le Législateur, qui a fait de l'honneur dû aux parents une des conditions du salut éternel, n'a pu laisser le corps de sa mère à la pourriture. On peut inférer le même privilège à partir de l'immaculée conception, le commencement éclairant la fin. Si la Vierge a été établie dès sa conception dans un état analogue et supérieur à celui de l'humanité adamique avant ce péché dont la mort sous sa forme dissociante a été le fruit si amer, elle a dû être soustraite à la *corruption de la chair de péché*.

Jean Guitton

Avant de rédiger et de proclamer [132] sa fameuse bulle *Ineffabilis*, qui obligeait les catholiques à admettre et honorer l'immaculée conception de la Vierge Marie, le pape Pie IX avait engagé « de longues consultations avec l'épiscopat depuis 1848 [133] ». Il avait été conforté en son projet (anti-janséniste) en sachant que les deux tiers des évêques s'y montraient favorables [134]. Quatre ans après la proclamation du nouveau dogme, une jeune fille de Lourdes bénéficiait de dix-huit apparitions, et la Vierge Marie lui déclarait : « Je suis l'immaculée conception. » *Vox populi, vox Dei.*

Chacun sait que le XIX$^e$ fut, en effet, un siècle éminemment marial. Cent ans d'apparitions à la portée souvent universelle feront plus que trois conciles ou six définitions solennelles pour développer la dévotion populaire envers la Vierge : de la rue du Bac (1830) aux révélations de Fatima (1917), d'humbles témoins [135] privilégiés reçurent des messages de Marie : en 1846, à la Salette [136] ; en 1858, à Lourdes [137] ; en 1871, à Pontmain ; la France se trouvant donc hautement distinguée.

Cependant, malgré ce nouveau triomphe de la *Théotokos*, la question de l'Assomption n'était pas encore réglée. Les orthodoxes [138], qui avaient reçu depuis bien longtemps la doctrine de la Dormition, n'avaient pas eu besoin d'en imposer la croyance, tant elle était intégrée à la conscience des fidèles et à leur sensibilité, à la mentalité du peuple et aux prédications ou méditations des clercs ; à la liturgie, à l'art, à la vie. Mais puisque l'Occident semblait avoir besoin de mises au point précises, on pouvait se demander pourquoi l'Église latine tardait tant à éclairer ses fidèles (ou à entendre leur pieuse revendication).

L'Assomption, pas plus que la Conception, n'avait été étudiée par le concile de Trente. Mais l'Assomption, plus que la Conception, semblait faite pour enchanter le peuple de Dieu. Ce dernier la célébrait, d'ailleurs, depuis des siècles, chaque quinze août, « la sainte Marie d'été » ; en France plus que jamais depuis le vœu de Louis XIII (1638). Les fidèles voyaient sa représentation, humble ou magnifique, poétique ou théologique, sur des tableaux, des gravures, des images de piété. Ce thème glorieux n'avait cessé d'inspirer les grands artistes. Si le moyen âge avait vu les *Assomption* (s) fameuses de Fra Angelico, de Mantegna, de Ghirlandajo, de Filippino Lippi, la contre-Réforme – soucieuse de défendre la Vierge contre les « novateurs » – avait inspiré, sur le même thème, Titien, le Corrège, le Guide, Jordaens, Simon Vouet, bien d'autres. Rubens paraît en avoir brossé douze !

La Vierge de l'Assomption résistait donc vigoureusement à la crise protestante ; elle tint bon, dans le peuple et dans la dévotion des cœurs simples, durant la crise des Lumières et d'un même élan traversa la Révolution. Au XIXᵉ siècle, les représentations naïves de l'Assomption se partageaient avec le Sacré-Cœur la décoration des chaumières. D'ailleurs, Marie avait un domaine infiniment plus large : en moins d'une génération, dans la seule France, on vit naître au moins trois congrégations se réclamant de son mystère. En 1825, les sœurs de l'Assomption ; en 1839, les dames de l'Assomption ; en 1845, les augustins de l'Assomption ou « assomptionnistes »).

Il fallut pourtant attendre le milieu du XXᵉ siècle pour voir transformer en dogme ce qui restait doctrine ou pieuse tradition. Ce fut l'œuvre du pape Pie XII. Elle suscita l'ire des protestants, la joie et l'enthousiasme des catholiques italiens, espagnols, portugais, latino-américains, et d'autres. Comme avait fait Pie IX, cent ans auparavant, Pie XII voulut connaître l'état de l'opinion catholique dans le domaine de la mariologie. Par encyclique il avait demandé, dès 1946, à tous les évêques s'ils jugeaient désirable de voir définir le dogme de l'Assomption et si tel était le désir de leurs prêtres et de leurs ouailles[139]. Soixante-dix n'envoyèrent pas de réponse. Ils ne furent que vingt-deux à dire non ou à présenter des objections sérieuses. Quatre-vingt-dix pour cent des membres de l'épiscopat se déclarèrent favorables.

Il en résulta la célèbre bulle *Munificentissimus Dominus*, solennellement explicitée le 1ᵉʳ novembre 1950 : « Nous proclamons, déclarons et définissons dogme divinement révélé, que l'immaculée Mère de Dieu toujours Vierge, *Marie, ayant accompli le cours de sa vie terrestre, fut élevée* corps et âme *à la gloire céleste*[140]. » Ce texte s'appuyait sur « le consensus de l'Église vivante ». Le pape ne craignait pas de citer « cet extraordinaire consensus de l'épiscopat catholique et des fidèles[141] ».

Dans ce cas fameux, le « développement » d'une doctrine ne pouvait guère être poussé plus loin. Faute d'appui biblique, et ne souhaitant nullement se référer aux Évangiles apocryphes, Pie XII avait dû, ici, remplacer l'Écriture par la Tradition seule.

Toutefois, dans le monde déboussolé qui est le nôtre, on peut se demander si les controverses bizarrement entretenues à propos du binome Écriture-Tradition ne rappellent pas la querelle du sexe des anges à la veille de la chute de Constantinople. Le protestantisme est-il si sûr de sa doctrine, qu'il ait légitimement mission de toujours critiquer les convictions de ses frères en Christ ? Quand bien même la croyance à une Assomption corporelle serait plus poétique que biblique, à quel titre Genève la reprocherait-il à Rome ? Et pourquoi cette charmante croyance serait-elle pas, miraculeusement ou mystérieusement, un canal de la grâce ? La foi chrétienne dit que tout est grâce. L'ange a salué Marie en la disant « pleine de grâce ». Rien n'étant impossible à Dieu [142], le Seigneur aurait ici choisi un moyen, par lui jugé le meilleur, pour élever sa sainte Mère au rang de reine du Ciel !

---

*Notes*

1. Elle fut exprimée dès 1843.
2. J. Guitton, *Portrait de M. Pouget,* p. 94.
3. *Genèse* 9, 12-17.
4. Promesse d'une postérité (« Contemple donc le ciel et compte les étoiles, si tu peux les compter... Telle sera ta descendance. Abram crut en l'Éternel qui le lui compta comme justice », *Genèse* 15, 5-6), changement de nom (d'Abram en Abraham), circoncision (*Genèse* 17, 9-14), etc.
5. *Exode* 19, *Exode* 20, *Exode* 24, etc.
6. Chateaubriand, *Le Génie du christianisme*, p. 1073.
7. Image inspirée par un commentaire de M. Pouget. Cf. J. Guitton, *op.cit.,* p. 99.
8. J. Guitton, *op cit.,* p. 99.
9. Avec saint Thomas d'Aquin et la scolastique.
10. J. Guitton, *Portrait de M. Pouget*, p. 100.
11. Cf. *supra*, chapitre premier.
12. Olivier Clément, *L'Église orthodoxe*, p. 65.
13. Cf. P. Courthial, *La Confession de foi de La Rochelle*, p. 107-108.
14. Pascal, *Pensées,* p. 1312.
15. J. Pelikan, *La Tradition chrétienne*, t. I, p. 170.
16. J. Guitton, *Portrait de M. Pouget*, p. 102.
17. R.P. Louis Bouyer, *Le Métier de théologien*, p. 106.
18. Alberigo, *Les Conciles œcuméniques*, t. II [1], p. 531.

19. On notera cependant que saint Bruno de Segni (v. 1045-1123), théologien et exégète réputé, ne comptait ni le mariage ni l'extrême-onction parmi les sacrements. Cf. Pelikan, *op. cit.,* t. III, p. 223.
20. Il arrive qu'elle soit définie comme « le sacrement qui est approprié au mariage ». Cf. Pelikan, *op. cit.,* t. III, p. 225.
21. Le premier date de Pépin le Bref.
22. Alberigo, *Les Conciles œcuméniques,* t. II ¹, p. 1109.
23. J. Pelikan, *La Tradition chrétienne,* t. I, p. 326.
24. *Idem, ibidem,* t. I, p. 171.
25. *Idem, ibidem,* t. I, p. 320.
26. Les nouveau-nés sont apparemment innocents, en réalité marqués jusqu'au baptême par le péché originel.
27. Cf. J.-J. von Allmen, *Vocabulaire biblique,* p. 33.
28. *Romains* 6, 3-4.
29. *Jean* 3, 5 ; *Tite* 3, 5.
30. Alberigo, *Les Conciles œcuméniques,* t. II ¹, p. 1117-1121.
31. *Jean* 6, 35.
32. *I Corinthiens* 11, 23-25.
33. *Ibidem* 11, 17-34.
34. *Ibidem* 11, 27-29.
35. J. Guitton, *Portrait de M. Pouget,* p. 101.
36. J. Pelikan, *La Tradition chrétienne,* t. I, p. 174.
37. *Idem, ibidem,* t. I, p. 319-320.
38. *Idem, ibidem,* t. I, p. 175.
39. *Idem, ibidem,* t. I, p. 176.
40. Alberigo, *Les Conciles œcuméniques,* t. II ¹, p. 523.
41. On lit dans la première constitution du quatrième concile de Latran : « Il y a une seule Église universelle des fidèles, en dehors de laquelle absolument personne n'est sauvé, et dans laquelle le Christ est lui-même à la fois le prêtre et le sacrifice, lui dont le corps et le sang, dans le sacrement de l'autel, sont vraiment contenus sous les espèces du pain et du vin, le pain étant *transsubstantié* au corps et le vin au sang par la puissance divine, afin que, pour accomplir le mystère de l'unité, nous recevions nous-mêmes de lui ce qu'il a reçu de nous » (Alberigo, *op cit.,* t. II ¹, p. 495).
42. Au jeudi suivant l'octave de la Pentecôte.
43. Qui contient le célèbre *Tantum ergo*.
44. Pour la Réforme, un mot barbare, non biblique, scolastique. – Le catholicisme, au contraire, pense que ce mot un peu compliqué contient et traduit « l'extraordinaire changement qui s'opère dans l'eucharistie. Les mots pourront vieillir : le mystère qu'ils éclairaient demeure à jamais » (Gervais Dumeige, *La Foi catholique,* p. XIII).
45. Alberigo, *Les Conciles œcuméniques,* t. II ¹, p. 525.
46. Chateaubriand, *Le Génie du christianisme,* p. 906.
47. *Jude* 1, 12.
48. *I Corinthiens* 11, 17-34.
49. *I Corinthiens* 11, 26.
50. J. Pelikan, *La Tradition chrétienne,* t. I, p. 177.
51. Ph. Levillain, *Dictionnaire historique de la papauté,* p. 1053-1055.

52. Alberigo, *Les Conciles œcuméniques*, t. II ², p. 1489-1491.
53. *Idem, ibidem*, t. II ², p. 1495.
54. R.P. Godefroy, o.f.m., *Les Fioretti...*, Paris, 1947, p. 215.
55. Saint espagnol (1355-1419).
56. J. Huizinga, *L'Automne du moyen âge*, p. 234.
57. Alberigo, *Les Conciles œcuméniques*, t. II ¹, p. 1123.
58. J. Pelikan, *La Tradition chrétienne*, t. III, p. 33.
59. J. Guitton, *Portrait de M. Pouget*, p. 101.
60. On connaît le célèbre passage sur l'esprit de la Loi : « Vous avez entendu qu'il a été dit : *Tu ne commettras pas d'adultère*. Mais moi, je vous dis : Quiconque regarde une femme pour la convoiter a déjà commis adultère avec elle dans son cœur » (*Matthieu* 5, 27-28).
61. Un sacerdoce à la fois lévitique (hérité de l'Ancien Testament) et christique (puisque la notion de sacrifice a été bouleversée par le mystère de la Croix).
62. J. Pelikan, *La Tradition chrétienne*, t. I, p. 169.
63. Alberigo, *Les Conciles œcuméniques*, t. II ¹, p. 1125.
64. *Idem, ibidem*, t. II ¹, p. 1125-1127.
65. Dont les racines remonteraient à Aaron, frère de Moïse, voire à Melchisédek, « sacrificateur du Dieu Très-haut » (*Genèse* 14, 18), contemporain d'Abraham.
66. Alberigo, *Les Conciles œcuméniques*, t. II ¹, p. 1109.
67. *Idem, ibidem*, t. II ¹, p. 1115 ; par référence aux *Actes des Apôtres*, 2, 1-4.
68. J. Pelikan, *La Tradition chrétienne*, t. III, p. 223.
69. Cf. *Éphésiens* 5, 22-33.
70. *I Corinthiens* 7, 8-9. – On ne saurait exclure de ce passage une éventuelle pointe d'humour.
71. J. Pelikan, *op cit.*, t. III, p. 224.
72. *Idem, ibidem*, t. III, p. 223.
73. Apparemment *Jacques* 5, 13-15.
74. Le moyen âge en fit saint Dysmas, patron des condamnés à mort.
75. Ph. Ariès, *L'Homme devant la mort*, p. 39.
76. Ph. Levillain, *Dictionnaire historique de la papauté*, p. 271.
77. L. Bouyer, *Le Métier de théologien*, p. 73.
78. E. Renan, *Histoire des origines du christianisme*, p. 819.
79. Ph. Ariès, *L'Homme devant la mort*, p. 40.
80. En son canon 62.
81. Ph. Levillain, *op cit.*, p. 270.
82. *Idem, ibidem*, p. 1256-1257.
83. J. Ladame, *Les Saints de la piété populaire*, passim.
84. J. Huizinga, *L'Automne du moyen âge*, p. 213.
85. On le fête en Orient depuis le IX$^e$ siècle ; on ne le fête en Occident que depuis le temps des Croisades. Cf. J. Ladame, *op. cit.*, p. 50.
86. J. Ladame, *op cit.*, p. 84.
87. *Idem, ibidem*, p. 101.
88. J. de Viguerie, *Le Catholicisme des Français dans l'ancienne France*, p. 97.

89. Nouvelle édition, Paris, Payot, 1975.
90. C'est à Pierre Chaunu que l'historiographie doit cette vue récente, qui a éclairé bien des zones d'ombre.
91. Cité dans J. Ladame, *Les Saints de la piété populaire*, p. 8.
92. Sofres-*Pèlerin magazine*.
93. *Le Figaro*, 17 février 1995.
94. J. Ladame, *op cit.*, p. 235-238.
95. J. Favier, *Dictionnaire de la France médiévale*, p. 964.
96. Il y eut longtemps des cathédrales faites de deux églises accolées, l'une épiscopale, l'autre paroissiale. À l'ordinaire l'église nord était consacrée à la Vierge, l'église sud à saint Pierre, à saint Étienne, ou autre apôtre ou martyr.
97. Ou vocable principal. En effet, il y eut Notre-Name des Doms (Avignon), Notre-Dame de la Sed (Aix), Notre-Dame de l'Annonciation, Notre-Dame de la Visitation, Notre-Dame de l'Assomption, etc.
98. Alet eut au XVIIe siècle pour évêque le célèbre janséniste Nicolas Pavillon.
99. Une des plus belles et des plus grandes cathédrales gothiques françaises.
100. Déplacée à Entrevaux (Alpes de Haute-Provence), la ville voisine.
101. Charlemagne fut couronné roi à Noyon en 768 ; Hugues Capet, sacré roi en 987.
102. Après avoir été la cathédrale Saint-Étienne.
103. J. Favier, *Dictionnaire de la France médiévale*, p. 963-964.
104. J. Pelikan, *La Tradition chrétienne*, t. III, p. 72.
105. *Idem, ibidem*, t. III, p. 73.
106. « La liturgie, pour moi, ce n'est que la Parole de Dieu gardée dans sa continuité jaillissante et suscitant la réponse de l'homme » (L. Bouyer, *Le Métier de théologien*, p. 54).
107. J. Pelikan, *La Tradition chrétienne*, t. II, p. 151.
108. Vladimir Volkoff.
109. J. Pelikan, *op cit.*, t. II, p. 150.
110. *I Timothée* 2, 5.
111. J. Pelikan, *op. cit.*, t. I, p. 358.
112. Cf. *Luc* 1, 28.
113. Cf. *Luc* 1, 42.
114. Cf. J. Pelikan, *La Tradition chrétienne*, t. III, p. 172.
115. René Laurentin, *Court traité sur la Vierge Marie*, p. 72.
116. J. Pelikan, *op cit.*, t. III, p. 177.
117. R. Darricau et B. Peyrous, *Histoire de la spiritualité*, p. 44.
118. J. Pelikan, *op cit.*, t. III, p. 178.
119. Saint Bernard de Clairvaux était très opposé à toute spéculation sur la conception de Marie et même à toute fête destinée à la commémorer (cf. René Laurentin, *Court traité sur la Vierge Marie*, p. 73). Il a écrit : « Je dis qu'elle accoucha vierge, mais pas qu'elle était née d'une vierge. Car autrement, que serait la prérogative de la Mère de Dieu ? » (J. Pelikan. *La Tradition chrétienne*, t. III, p. 182).
120. *La Légende dorée*, t. II, p. 86-111.
121. Approuvées par Sixte Quint en 1587.

122. Ce thème n'était qu'une reprise et un objet d'approfondissement. On le rencontrait déjà chez saint Irénée !
123. Émile Mâle, *Art et artistes du moyen âge*, p. 7.
124. *Idem, ibidem*, p. 20.
125. Cf. *supra*, p. 115.
126. Émile Mâle. *L'Art religieux après le concile de Trente*, p. 364-365.
127. « Un grand signe apparut dans le ciel : une femme revêtue de soleil, la lune sous les pieds, et une couronne de douze étoiles sur la tête » (*Apocalypse* 12, 1).
128. Cf. François Lebrun, *Histoire des catholiques en France du XV$^e$ siècle à nos jours*, p. 63. – Le Rosaire fut à l'Ave Maria, ce que cette prière avait représenté par rapport aux simples paroles de la salutation angélique (Annonciation) : un développement. Il s'agit d'un chapelet de prières ordonnées autour des Ave. Saint Bernard en fut un promoteur. Le Rosaire, adopté et développé par saint Dominique, se compliqua au XIII$^e$ siècle de méditations sur les mystères (joyeux, douloureux, glorieux) de la Vierge. On en vint à réciter 150 Ave pour rappeler les 150 psaumes de la Vierge. – Le *Psautier de la Vierge Marie*, composé de 150 psaumes à l'imitation du livre biblique des *Psaumes*, fut l'œuvre d'un très célèbre franciscain, saint Bonaventure (1221-1274).
129. Pierre Chaunu pense d'ailleurs que les pères de Trente et les promoteurs de la contre-Réforme, en concentrant leur attention sur (et en faveur de) la Vierge Marie, ont mis quelque ordre dans une « cour céleste » qui, alors, semblait bien encombrée.
130. Cf. René Laurentin, *Court traité sur la Vierge Marie*, p. 80. – Le pape Sixte IV, ancien religieux franciscain, était lui-même « immaculiste ». Son pontificat s'étendit de 1471 à 1484. C'est lui qui adopta officiellement à Rome la fête mariale de la Conception.
131. J. Guitton, *Portrait de M. Pouget*, p. 101.
132. La bulle de Pie IX imposant le dogme de l'immaculée conception de la Vierge Marie fut proclamée le 8 décembre 1854.
133. Ph. Levillain, *Dictionnaire historique de la papauté*, p. 1346.
134. Giovanni Miegge, « La définition du dogme de l'Assomption et ses répercussions œcuméniques », in *La Revue réformée*, t. XII (1961), n° 46, p. 4.
135. Les bénéficiaires des apparitions de la Vierge furent en majorité des bergers ou bergères ; de même que, selon saint Luc, la Nativité avait eu pour premiers témoins les bergers de Bethléem.
136. Une apparition qui fit ricaner Renan, mais enchanta Léon Bloy.
137. Lourdes est devenue bientôt, de ce fait et du fait des guérisons miraculeuses, la « capitale de la prière ».
138. Les orthodoxes refusent la doctrine de l'immaculée conception de Marie. Par contre, ils sont très attachés à celle de la Dormition de la Vierge.
139. G. Miegge, *op cit.*, p. 2.
140. Miegge, *op. cit.*, p. 2. – Le texte pontifical ne précise pas si Marie fut élevée vers les cieux morte ou vivante ; s'il s'agissait de son corps terrestre ou, à l'instar du Ressuscité, son Fils, d'un corps transfiguré.
141. G. Miegge, *op cit.*, p. 5. – D'où beaucoup de remous dans le monde de la Réforme. L'anglicanisme avait, à l'avance, pris ses distances. Ses

archevêques avaient écrit, dès le 17 août 1950 : « L'Église d'Angleterre refuse de considérer comme nécessaire à la foi qui sauve, toute doctrine ou opinion qui n'est pas clairement contenue dans l'Écriture » (G. Miegge, *op. cit.*, p. 13). – « *Personne n'est monté au Ciel* » (*Jean* 3, 13). – « Hénoc marcha avec Dieu ; puis il ne fut plus, parce que Dieu l'enleva » (*Genèse* 5, 24). – « L'Éternel fit monter Élie au Ciel dans un tourbillon » (*II Rois* 2, 1). Que conclure ?

142. *Genèse*, 18, 14 ; *Luc* 1, 37 ; *Marc* 10, 27.

## CHAPITRE IV

## RÉFORME ET CONTRE-RÉFORME

*La Loi ou la Foi ? – Le* sola fide. *– L'apport de Calvin. – La prédestination. – La foi des « novateurs ». Ses sources. – La foi des « novateurs ». Son contenu. – L'Église et le culte. – Les sacrements. – La contre-Réforme. – Le dogme tridentin. – L'Église et le culte. – La définition des sacrements. – Les nouvelles croisades.*

Entre 1517 et 1550, quarante pour cent de l'Europe s'est ralliée à une nouvelle confession chrétienne, la Réforme. Un phénomène de cette ampleur rappelle la rapidité de l'évangélisation première, grâce aux voyages missionnaires et à la prédication percutante de saint Paul. Ce n'est point un hasard si les protestants ont vu en Martin Luther (1483-1546) le nouveau saint Paul. À l'opposé, les catholiques fidèles à Rome considérèrent – et considèrent souvent encore – le Réformateur comme un suppôt de Satan, responsable de la plus grande déchirure interne éprouvée par le christianisme.

En matière religieuse, il y a un mot pour dire et signifier déchirure, c'est le mot *schisme*. Or, ce que les catholiques et la plupart des protestants ont oublié, contrairement au patriarche Photius, Luther ne voulait pas se séparer de l'Église, mais la réformer de l'intérieur, lui faire retrouver ce qu'il considérait comme sa vocation : obéir à la Parole de Dieu. C'est en cela que la Réforme se distingue du schisme d'Orient ; c'est ce qui sépare 1517 de 867.

La brèche une fois ouverte, on vit foisonner les Réformes particulières, derrière Zwingli, Calvin, Bucer et autres docteurs ; on vit fleurir la controverse (où, du côté romain, se distinguèrent les jésuites, milice active de la papauté) ; on vit enfin se préciser la défense de Rome et son argumentaire, à travers les décrets, puissants et précis, du célèbre concile de Trente. À Luther et Calvin, instaurateurs de nouvelles doctrines et d'une nouvelle civilisation, le catholicisme va opposer, de 1566 à 1780 ou environ, la contre-Réforme, le monde d'une religion plus moderne. Appuyés sur un dogme mieux défini et littéralement recentré (retour à l'Écriture sainte et christocentrisme), les hommes de la réforme catholique vont, deux siècles durant, s'efforcer de regagner, non seulement le terrain perdu, mais les esprits et les âmes considérés comme égarés. La controverse, la prédication, les missions, mais aussi la direction des princes, l'orientation des beaux-arts et des lettres devaient contribuer à faire reculer la Réforme. Le moyen âge avait rêvé d'*une* chrétienté, instauration terrestre et anticipation du Royaume de Dieu. Réforme et contre-Réforme modelèrent ou remodelèrent, chacune, son prototype de chrétienté moderne. Deux chrétientés donc, au lieu d'une ou du rêve utopique d'une unité presque irréalisable sur terre. Deux chrétientés, avec leur sensibilité, leur idéal, leurs exigences, leurs préjugés, leur doctrine et, de part et d'autre, leurs croyances et leur foi.

Ce dédoublement de l'Église n'est pas seulement une querelle de théologiens. Il concerne le peuple de Dieu, les brebis de son pâturage. Il n'a pris tant d'ampleur que parce que, dans les deux camps, des foules entières se sont mobilisées. Nous devons donc tenter de comprendre doctrines et comportements de la Réforme et de la contre-Réforme. Ils expliquent presque toute notre histoire moderne.

## LA LOI OU LA FOI ?

Un des clichés les plus répandus de l'Histoire, et pas seulement de l'histoire de l'Église, est celui de Martin Luther affichant à Wittenberg, le 31 octobre 1517, le texte de ses 95 thèses sur « la vertu des indulgences ». On a voulu voir ici une provocation délibérée. Malheureusement il n'est pas du tout assuré qu'il y ait eu ici véritable provocation. Professeur de théologie déjà réputé, Luther n'avait nullement le dessein d'ébranler l'Église. Ses « thèses » devaient révéler au public savant son désaccord avec une déviation actuelle de la foi et son espoir de la voir bientôt corrigée. Érasme avait montré l'exemple de ce type d'admonestation.

Le cliché voisin, inséparable du précédent, voudrait que la Réforme ait eu pour principale cause la « querelle des indulgences ». Ce n'est pas entièrement faux, mais c'est trompeur car réductionniste. À l'aube du XVIe siècle, il est certain que l'usage abusif des indulgences avait faussé, non seulement la bonne explication des « fins dernières », mais une large part de la vocation de l'Église. Cette dernière n'était-elle pas en train de trahir l'esprit de la Nouvelle Alliance, qui est la Foi, pour revenir à la théologie des œuvres seules, celle de l'Ancien Testament et du monde de la Loi ? D'où l'importance de la querelle des indulgences : comme au temps de saint Paul, un choix s'offrait, à l'importance indéniable.

Depuis le XIIIe siècle la scolastique avait précisé la doctrine catholique du sacrement de pénitence. Le chrétien très instruit croyait, bien sûr, à la valeur positive de l'absolution donnée au nom de Dieu par le prêtre. Mais il savait aussi que le pénitent (ce nom le suggère) ne jouait point ici un rôle passif. L'Église attendait de lui un repentir (nommé contrition), un aveu sincère et complet (nommé confession), enfin une participation active à l'œuvre de Dieu pour compenser le poids de ses péchés (nommée satisfaction). À ce prix seulement le pécheur pourrait être justifié, pourrait bénéficier de la « justice de Dieu », dite aussi justification.

Nous avons oublié que la satisfaction, au moyen âge, n'était pas toujours aisée à accomplir, donc à obtenir. Le pénitent ne s'en tirait pas avec la récitation de trois Pater et trois Ave. Dans les cas graves, l'absolution était retenue, réservée. À la limite, la pénitence imposée pouvait être un long et rude pèlerinage, à Compostelle, à Rome, et même à Jérusalem. Il est vrai que lorsque les fins dernières de l'homme se résumaient dans l'alternative : Paradis ou enfer, il valait mieux peiner, suer, ahaner, voire mendier, à pied sur un chemin de pèlerinage, que s'exposer aux supplices éternels décrits par les prédicateurs.

L'introduction du purgatoire [1] dans le schéma eschatologique n'avait pas tout de suite rassuré le pécheur ; mais l'Église en sa bienveillance chercha des moyens d'apaisement et d'espoir. Elle mit en avant, à la disposition des fidèles, les « indulgences », un mécanisme pieux de « remise de la peine temporelle due aux péchés pardonnés ». L'indulgence plénière, fort difficile à obtenir, comportait l'assurance d'aller droit au Ciel, comme le Bon Larron. Les autres indulgences – obtenues par des pèlerinages, certaines dévotions, certaines prières, certains dons faits à l'Église – étaient porteuses de grâce et diminuaient le temps de l'épreuve du purgatoire. Ces indulgences, qui tentaient les fidèles, finirent par tenir une place démesurée dans le programme pastoral de l'Église. Lorsqu'elles furent « affermées », lorsque les prédicateurs ambulants – en Allemagne notamment – multiplièrent les promesses pour obtenir la multiplication des offrandes (la construction de Saint-Pierre de Rome coûtait cher), on put croire que Rome vendait littéralement des billets d'entrée en Paradis. D'où la sainte colère d'un Luther.

De fait, rien n'était aussi simple, et la théologie des indulgences obéissait à un schéma directeur moins cynique, et même beaucoup plus édifiant. L'axiome premier reconnaissait la surabondance des mérites infinis du Christ (Rome y ajoutait les mérites des saints). L'axiome deuxième rappelait le « pouvoir des clefs », le pouvoir « de lier et de délier » donné par Jésus aux Apôtres, et tout particulièrement à saint Pierre dont le pape avait hérité l'autorité. Le troisième axiome était le droit, pour le successeur de Pierre, de puiser dans ce *trésor des mérites,* de disposer de ces dons gratuits en faveur des chrétiens repentants Les indulgences étaient la forme privilégiée de ce transfert, qui soulageait ou devait soulager les pénitents, aussi bien sur terre qu'au temps de leur séjour au purgatoire. Cette réversibilité des mérites s'inscrivait, pour Rome, dans le cadre de la communion des saints. Du point de vue thomiste et scolastique, son schéma – logique et radieux – était irréprochable.

Mais Luther n'était pas un théologien philosophe. Professeur d'Écriture sainte, il n'admettait que la théologie positive, c'est-à-dire directement extraite de la Bible. Il restait donc insensible à l'explication détaillée du sacrement de pénitence ; ou plutôt il n'y voyait que difficultés et contradictions. Comment concilier l'absolution du prêtre – fait objectif – et les trois démarches du pénitent (contrition, confession et satisfaction), domaine évident de la subjectivité ? Distinguer, comme la scolastique, une contrition parfaite parce que reliée uniquement au regret d'avoir offensé Dieu, et une contrition imparfaite ou attrition, n'aurait de sens que pour Dieu. Comment le pénitent, ou même le confesseur, en pourrait-il faire la distinction ? Et d'ailleurs, en cas de contrition imparfaite, qui pourrait savoir – sinon Dieu – si l'absolution gardait sa valeur objective ? À la limite, se pose une question redoutable : comment satisfaire aux rudes exigences de la justice de Dieu ? Comment être assuré de la réalité de la justification du pécheur ? Sûrement point par les œuvres du pénitent. Reste l'intervention de Dieu.

Luther ne s'est pas contenté de critiquer l'usage et l'abus des indulgences, qui lui semblent la revanche du pélagianisme (exagération du libre arbitre et manque de confiance dans la toute-puissance de la grâce divine) sur saint Augustin. Il a contesté la fameuse théorie du trésor des mérites. Certes il ne remet pas en cause les mérites du Christ, mais il ne croit pas aux mérites des saints. À la suite de saint Paul il considère les œuvres des saints comme admirables, mais non comme méritoires. La notion d'œuvres méritoires – parfaitement contraire aux affirmations d'*Éphésiens* 2, 8-10 – lui semble directement issue de l'hérésie de Pélage.

Derrière Pélage se profilent les rudes contraintes de la Loi, l'esclavage dont le Christ nous a délivrés. On ne saurait donc se recommander du Christ, et même de ses mérites, pour modifier l'esprit de la Nouvelle Alliance. On ne saurait réimposer la Loi au détriment de la Foi. « Le véritable trésor de l'Église est le très saint évangile de la gloire et de la grâce de Dieu [2]. » Et voilà comment la Réforme découle tout de même, au terme d'un mouvement dialectique, de la querelle apparemment circonstantielle – de ces trop fameuses indulgences et de leur abus.

## LE *SOLA FIDE*

On ne trouvera ici ni la biographie de Martin Luther ni l'analyse détaillée de ses nombreux écrits. Nous nous limiterons à la partie la plus importante et la plus originale de sa pensée et de ses prises de position : l'intuition du *sola fide,* la justification de l'homme pécheur par la foi seule. Dans l'histoire du christianisme, elle ferait un peu songer à une révolution copernicienne et, même en la combattant, la contre-Réforme n'a pas pu l'éluder vraiment. Du côté protestant, toute doctrine, toute spéculation, toute prédication s'y rapporte et s'y réfère.

À vrai dire tout est né ici d'une angoisse : l'incertitude de chaque destin, la crainte de la damnation. Tel avait été jadis le drame de saint Paul, que Nietzsche surnomme « le premier chrétien » dans son livre *Aurores* (1881). « Paul, il le montre malade d'une idée fixe, toujours présente à sa pensée, toujours cuisante à sa conscience. Comment accomplir la Loi [3] ? » Et d'en suivre les prescriptions avec « un zèle fanatique ». En vain. « La loi devient la croix où il se sent cloué. Combien il la hait ! Combien il lui en veut ! Comme il cherche, de tous côtés, un moyen de l'anéantir [4] ! » Paul ne trouve d'issue que sur le chemin de Damas, grâce à sa fameuse vision du Christ : « Pourquoi me persécutes-tu [5] ? » Cette phrase mystérieuse l'illumine, jaillit en sa conscience comme une « idée libératrice ». « La destinée des juifs, écrit Nietzsche, non, la destinée de l'humanité tout entière lui semble liée à cette seconde d'illumination soudaine ; il tient l'idée des idées, la clef des clefs, la lumière des lumières, autour de lui gravite désormais l'Histoire [6]. » Dès lors le combattant fanatique de la Loi se mue en prophète réclamant son anéantissement ; car si Paul, après l'étonnante théophanie, avait continué de confesser la loi, il aurait rendu « le Christ complice du péché [6] ». La foi en Christ a tout mis sens dessus dessous : « non seulement les péchés nous sont remis, mais le péché lui-même est aboli [7]. » La croix du Christ a libéré saint Paul de l'esclavage de la Loi. L'apôtre des Gentils va désormais consacrer sa vie à prêcher la bonne nouvelle de l'évangile : elle se confond presque avec l'assurance du salut par la foi.

Eh bien, il en alla de Luther au XVIe siècle comme de Paul quinze siècles auparavant. Luther, moine augustin, obsédé par l'incertitude du salut, ne sachant plus quelles prières, quelle forme d'austérités ou de sacrifices, quelles œuvres pies accumulées lui vaudraient l'assurance de l'état de grâce, clef du salut, prit en dégoût les œuvres et leur théologie. Ne trouvant, d'autre part, aucune consolation dans une scolastique décadente et toute formelle, il se débattait – âme et conscience – tel l'oiseau des champs mis en cage. Comme Paul de Tarse, il tenta d'échapper à l'esclavage de la Loi et, si Paul fut guéri par son insolation miraculeuse, le moine Luther, lui, eut saint Paul pour remède.

Paul a multiplié les assurances. « Nous comptons, écrivait-il aux Romains, que l'homme est justifié par la foi, sans les œuvres de la loi » (*Romains* 3, 28). « Il y a un seul Dieu, qui justifiera en vertu de la foi les circoncis, et au moyen de la foi les incirconcis » (3, 30). « Sachant que l'homme n'est pas justifié par les œuvres de la loi, mais par la foi en Christ-Jésus, nous aussi nous avons cru en Christ-Jésus, afin d'être justifiés par la foi en Christ, et non par les œuvres de la loi, parce que nul ne sera justifié par les œuvres de la loi » (*Galates* 2, 16). « C'est par la grâce en effet que vous êtes sauvés, par le moyen de la foi. Et cela ne vient pas de vous, c'est le don de Dieu. Ce n'est point par les œuvres, afin que personne ne se glorifie » (*Éphésiens* 2, 8). D'autres versets sont aussi nets, mais c'est surtout l'*Épître aux Romains* qui joua ici le rôle déterminant.

Appuyé sur cette nouvelle certitude, revigoré par cette relecture paulinienne optimiste des Écritures, Luther, ayant retrouvé l'espérance, se fit le champion de la foi et de la foi seule, fondement de toute sa théologie, axe même de la Réforme.

Trouverons-nous étrange que le schéma paulinien et le schéma luthérien, si proches l'un de l'autre, renaissent périodiment « à la semblance du beau phénix » ? Sûrement pas, tant l'empire de la Loi renaît sans cesse lui-même sous des noms divers. Pierre Chaunu, par exemple, évoque dans *La Mémoire de l'éternité* son « chemin vers Dieu ». « La foi ne m'a pas été donnée d'un coup. » D'ailleurs « on ne va pas vers Dieu, c'est lui qui vient à nous ». Un des moyens employés par le Seigneur fut ici « le *Luther* de Lucien Febvre sur une table [8] ». Bien qu'écrit par un historien apparemment agnostique, ce petit livre parut lumineux à Pierre Chaunu. Il débarrassait l'histoire de la Réforme de tout un fatras pédant, il conduisait à l'essentiel de l'évangile, qui est la foi ; à l'essentiel du paulinisme, qui est le salut par la foi. À travers l'angoisse de Luther et le coup de foudre de sa consolation, ce rayon laser visant la Réforme faisait d'un petit livre le vade mecum de la conversion.

# L'APPORT DE CALVIN

Une génération sépare Calvin (1509-1564) de Luther (1483-1546), mais aussi leurs conceptions du salut, des sacrements, de l'Église ; tant il est vrai que la Réforme, se réclamant de la liberté chrétienne, ne pouvait être une et uniforme. Leurs personnalités s'opposent, comme s'opposeront celles de Danton et de Robespierre. Et leur forme d'esprit : Luther fut toujours spontané ; ses œuvres, nombreuses, étaient liées aux circonstances ; ses « propos de table » – peu contrôlés, souvent plaisants –, complétaient les œuvres sérieuses. Calvin, au contraire, tournant sept fois sa plume avant d'écrire, s'appliquant à persuader, voire à endoctriner, construisit une somme à l'instar de Thomas d'Aquin, une sorte de basilique dogmatique : il lui donna le nom d'*Institution de la religion chrétienne* et ne cessa de l'augmenter dans un souci de perfection.

La formation des deux principaux Réformateurs avait été très différente. Luther venait de l'état monastique, Calvin fut d'abord juriste. À propos de Calvin, il est intéressant de savoir que les circonstances l'avaient rapproché du fondateur des jésuites. Les deux combattants de choc de la Réforme et de la contre-Réforme ont fait leurs études universitaires à Paris presque en même temps, sûrement au même collège [9]. Ils choisiront plus tard des devises comparables, concurrentes si l'on préfère, mais dans une commune émulation. Au *Soli Deo gloria* (À Dieu seul soit la gloire) de Calvin et de Genève se juxtaposera l'*Ad majorem Dei gloriam* [10] d'Ignace de Loyola.

Champion de la gloire et de l'honneur de Dieu, Calvin fut plus radical que Luther. Le théocentrisme de sa conception politique ressemblait fort – on le vit à Genève – à la théocratie, et si les Églises réformées ont une apparence républicaine, étant presbytériennes (c'est-à-dire paroissiales) et synodales (c'est-à-dire régies par des représentants cooptés), elles ne se privent pas, aux XVIe et XVIIe siècles, de surveiller de près les magistrats et le pouvoir civil, parfois d'une manière dictatoriale. Luther était fort éloigné de pareil système, lui qui, pour obtenir l'appui des princes, leur avait permis de dominer ou même diriger les Églises nationales.

Mais les différences entre Calvin et Luther se retrouvent à un échelon plus élevé, celui des croyances. Calvin ne contestait pas l'idée fondamentale de justification par la foi, mais il reprochait en substance à Luther de s'en tenir là. Appuyé sur la certitude retrouvée de sa justification, le chrétien (luthérien dans le cas présent) est guetté par un double danger : le quiétisme ou le laxisme. Dans le premier cas il est porté à attendre passivement que Dieu se manifeste à lui. Dans le second cas il oublie les règles de la morale, trop confiant qu'il est devenu dans le pardon de Dieu.

Pour Calvin, il ne faut plus dire : la justification par la foi est en même temps salut par la foi. Il faut croire à la *justification par la foi*, puis œuvrer courageusement – c'est le chemin étroit et raboteux de la sanctification – dans l'espérance du *salut par grâce*. Calvin pousserait-il à nous remettre sous le joug de la Loi, reviendrait-il à la théologie des œuvres ? Nullement. Sa conception des œuvres est celle de saint Paul : « C'est par la grâce en effet que vous êtes sauvés... Ce n'est point par les œuvres, afin que personne ne se glorifie. Car nous sommes son ouvrage [de Dieu], nous avons été *créés* en Christ-Jésus *pour des œuvres bonnes que Dieu a préparées d'avance*, afin que nous les pratiquions [11]. »

Refuser les 613 prescriptions pharisiennes, ce n'est pas rejeter les dix commandements de Dieu. « Le service que Dieu a une fois établi demeure toujours en sa vigueur » proclame Calvin. Pour lui, suivre la loi c'est glorifier le Seigneur, c'est recourir à sa miséricorde. Une loi de Dieu qui exige de nous la double obéissance, de l'esprit et du cœur. Jésus-Christ nous a fait don du sens rénové, du sens vrai et juste de la loi. Jésus-Christ est le second Moïse. Il a apporté aux hommes sa loi, la loi évangélique, qui est celle du Sinaï, mais purifiée par le sang du Christ, lavée des mensonges et du levain des pharisiens.

C'est alors que Jean Calvin enseigne sa fameuse doctrine des « trois usages de la Loi ». La Loi est utile, selon la pédagogie de Dieu, pour trois raisons. 1° Elle révèle aux hommes leur impuissance, leur inutile arrogance, la réalité et la gravité de leur péché. Elle fait abandonner le péché, facteur de condamnation et de mort. Elle conduit ainsi à recourir à la grâce. 2° La Loi tient en bride ceux qui ne se laissent pas persuader et vaincre par les promesses. Pour les futurs croyants elle est grâce préalable, « préparante ». Elle joue le rôle de pédagogue afin de conduire à Jésus-Christ les juifs ou les incroyants. 3° Au croyant, qu'elle exhorte à l'obéissance, la loi morale révèle la vérité et la volonté du Seigneur.

Ce rappel de la loi évangélique corrigeait, dans l'esprit de Calvin, les erreurs d'interprétation auxquelles pouvait conduire la lecture de certaines pages de Martin Luther... et même de saint Augustin, voire de saint Paul. Il ne justifiait pas pour autant l'excès inverse – issu, lui, et nourri de Calvin – qu'on appelle le puritanisme. Calvin d'ailleurs n'était pas aussi tranchant, aussi raide, aussi impitoyable que sa réputation. S'il n'avait ni l'humour ni l'humanité de Luther, son Dieu était bien celui de Jésus-Christ, le Dieu qui aime et pardonne, et non « le cruel Dieu des juifs ».

Dans l'édition de 1560 de l'*Institution chrétienne*, on trouve plus de mille fois le nom de Dieu en complément de noms. Eh bien, le décompte est irréfutable. LE DIEU QUI PARDONNE L'EMPORTE SUR LE DIEU QUI ORDONNE. Ce dernier, le Tout-Puissant, est attesté 433 fois. (Exemples : le jugement de Dieu, 73 occurrences, sa volonté 63, sa loi 47, son ire 41, sa justice 40, son ordonnance 27, son commandement 26, sa main 21, sa vengeance 19, sa vertu 14, sa malédiction 11, etc.) Le Dieu de miséricorde, lui, se rencontre 585 fois (la grâce de Dieu, 134 occurrences, sa miséricorde 82, sa bonté 50, sa providence 43, le don de Dieu 34, sa promesse 31, sa bénédiction 18, sa bénignité 16, son aide 9, sa bénévolence 9, sa clémence 7, sa bénéficience 6, sa dilection 5, son amour 4, sa charité 4, etc.).

Il est évident que ce n'est point un hasard, si la grâce divine se rencontre 134 fois dans l'*Institution chrétienne*. Calvin fut – après Augustin, avant Pascal – le chantre de la grâce et du salut par grâce. Si on l'a souvent oublié aujourd'hui, c'est tout simplement parce que le Réformateur de Genève a trop parlé de prédestination.

## LA PRÉDESTINATION

On appelle prédestination, ou élection, le choix de Dieu et sa décision souveraine en ce qui regarde le destin des collectivités ou des hommes. Tous les chrétiens s'accordent sur « une sorte de notion de décret divin pour la direction du monde et la conduite de l'histoire [12] ». Bossuet en fera la trame de son célèbre *Discours sur l'histoire universelle*. En attendant, chacun savait que l'Ancien Testament, histoire du « peuple élu », était l'illustration évidente d'une élection collective au plaisir de Dieu. « Par contre, l'idée d'une prédestination individuelle se rencontre très rarement dans l'Ancien Testament [12]. »

Il n'en va pas de même avec le Nouveau Testament. Ici la notion d'élection apparaît près de cinquante fois. Elle concerne Jésus lui-même [13], le choix des Apôtres [14], l'Église [15] et ses membres [16], les anges [17] et même Judas [18]. Ce dernier exemple conduit à l'idée d'une « double prédestination ». Dieu, en sa grâce infinie et sa bonté, a pu prévoir et programmer le salut du plus grand nombre. Mais le même Seigneur Dieu, en sa toute-puissance, a pu prévoir et programmer la réprobation, la damnation de quelques-uns.

Saint Augustin n'a pas craint de soutenir cette doctrine de la double prédestination. Elle a jeté son ombre, une ombre assez inquiétante, sur tout l'Occident chrétien du moyen âge. *Les Fioretti de saint François d'Assise* nous donnent un exemple vivant de cette crainte de la damnation. Le frère Rufin est soumis à bien rude épreuve. En songe il croit voir apparaître le Christ, en même temps qu'il entend ces mots : « Tu n'es pas prédestiné à la vie éternelle [...]. Tiens pour assuré que tu es du nombre des réprouvés [19]. » Luther, on le sait, fut d'abord un peu comme le frère Rufin « dans l'inquiétude mortelle de pouvoir être du nombre des réprouvés [20] ». Cette angoisse le quitta dès qu'il eut découvert dans saint Paul l'assurance de la justification par la foi et du salut par grâce. Depuis lors, il ne cessa de célébrer la providence et la toute-puissance de Dieu, sa souveraineté et sa bonté. Évitant de concevoir quelque « déterminisme fataliste [20] », il ne songea à l'élection que sous la forme d'une prédestination au salut, un salut gratuitement offert au croyant par son Créateur et Sauveur.

Calvin, au contraire, professait ouvertement le principe de la double prédestination. Il y voyait la preuve même « de la souveraineté absolue de Dieu [21] ». Cette symétrie, loin de l'embarrasser ou de l'effrayer, satisfaisait sa logique de juriste. La double prédestination ne lui semblait point inquiétante, mais « chose évidente », amorce « de grandes et hautes questions [21] ». À l'instar de saint Augustin, qu'il suit jusqu'à l'extrême, Jean Calvin durcit sa position, jusqu'à ne plus tolérer qu'un pasteur refusât de prêcher la prédestination. Longtemps les Églises réformées ou presbytériennes suivirent leur fondateur et modèle.

La sotériologie de la Réforme présentait désormais deux visages. Luther avait ouvert la porte de grandes espérances, avec la justification par la foi. Il n'utilisait le thème de l'élection que dans un sens favorable : à ses yeux la prescience de Dieu n'était aucunement un déterminisme, et la toute-puissance de la grâce orientait et portait le plus grand nombre sur les voies du salut. Au contraire, Calvin et ses continuateurs (Gomar, les participants du synode de Dordrecht, les puritains, etc.) prêchaient une « élection éternelle » soit de salut, soit de réprobation.

Chose remarquable, les calvinistes ne furent et ne sont guère troublés par cette rude doctrine. Loin d'y voir une perspective terrible, ils vécurent et ils vivent dans l'assurance d'une prédestination au Ciel. Loin d'être entraînés vers quelque fatalisme (ce sera la pente de l'islam), ils se distinguèrent et se distinguent par leur activité confiante, voire par leur activisme. On sait combien le puritanisme a encouragé la vie économique. Grosso modo, ce sont les catholiques et non les réformés qui furent et demeurent épouvantés par la thèse calvinienne de la double prédestination.

Certains théologiens protestants prendront cependant leurs distances : Toussain, le réformateur de Montbéliard [22] ; Arminius († 1609), en Hollande ; Amyrault (1596-1664), professeur à Saumur. Dans son *Bref traité de la prédestination*, ce dernier ne craindra pas d'assurer que « Dieu veut que tous les hommes soient sauvés [22] » et sera traité de semi-pélagien et d'hérétique par nombre de ses confrères calvinistes. Mais la révolte la plus spectaculaire contre la doctrine de Calvin éclatera en Angleterre au XVIIIe siècle. John Wesley, le bouillant fondateur du méthodisme, ne craindra pas de dénoncer ce qu'il appelle « l'horrible décret de la prédestination ». Aux prédestinatiens (ainsi nommait-on les tenants de la double élection) il déclarera : « Vous représentez Dieu comme pire que le diable ; plus faux, plus cruel, plus injuste [...]. Aucune Écriture sainte ne peut prouver la prédestination [23]. »

## LA FOI DES « NOVATEURS ». SES SOURCES

En 1560, date de l'édition complète en français de l'*Institution de la religion chrétienne* par Jean Calvin, la doctrine calvinienne, dite réformée, est déjà établie et nettement définie. En France, par exemple, elle est contenue depuis 1559 dans une profession de foi, plus tard appelée *Confession de La Rochelle*, dont les neuf dixièmes sont de Calvin. Quant à la foi luthérienne, elle a été exposée par Martin Luther lui-même à travers son *Grand catéchisme* et son *Petit catéchisme,* tous deux parus en 1529, et par Melanchthon, fidèle disciple et ami, auteur de la célèbre *Confession d'Augsbourg* (1530). De ces deux corps de doctrine, généralement parallèles ou complémentaires, plus rarement contradictoires, nous allons retenir ici ce qui les distingue de la foi catholique.

Les protestants s'opposent aux catholiques dans le domaine, fort important l'on s'en doute, des sources de la foi. On sait que catholiques et orthodoxes ne limitent pas la Révélation ou Parole de Dieu aux textes bibliques inspirés. Ils font une large part à la Tradition : apports des pères de l'Église, décrets des conciles, magistère, etc. Le point de vue de la Réforme est tout à fait différent. Son respect de la Bible se veut infini. Aux yeux des Réformateurs, nul doute : la Parole de Dieu se confond avec l'Écriture, et elle seule (*sola Scriptura*). Elle fut d'abord « révélée par oracle », puis « rédigée par écrit dans les livres que nous appelons Écriture sainte [24] ». Au temps de l'Ancienne Alliance, ces livres furent l'œuvre inspirée des Prophètes ; dans le Nouveau Testament, ils eurent pour auteurs non moins inspirés les Apôtres. La Révélation est close depuis la disparition du dernier représentant des témoins apostoliques.

Devons-nous considérer comme une limitation, une restriction, cet impérieux *sola Scriptura* ? En réalité la controverse des sources de la foi n'a point pour objet le primat de la Parole – tous les chrétiens l'admettent alors –, mais l'essence et les frontières de cette Parole. Dans le détail, la querelle Écriture-Tradition est encore un concours de fidélité, de bonne écoute et, finalement, d'adoration. Du côté protestant, vénérer de façon si nette et précise la Parole (écrite) de Dieu, que l'on considère comme blasphématoire l'idée que la Révélation se puisse poursuivre. Du côté catholique, tant vénérer la Parole de Dieu, que l'on considère comme blasphématoire l'idée de l'enfermer strictement dans un livre, si beau, si riche, si inspiré soit-il.

« Nous croyons, poursuit la *Confession de La Rochelle,* que la Parole qui est contenue dans ces livres a Dieu pour origine, et qu'elle détient son autorité de Dieu seul et non des hommes. Cette Parole est la règle de toute vérité et contient tout ce qui est nécessaire au service de Dieu et à notre salut. Il n'est donc pas permis aux hommes, ni même aux anges [25], d'y rien ajouter, retrancher ou changer » (art. 5).

La Bible étant infaillible, dictée ou inspirée par le Saint-Esprit, il n'y a donc, pensent les Réformateurs, de vraie science de Dieu, de véritable théologie que « positive », c'est-à-dire directement fondée sur les textes saints. Pour Luther, pour Jean Calvin, ce serait faire injure à la sainte Trinité que de hisser la Tradition au rang de la sainte Écriture : c'est encore aujourd'hui un frein apporté à l'œcuménisme. Aux yeux des Réformateurs il n'existe de tradition – sans majuscule – chrétienne recevable, qu'après une très minutieuse comparaison de ses apports avec le message biblique. Parfois cet examen se révélera positif. Ainsi le protestantisme reçoit-il les trois Credo anciens [26] (symbole des Apôtres, Nicée-Constantinople et Credo d'Athanase), lit-il non sans profit les pères de l'Église et accepte-t-il les décrets des quatre premiers conciles œcuméniques : Nicée, Constantinople, Éphèse et Chalcédoine. Toutefois il n'est pas question ici de compléter le message biblique, mais de l'illustrer et de le confirmer.

Les pères de la Réforme crurent indispensable de vérifier le canon biblique. Ils en ont exclu sept livres n'ayant pas d'original hébreu (*Tobie, Judith,* la *Sagesse,* l'*Ecclésiastique, Baruch, Maccabées I* et *II*), suivant le canon juif de Palestine (39 livres seulement) et non le canon alexandrin et le texte dit des Septante.

Les Réformateurs déploraient et condamnaient la méconnaissance par les catholiques des textes bibliques : ces derniers ne connaissaient guère de l'Ancien Testament que les *Psaumes,* et ce que l'art sacré – vitraux, peinture, sculpture – contenait d'« histoire sainte ». Même le Nouveau Testament demeurait mal connu puisque ses textes, interdits de traduction, n'étaient accessibles qu'en latin. Il ne suffisait donc pas de savoir lire et de pouvoir profiter de l'étonnant essor de l'imprimerie, pour accéder aux Évangiles, mais d'entendre le latin de saint Jérôme, quand même serait-il plus facile que celui de Cicéron. C'est pourquoi rien n'avait semblé plus urgent aux pères de la Réforme que de libérer une « Bible captive », d'en permettre l'accès – à tous et pas seulement aux clercs – et de faciliter cette révolution culturelle par des traductions en langue vulgaire, comme la belle Bible en allemand de Luther.

Très vite les protestants avaient mis leur point d'honneur à connaître la Bible, souvent beaucoup mieux que le clergé catholique. Ils le montraient, par exemple, en donnant à leurs enfants des prénoms choisis dans l'Ancien Testament (Isaac, David, Jérémie, Rachel, Abigaïl, etc.). Ils en témoignaient sans cesse par l'usage et l'abus de citations bibliques pour illustrer tous leurs discours. On les accusa de parler un véritable « patois de Canaan », mais il est sûr que l'accès direct à la sainte Écriture, et surtout à l'Ancien Testament, ce mal-aimé, ce méconnu, avait représenté une bouffée d'air que nous avons de la peine, aujourd'hui, à mesurer et même à imaginer.

## LA FOI DES « NOVATEURS ». SON CONTENU

La Réforme s'est bien gardée de le dire, et la contre-Réforme d'en parler, mais c'est un fait assuré, protestants et catholiques sont unis – ou devraient être unis – sur l'essentiel. Ils reçoivent avec respect les trois grands Credo. Ils sont fondamentalement attachés aux trois grands mystères : la Trinité, l'Incarnation, la Rédemption. Ils savent que, sans la Trinité l'Incarnation perdrait sa signification, et la Rédemption ses effets miraculeux : d'où la coalition des uns et des autres contre l'anti-trinitaire Michel Servet.

Réforme et contre-Réforme se retrouvent dans le christocentrisme – le concile de Trente ayant, sur ce point, subi l'influence de la Réforme. Pour tous, le Christ Jésus est le Fils, fils éternel du Père, consubstantiel, co-créateur du monde, Verbe de Dieu. Incarné dans la Vierge Marie, il est vrai Dieu et vrai homme. Il a souffert et il est mort pour racheter l'esclavage du péché et réconcilier les hommes avec le Père. Il est ressuscité. Il reviendra pour juger les vivants et les morts. Ce Credo commun n'interdit pas une divergence, c'est peut-être la seule :

Appuyés sur saint Paul (« Il y a un seul Dieu, et aussi un seul Médiateur entre Dieu et les hommes, le Christ Jésus [27] »), les Réformateurs donnent toute sa force à la qualification christique de Médiateur et de « seul Médiateur ». L'Ancien Testament l'annonce déjà, au cœur du récit de l'échelle de Jacob [28]. L'Évangile le confirme à travers le message même de Jésus : « Je suis le Chemin, la Vérité et la Vie [29]. » D'où le rejet du culte des saints. Ériger les saints en intercesseurs, pense la Réforme, c'est refuser au Christ le divin monopole de cette médiation entre Ciel et Terre. C'est aussi oublier que la grâce divine ne s'alimente qu'aux infinis mérites du Fils de Dieu, seuls capables d'assurer le salut des pécheurs.

Cette méfiance de la Réforme envers les saints et la « cour céleste » n'épargne même pas la Vierge Marie. Certes, ni les Réformateurs ni les théologiens protestants ne peuvent ignorer le rôle unique, irremplaçable, tenu par Marie dans l'histoire du salut. Ils admirent – ou auraient dû admirer – son humilité [30], son obéissance [31], sa virginité [32], sa maternité miraculeuse. Ils ne peuvent ignorer qu'elle assista Jésus au Calvaire et se tint auprès des Apôtres au cénacle. Ajouterons-nous que le *Commentaire du Magnificat,* achevé par Luther à la Wartbourg, est un des plus beaux textes sur la bienheureuse Vierge Marie [33] ?

Ce dernier exemple est pourtant déjà révélateur : dans la meilleure hypothèse le protestantisme met l'accent sur l'humilité de Marie. Au contraire, l'Église catholique souligne à l'envi la gloire de la Vierge : reine du Ciel, intercesseur privilégié, canal des grâces. Surtout la Réforme a vu dans la religion populaire, développée au moyen âge, une manière d'idolâtrie arrachant Marie à l'ordre de l'humanité, divinisant ou presque la Mère de Dieu (la gloire ne devant vraiment revenir qu'à Dieu : *Soli Deo gloria*), enfin s'éloignant d'un témoignage biblique fort discret. Pour les docteurs protestants, la vénération de la Vierge risquait très évidemment de glisser à l'adoration mais, en tout état de cause, elle s'exerçait dangereusement au détriment de son divin Fils. Quant au peuple protestant, il se crut chargé de la mission de faire disparaître les images de Marie, trouvant des raisons bibliques à son goût de l'iconoclasme. On put très tôt deviner que le malentendu initial sur la Vierge Marie séparerait pour longtemps, voire pour toujours, protestants et catholiques.

Il est d'autres points d'opposition dans les croyances, surtout peut-être dans les schémas du salut de l'homme. Les perspectives eschatologiques diffèrent, la Réforme refusant l'existence du purgatoire, un dogme tardif et selon elle non justifié par la sainte Écriture. Mais le principal affrontement se situe face au mystère de la justification. Il est inutile d'y revenir en détail, mais utile d'en souligner l'importance : luthériens et réformés refusent énergiquement d'admettre la justification par les œuvres – ou même avec le concours des œuvres. Pour eux, il n'est de justification que par la foi, et de salut que par grâce par le moyen de la foi.

Les bonnes œuvres sont recommandables et recommandées, car indispensables à la vie chrétienne et d'ailleurs inséparables de la foi. Mais, contrairement aux catholiques, les protestants n'admettent pas que les œuvres, même les meilleures, puissent jamais être méritoires. La foi, pensent-ils, produit nécessairement les bonnes œuvres. Les œuvres sont, tout comme la foi, un don de Dieu. Elles sont requises pour l'amour de Dieu et sa gloire [34]. Elles sont action de grâces après le pardon de Dieu [35]. Le Seigneur a d'ailleurs donné aux hommes un guide pour orienter leurs bonnes œuvres. Ce guide se nomme Décalogue et il a été confié à Moïse au Sinaï [36]. Les dix commandements de Dieu sont éternels. Par contre, la Réforme conteste absolument les commandements de l'Église, non point tellement parce qu'ils n'ont été inventés qu'au moyen âge, que parce qu'il est impie de sembler rivaliser avec les ordres de Dieu.

La perfection reste l'idéal chrétien, surtout aux yeux de Calvin : ce n'est pas parce que nous sommes sauvés par grâce, que nous devons attendre passivement les bienfaits de la grâce. En revanche, tous les protestants refusent les « recettes » de la sanctification : jeûne et mortifications imposés [37], interdits alimentaires, pèlerinages, dévotions secondaires. Ils sont hostiles à la vie monastique et aux vœux. Ils pensent que la vie conventuelle n'est pas un commandement de Dieu [38]. Les vœux monastiques sont contraires au commandement du mariage. Les vœux sont une chaîne, d'invention humaine, insupportable aux consciences. La vie monastique ne saurait être porteuse de mérites, dès lors que tout est grâce et qu'il n'y a pas de mérites humains.

## L'ÉGLISE ET LE CULTE

La définition protestante de l'Église ne diffère pas de celle du catholicisme. Appuyées sur saint Paul, Réforme et contre-Réforme font du « temps de l'Église » celui du triomphe du Saint-Esprit et considèrent l'Église comme « corps du Christ ». On dit aussi corps mystique. Fidèles au Credo, elles disent l'Église « une, sainte, universelle et apostolique ». Tous affirment, comme certains pères de l'Église : « Hors de l'Église point de salut » ; mais, si le catholicisme envisage ici l'Église visible, avec ses structures, la Réforme – surtout au début et surtout chez Luther –, entend ici l'Église invisible, le troupeau dont Dieu est le pasteur [39], l'Église dont Dieu seul connaît les véritables frontières.

Pour la Réforme l'Église est sur terre (nous savons que les protestants refusent le purgatoire), société des croyants parmi lesquels l'évangile est prêché et les sacrements administrés. Car l'Église visible n'est légitime que si elle prêche la Parole de Dieu et administre correctement les sacrements institués par le Christ. L'Église n'a pour chef que Jésus-Christ. Ou plutôt les Églises, qui sont autocéphales. Le protestantisme considère que l'évêque de Rome a abusivement transformé une primauté protocolaire en primat spirituel.

La notion de sacerdoce universel [40] relativise le saint ministère, supprimant la distinction entre clercs et laïcs, mais si le pouvoir des clefs ne paraît point aux protestants fonder le sacrement de pénitence, il leur semble désigner le ministère pastoral, dès lors pouvant être considéré comme de droit divin [41]. Sauf dans l'anglicanisme, l'évêque est presque en voie de disparition. Le régime normal des communautés calviniennes est presbytérien (la paroisse est prioritaire) et synodal (l'Église est gérée par des chrétiens cooptés). Le « diocèse » luthérien est surtout un découpage administratif, dont le responsable prend le nom de doyen ou d'inspecteur ecclésiastique. L'Église luthérienne n'est épiscopalienne qu'en apparence ; au fond elle est, elle aussi, surtout synodale.

L'Église refuse tous les cultes parallèles de vénération. Si le protestantisme n'admet pas les saints, il ne peut encourager à les vénérer. Dieu seul peut être l'objet d'une dévotion. Niant la rémanence eucharistique, les protestants ne sauraient adorer le sacrement, la cène étant achevée. Les réformés n'admettent aucune représentation pieuse. Ils s'en tiennent au Décalogue [42]. Ils refusent même les scènes bibliques (Rembrandt trichera avec l'interdiction), et même le crucifix : les calvinistes ne tolèrent que la croix nue. D'où l'extrême dépouillement des temples réformés. Les luthériens sont moins radicaux, moins iconoclastes. Ils admettent les crucifix, la représentation des épisodes de la Bible, voire le portrait des saints personnages : sur les vitraux de plusieurs paroisses d'Alsace, vous pouvez voir, en pied ou en buste, Luther, Calvin, Bucer, et autres Réformateurs. Ils figurent volontiers les anges. Mais, bien entendu, ils s'interdisent de vénérer et de prier anges ou saints personnages, le culte ne devant avoir que Dieu pour objet.

Il n'y a, pour la Réforme, qu'un culte légitime, celui de Dieu, réservé au dimanche, ce jour qui est l'héritier du sabbat et, depuis la Résurrection, le jour du Seigneur. À la « messe papiste », à qui les protestants reprochent d'être un sacrifice, les luthériens ont substitué la « messe allemande », à la structure fortement influencée par la tradition [43] ; les réformés, un « culte » – improprement surnommé prêche – surtout composé de psaumes et de prières à l'inspiration biblique et sans vains ornements. Ni le culte luthérien, ni le culte réformé ne se conçoivent sans la présence active de fidèles et sans une longue prédication évangélique. Par contre, ces cultes peuvent être célébrés sans la sainte cène et peuvent être présidés par des laïcs.

La grande originalité de la messe allemande est l'introduction de chorals – chants très simples, auxquels tous les fidèles se peuvent associer parce que, comme le reste du culte, ils utilisent un texte en langue vulgaire –, dont certains sont l'œuvre de Luther lui-même. Le plus célèbre est *Eine feste Burg, ist unser Gott* (C'est un rempart que notre Dieu), belle adaptation du psaume 46. Dans les cultes réformés on peut admirer le chant de psaumes, traduits en français par Clément Marot et Théodore de Bèze, mis en musique par Goudimel et par Loÿs Bourgeois. Les cultes calvinistes peuvent être beaux, mais sont toujours austères. Dès l'origine ils ont déplu aux catholiques.

D'une façon générale, les cultes de la Réforme, même luthériens, choquaient et choquent encore les chrétiens attachés à la liturgie traditionnelle. Luther eut la sagesse de faire la part des choses. Proche du peuple, il en comprenait la sensibilité. En supprimant l'essentiel de la liturgie, les réformés créaient presque une religion nouvelle.

## LES SACREMENTS

Pour la Réforme, comme pour Rome, les sacrements sont signes visibles de la grâce de Dieu, « des signes et des témoignages de la volonté divine envers nous, écrit la *Confession d'Augsbourg* (art. 13), en vue de réveiller et d'affermir notre foi » ; des signes de la grâce de Dieu, le sceau de la promesse de l'évangile et la confirmation par le Saint-Esprit de la foi, don de Dieu, pensent les réformés selon une conception hautement trinitaire. La *Confession de La Rochelle* écrit aussi : « Toute la substance et la réalité des sacrements est en Jésus-Christ » (art. 34).

Pour cette raison, luthériens et réformés n'acceptent que deux sacrements [44] : le baptême et la sainte cène (eucharistie). Selon eux ce sont les seuls véritables, car les seuls où l'institution christique se trouve attestée par les paroles mêmes que dicta Jésus : « Baptisez-les au nom du Père [45] »..., et « Ceci est mon corps [46] »... Ce sont aussi les seuls qui apparaissent comme nécessaires à tous les croyants (il y a des célibataires, tout le monde n'est pas ministre, on peut n'être jamais très malade, etc.). Religion de la Parole, le christianisme protestant s'en tient donc à ces deux sacrements, « communs à toute l'Église [47] ». Ils sont « ajoutés à la Parole pour nous la confirmer plus amplement », prouver la grâce de Dieu, pallier notre faiblesse et notre ignorance, concourir « à soulager et à aider notre foi [48] ».

Contrairement à la doctrine catholique, la Réforme récuse la valeur objective – l'*ex opere operato* – et « l'efficace » intrinsèque des sacrements. Pour les luthériens, pour les réformés, ils exigent la foi (dans le cas du baptême, la foi des parents, du parrain et de la marraine).

Si le baptême est le plus œcuménique des sacrements, protestants et catholiques révèrent l'eucharistie, mais sans la comprendre de la même manière. Contrairement à l'Église romaine, la Réforme n'admet pas la rémanence. Elle ne conserve pas le pain et le vin de la communion et ne saurait donc leur consacrer un culte. Les protestants n'ont d'ailleurs pas la même interprétation du mystère eucharistique. Dans le « sacrement de l'autel » Luther voit une mystérieuse et temporaire impanation (le pain et le vin restant pain et vin après les paroles d'institution, mais *étant aussi* corps et sang de Jésus-Christ). Dans la « sainte cène » calvinienne ou réformée, la « présence réelle » du Christ dans le pain et le vin ne saurait être – dans la foi et par la foi –, que spirituelle, résultat lié à une mystérieuse (et facultative) action du Saint-Esprit.

L'explication réformée de la présence spirituelle, difficile à exposer clairement aux adultes (la *Confession de La Rochelle* y consacre dix-huit lignes), était presque impossible à expliquer aux enfants (soixante-quinze lignes serrées dans le *Catéchisme de Heidelberg* de 1563 !). Il y a un bien étrange contraste entre la simplicité du « Ceci *est* mon corps » et l'extrême complication de sa traduction calvinienne. Voici ce que devait entendre l'enfant de Heidelberg : il y avait une différence « entre la cène du Seigneur et la messe papiste », 1° en ce que le sacrifice de Jésus-Christ au Calvaire fut unique, son corps étant désormais au Ciel, à la droite du Père (la messe étant « une négation de l'unique sacrifice et de la passion de J.-C. »), 2° que la sainte cène devait être distribuée sous les deux espèces, pain et vin, selon le commandement du Christ et l'exemple complémentaire de la primitive Église.

Le protestantisme refusait les cinq autres sacrements. Il ne voyait pas, à celui de la confirmation, de base biblique convaincante, pensant en outre que c'était blasphémer l'Esprit de Dieu que juger incomplète son action dans le baptême. Il ne mettait pas la pénitence au rang des sacrements, ne trouvant point assez explicites les versets sur le « pouvoir des clefs ». Au XVI$^e$ siècle, les luthériens conseillaient la confession auriculaire, mais sans en faire un acte sacramentel. Luthériens et réformés recevaient, au culte, l'absolution collective présentée au nom de Dieu, déclaration du pardon divin, valable pour chacun des fidèles mais dans la foi et seulement selon la foi.

Les protestants attachaient du prix au mariage, mais sans y voir un sacrement, les mots du Christ à ce sujet ne leur semblant pas assez précis. Ils considéraient cependant le mariage comme une institution de droit divin, Dieu ayant lui-même marié Adam et Ève et leur ayant déclaré : « Soyez féconds, multipliez-vous, remplissez la terre [49] », Dieu ayant dit : « Il n'est pas bon que l'homme soit seul [50]. » Le mariage était également remède contre la concupiscence : « Il vaut mieux se marier, écrivait saint Paul, que de brûler [51]. » Enfin tous comprenaient sa nécessité sociale. Contrairement aux catholiques, les Réformateurs ne refusaient pas le divorce, dans le cas d'adultère ou autre raison grave ; ni le remariage, sous le contrôle de l'Église.

En ce qui regarde l'ordre, la position des protestants diffère plus encore. Pour la Réforme, le Christ a été le Sacrificateur par excellence, à la fois prêtre et victime. Il ne peut donc plus y avoir de prêtrise. Au sacerdoce distinct, les Réformateurs opposent la notion de sacerdoce universel. Ils s'appuient sur la *première Épître de Pierre* : « Vous êtes une race élue, un sacerdoce royal, une nation sainte, un peuple racheté [52]. » Mais, s'il ne doit point exister de clergé, distinct du peuple des fidèles, il est assuré qu'il faut des ministres pour encadrer, conseiller, instruire l'Église. Les pasteurs protestants joueront ce rôle, comme les « anciens » dans la primitive Église, mais le « saint ministère » ne saurait conférer de marque indélébile. C'est au fond une fonction charismatique provisoire.

Reste l'extrême-onction. En théorie le protestantisme n'avait pas de raison particulière de s'y attaquer : prier pour un malade et l'oindre ne saurait a priori choquer le croyant. Mais comment nommer sacrement un rite dont le Christ n'a jamais parlé ? Pour la Réforme, l'onction des malades avait un défaut complémentaire : se trouver au cœur de l'*Épître de Jacques*, que Martin Luther n'avait pas craint de surnommer « l'épître de paille » et qu'il avait même été tenté d'exclure du canon biblique.

L'attitude protestante envers les sacrements est finalement moins radicale, moins négative que son apparence et sa réputation. Comme rite de passage la confirmation reviendra, même chez les réformés, confondue avec une première communion solennelle. La consécration des pasteurs se nommera plus tard ordination, ou encore consécration-ordination, et le corps des ministres dans les Églises de la Réforme n'évitera ni de ressembler à un clergé, ni même d'engendrer un curieux cléricalisme. L'institution du mariage, correctement interprétée et honnêtement gérée, ressemblait et ressemble encore quelquefois au mariage catholique. À la limite, il y a, dans la querelle des sacrements, une grande part de jeu de vocabulaire. Les sacrements écartés officiellement par la Réforme se sont souvent mués en « sacramentaux [53] », sorte de sacrements édifiants mais de seconde importance.

## LA CONTRE-RÉFORME

Si le protestantisme, appuyé sur le retour à la Bible et à la primitive Église, apparaît aujourd'hui comme inaugurant les temps modernes – à l'instar de l'humanisme, son allié –, il est assuré que la réforme catholique transforma la chrétienté médiévale en une chrétienté rénovée, marquant l'Église de Rome et ses fidèles de sa profonde empreinte, et cela pour quatre siècles, l'espace même qui séparera le concile de Trente (1545-1563) du concile Vatican II (1962-1965). S'il est vrai qu'un arbre se reconnaît à ses fruits [54], ceux de Trente furent remarquables. Sans le concile, le XVIIe siècle n'aurait pas mérité le surnom de siècle des Saints.

Les pères (évêques) de Trente et ses définiteurs (théologiens) ont fait une œuvre étonnante [55] de contre-Réforme et de restauration catholique. Leur assemblée traîna, s'étala sur dix-huit ans, se tint dans des conditions matérielles et morales fort éprouvantes. Les sessions furent séparées par d'interminables intervalles. Les protestants avaient, dès l'origine, contesté le caractère œcuménique du concile : au XVIIe siècle Leibniz l'appellera « synode de la nation italienne » ; et il est vrai que, sur 700 évêques, l'on n'en vit venir, au total, que 275. Mais ils ne pouvaient accuser les pères et définiteurs d'ignorance – les jésuites s'y distinguèrent –, voire d'ignorance des doctrines de la Réforme : on ne cessait à Trente de lire Luther !

Durant ses premières sessions (1545-1548) le concile mit à son ordre du jour les points les plus brûlants de la querelle doctrinale d'alors : les sources de la foi, le mécanisme (ou le mystère) de la justification, l'eucharistie. Entre 1550 et 1552, on œuvra sur la théologie des sacrements. La fin du concile (1562-1563) fut aussi active que son tout début. Sur le plan doctrinal ses décrets portèrent sur l'eucharistie et la messe, l'ordre ou sacerdoce, le mariage, l'existence du purgatoire, la légitimité du culte des saints. Parallèlement, les pères de Trente votèrent de nombreux décrets de réforme, concernant les bénéfices ecclésiastiques, la discipline des ordres monastiques, le recrutement et les responsabilités des évêques, le recrutement et la formation (séminaires) des prêtres. Tant il est vrai que l'œuvre disciplinaire ne fut jamais vraiment sacrifiée aux urgences de la mise au point doctrinale.

Les décrets et canons du concile furent largement répandus, ainsi que les bulles d'approbation édictées par Pie IV dès 1564. L'essentiel de ses enseignements se retrouvait aussi dans trois ouvrages capitaux – préparés par le même Pie IV, achevés et publiés par saint Pie V –, le *Catéchisme romain* (1566), le *Bréviaire* (1568), le *Missel* (1570). Enfin l'œuvre du concile se confondit bientôt avec les réformes qu'elle avait imposées, comme les séminaires ; ou inspirées, telles la restauration des anciens ordres religieux (carmes déchaussés, Carmel) ou la création de nouvelles congrégations (Oratoire, eudistes, etc.). Si nous ajoutons à cela un extraordinaire courant de spiritualité, les œuvres et l'influence des mystiques espagnols, les écrits admirables de ce qu'on a nommé « l'école française », et vingt autres exemples édifiants, alors nous pouvons mesurer le rayonnement tridentin.

L'empreinte du concile se retrouve dans les écrits des poètes et des prosateurs, dans les thèmes et le traitement de l'architecture religieuse et de la peinture sacrée, à travers les prières et les dévotions – rénovées, encadrées, ressourcées – du peuple catholique. À l'homme protestant, volontiers persuadé d'être un élu de Dieu, aisément condescendant, usant sans cesse du « patois de Canaan », s'oppose le catholique tridentin. Ce dernier lit dans l'architecture, la peinture et la sculpture baroques le triomphe de Dieu. Il ne se croit pas théologien : le catéchisme lui suffit, son confesseur, et le prône de monsieur le curé. Il jugerait volontiers orgueilleux et pharisien le huguenot, son irritant voisin ou son riche employeur. Il attend de Dieu, du pape et du roi, la fin des privilèges trop facilement concédés à l'hérétique. Il n'applaudira pas l'édit de Nantes (1598), mais sa révocation (1685).

## LE DOGME TRIDENTIN

Le concile de Trente a commencé par définir les sources de la foi. Il ne les limitait point à l'Écriture sainte, s'opposant en cela très précisément aux thèses de la Réforme. En ce qui regarde le canon des livres saints, l'Église catholique retenait le canon juif alexandrin, réintégrant dans l'Ancien Testament canonique sept livres jugés apocryphes par Luther : *Tobie, Judith,* la *Sagesse,* l'*Ecclésiastique, Baruch, Maccabées I et II*. L'Ancien Testament était donc accepté et révéré à travers 46 livres, et non 39. Le seul texte reconnu par le catholicisme était celui de saint Jérôme, la *Vulgate* (vénérable traduction latine faite d'après l'hébreu et le grec de l'Ancien Testament et d'après le texte grec du Nouveau). Le Nouveau Testament, à travers ses 27 livres, était considéré comme accessible à tous ; l'Ancien, réservé aux clercs, sauf les *Psaumes* et les textes de sagesse fort aptes à nourrir la piété des fidèles.

Le concile, le catéchisme et tout l'enseignement post-tridentin affrontaient vivement la Réforme en faisant de la Tradition, au même titre que l'Écriture, un canal essentiel de la Révélation, une composante fondamentale de la Parole de Dieu. La Tradition préexiste à la Bible, l'englobe et la transmet. Dans le binome Écriture + Tradition, on eut donc bientôt Écriture = Tradition, et même Écriture < Tradition. La théologie de la réforme catholique considère que, inspirée et garantie par l'Esprit Saint, la Tradition – apostolique, patristique, doctorale, conciliaire et pontificale – est maintenue vivante et vraie par l'Église, interprète infaillible de la Révélation. Cela signifie que la foi est une adhésion aux vérités révélées, mais transmises par l'Église et toujours en soumission à l'Église : « Soumission totale à Jésus-Christ et à mon directeur » inscrira Pascal en son célèbre *Mémorial*.

Le problème du salut – justification et sanctification – fut, lui aussi, une des préoccupations premières des pères de Trente. Au départ des deux schémas affrontés figurait un même donné : le péché. Comme les protestants, les catholiques partaient de la réalité du péché originel, dont le baptême atténue fortement les conséquences mais sans les effacer tout à fait. Mais il y avait divergence sur la définition du péché actuel. À la suite de Thomas d'Aquin et de la théologie scolastique, la doctrine tridentine distinguait péchés mortels et péchés véniels. Le péché mortel supprime l'état de grâce ; c'est-à-dire que le pécheur immédiatement surpris par la mort corporelle mériterait la damnation, salaire de la mort morale. Au contraire, le péché véniel ternit l'état de grâce, mais sans l'abolir. D'une manière générale, le péché diminue la liberté de l'homme, le libre arbitre, mais ne l'abolit pas.

Le décret sur la justification, du 13 janvier 1547, occupa la sixième session du concile et se présenta comme un petit traité de théologie : un prologue, seize chapitres et trente-trois canons ! La justification, c'est le retour à l'état de grâce, l'assurance donnée par Dieu à l'homme pécheur qu'il échappera à la damnation. La justification, c'est la porte du salut. La justification, c'est, en 1547 – un an après la mort de Luther –, le point le plus sensible, non seulement de la controverse, mais encore de la sensibilité chrétienne. Luther s'est appuyé sur la justification par la foi, roc de la Réforme ; Calvin a célébré l'espérance du salut par grâce. À ces « novateurs » l'Église romaine va opposer sa doctrine : l'homme est justifié par la foi, la grâce et les œuvres.

Dans l'esprit du concile, cette référence ternaire constituait un compromis, une « voie moyenne » comme l'eût dit Bossuet. De n'accorder aux œuvres qu'un tiers de responsabilité, c'était notamment écarter, sinon les indulgences, du moins leur abus. C'était conforter l'assurance de la liberté des enfants de Dieu, le libre arbitre, sans pour autant verser dans l'hérésie de Pélage. S'en remettre pour un tiers à la grâce de Dieu, pour un autre tiers à la foi, don de Dieu, ce n'était pas ménager le protestantisme, mais éviter de refuser les plus claires leçons du Nouveau Testament. Au reste, dans l'esprit du concile de Trente d'ailleurs fidèle une fois de plus au thomisme, il n'y a pas de frontière entre foi et œuvres, entre grâce de Dieu et œuvres. Les pères ont lu et relu l'*Épître de Jacques* : « À quoi bon dire qu'on a la foi, si l'on n'a pas les œuvres ? » (2,14). Il n'est point davantage de séparation entre les œuvres humaines et la grâce divine, mais au contraire il y a synergie. La grâce, c'est-à-dire la bonté de Dieu, permet à l'homme de mériter ; grâce prévenante, puis grâce sanctifiante. Encouragées et soutenues par la grâce du Seigneur, les bonnes oeuvres contribuent à la justification de l'homme pécheur, ensuite à son salut.

Les bonnes œuvres obtiennent à l'homme augmentation de grâce, et espérance de salut. Si l'homme pécheur n'œuvre pas assez, le purgatoire – dûment réaffirmé face aux négations protestantes – y pourvoira. En sens inverse, si l'homme œuvre au-delà de ce qui est nécessaire à son salut, les autres peuvent bénéficier de ce surcroît de mérites. C'est la belle doctrine dite de la réversibilité des mérites, trame de la communion des saints.

La meilleure façon de pratiquer des œuvres bonnes, c'est d'obéir, strictement et même avec zèle, aux commandements de l'Église, ces prescriptions contestées et moquées par la Réforme : obligation de la messe dominicale, fêtes d'obligation, jeûnes, confession annuelle, communion annuelle, que l'on appelle aussi « les cinq préceptes ».

Moyens du salut, les œuvres reconnues méritoires sont aussi des étapes vers la perfection, la sainteté. Contre les protestants, le catholicisme enseigne ou rappelle la valeur de la vie monacale – traduction des « conseils évangéliques » de perfection –, cependant qu'il justifie tous les moyens de sanctification déjà traditionnels, tels que jeûnes et abstinence, respect du carême, des quatre-temps et des vigiles. Toutes pratiques refusées par la Réforme.

## L'ÉGLISE ET LE CULTE

Comme les Réformateurs, les pères de Trente savent que l'Église est, selon l'image de saint Paul, le corps du Christ ; qu'elle est (ou doit s'efforcer d'être) une, sainte, universelle et apostolique ; qu'elle est éclairée, animée et protégée par l'Esprit de Dieu, le Saint-Esprit, troisième Personne de la sainte Trinité. Ils se distinguent pourtant sur certains points. Dans la formule antique « Hors de l'Église point de salut », ils comprennent Église visible, et non Église invisible. Au lieu de cantonner sur la Terre le corps mystique, ils énoncent l'existence de trois Églises : l'Église triomphante (au Ciel, séjour des élus), l'Église souffrante (constituée des âmes du purgatoire), enfin et seulement enfin l'Église militante (celle des chrétiens sur la Terre). Cette dernière, la seule véritablement visible, repose sur la succession apostolique. Dans la doctrine de Trente, il n'est point de doute : les évêques sont les successeurs directs des Apôtres. Cette chaîne mystique et ininterrompue fonde non seulement la légitimité, mais l'infaillibilité de l'Église. Lieutenant de Dieu, vicaire de Jésus-Christ, le pape, évêque de Rome, est le chef visible de l'Église. Quant aux évêques, on peut dire qu'ils ont un sacerdoce entier. Leur rôle est capital car le diocèse est l'articulation principale des structures de l'Église. On notera que lesdites structures sont essentiellement monarchiques, sous réserve bien sûr de l'élection du pape en conclave (par les cardinaux), de la cooptation des chanoines (par leur chapitre), et autres cas particuliers.

Les protestants reconnaissaient l'Église véritable à son respect de la Parole de Dieu et à sa bonne gestion des sacrements. Sur ces deux points, les divergences sont patentes. Certes la Parole de Dieu ne se confond pas, aux yeux de la Réforme, avec les paroles des clercs, mais la prédication a été une revendication protestante avant de devenir un impératif des Églises luthérienne ou réformée. Dans le catholicisme, la prédication n'est pas obligatoire, et l'on accepte les messes basses sans sermon. Toutefois nous ne devons pas oublier la structure des grandes églises baroques, imprégnées d'esprit tridentin comme Saint-Sulpice à Paris : ce n'est point un hasard si la nef est pareillement dégagée et si une place de choix s'y trouve réservée à la « chaire de vérité ».

Le culte catholique est surtout axé sur l'adoration de Dieu, en jargon théologique dit culte de latrie. Ce culte, inscrit dans une liturgie conservée et même augmentée et embellie, a essentiellement pour cadre la messe, « soleil des exercices spirituels » ainsi que la définira saint François de Sales en 1609 dans l'*Introduc-*

*tion à la vie dévote.* Cette messe, déjà hautement traditionnelle, doit être célébrée en latin et comporte obligatoirement la communion du prêtre officiant. Elle est, en effet, contrairement aux cultes de la Réforme, tout à la fois un sacrement (l'eucharistie, prolongement direct de la Cène du jeudi saint) et un sacrifice (l'oblation de l'hostie, reproduction non sanglante de la Passion du vendredi saint). Cette mémoire vivante des derniers jours terrestres du Christ est logiquement prolongée par deux dévotions jugées excellentes par l'Église : l'adoration du saint sacrement – dans l'hostie du ciboire ou de l'ostensoir, à l'occasion des processions et des « saluts » –, que justifie la rémanence (présence réelle permanente dans l'hostie consacrée), et l'adoration de la sainte croix. Tel est pour Rome le culte de latrie, ou ses principales manifestations.

À côté, ou plutôt en dessous du culte de *latrie*, l'Église de la contre-Réforme confirme la légitimité du culte de *dulie,* celui qui entraîne à *vénérer,* et non à *adorer.* Contre les protestants, le concile de Trente admet et même recommande la vénération des saints, celle des anges (l'existence d'un ange gardien auprès de chaque humain est une doctrine presque universelle dans le catholicisme), celle des lieux saints (notamment les lieux de pèlerinage justifiés par le souvenir de miracles), celle des images saintes, celle des reliques. Au risque d'entretenir ce que les Réformateurs ont dénoncé comme pratiques superstitieuses, voire idolâtres.

C'est que, dans leur souci de pureté et dans leur volonté épuratrice, les protestants ont refusé sans nuances le principe de la sainteté institutionnelle. Pour eux, Dieu seul est saint. Une preuve de la divinité du Christ est sa sainteté, unique en l'histoire du monde. D'autre part, le Christ est seul Médiateur. Dès lors les saints n'existent pas comme tels – sauf à nommer ainsi les élus accueillis au Ciel –, et il n'est pas licite de leur rendre un culte.

À ces objections le catholicisme répond que la qualité de Médiateur – incontestable, incontestée – du Fils de Dieu n'interdit pas de recourir à des intercesseurs, les saints (Concile de Trente, 25e session, 1563). D'où la légitimité du culte de dulie. Le peuple chrétien aime les saints. Ceux qu'intimide le Christ du jugement dernier, ceux qui n'osent affronter le douloureux regard du Christ en croix, parlent spontanément, et souvent en patoisant, au saint local ou paroissial, au saint guérisseur de la région, au saint protecteur du diocèse, à la sainte mère de Dieu, Notre Dame.

Car il est un degré de plus dans la vénération licite, c'est celle de la bienheureuse Vierge Marie, à laquelle est réservée par l'Église catholique un culte particulier, dit d'*hyperdulie*. Étroitement associée à deux des trois plus grands mystères de la foi chrétienne, l'Incarnation et la Rédemption, Marie est pour les catholiques reine du Ciel, intercesseur privilégié, canal des grâces. Comme leurs frères orthoxes, les catholiques de la contre-Réforme, reconnaissant son rôle unique dans l'économie du salut, lui ont accordé une place privilégiée, vraiment unique, mettant l'accent sur sa gloire, tendant d'ailleurs quelque peu à l'isoler de l'humanité alors que sans l'humanité de Marie, Jésus-Christ ne serait plus « vrai Dieu et vrai homme », mais aux trois quarts Dieu pour un quart de condition humaine.

## LA DÉFINITION DES SACREMENTS

« Signes visibles d'une grâce invisible », ainsi les appelait saint Augustin, institués par Jésus-Christ à l'intention des fidèles, les sacrements sont, en général, le trésor des Églises. Et les Églises s'en veulent gardiennes attentives et zélées distributrices. Mais, ces données établies, les théologies diffèrent, tant pour en établir le nombre que pour en définir l'efficacité.

Contre les luthériens, qui n'en voulaient garder que deux et demi (l'absolution constituant ce curieux demi) et les réformés qui n'en garderont que deux [56] – le baptême et la sainte cène –, les pères du concile de Trente sont restés fidèles au pieux catalogue défini au concile de Florence en 1439 [57]. Ce dernier avait présenté les cinq premiers sacrements comme « ordonnés pour la perfection spirituelle de chaque homme en soi-même, les deux derniers pour la conduite et la multiplication de l'Église entière. Par le *baptême*, en effet, nous renaissons spirituellement, par la *confirmation* nous croissons dans la grâce et nous sommes fortifiés dans la foi. Nés à nouveau et fortifiés, nous sommes nourris par l'aliment de la divine *eucharistie*. Et si, par le péché, nous tombons dans une maladie de l'âme, nous sommes guéris spirituellement par la *pénitence*. Spirituellement et corporellement, selon qu'il convient à l'âme, par l'*extrême-onction*. Mais par l'*ordre* l'Église est gouvernée et multipliée spirituellement, par le *mariage* elle est accrue corporellement [58] ».

Si le concile de Florence s'était donné la peine de rédiger, à l'intention des uniates d'Orient, comme les Arméniens et les Coptes, des définitions merveilleusement pédagogiques, le concile de Trente a fait, lui, un remarquable effort de recentrage biblique, de théologie positive, et il s'est toujours efforcé de fonder sur des textes du Nouveau Testament son catalogue des sept sacrements. La différence d'avec les schémas de la Réforme, c'est que les tridentins ne se sont pas limités à l'institution christique formelle ; ils ont accepté aussi l'institution christique implicite et la tradition apostolique.

Laissons provisoirement de côté les deux sacrements christiques et œcuméniques – les seuls aux yeux de la Réforme, les plus importants pour le catholicisme –, baptême et eucharistie, et examinons la doctrine romaine concernant les cinq autres. La confirmation est un sacrement qui donne l'Esprit Saint et perfectionne les dons du baptême. L'origine scripturaire en peut être la mission des apôtres Pierre et Jean en Samarie. Il est écrit que, descendus chez les Samaritains, Pierre et Jean « prièrent pour eux, afin qu'ils reçoivent l'Esprit Saint. Car il n'était pas encore descendu sur aucun d'eux ; ils avaient seulement été baptisés au nom du Seigneur Jésus. Alors Pierre et Jean leur imposèrent les mains, et ils reçurent l'Esprit Saint [59] ».

Le sacrement catholique de la pénitence a pour objet de remettre aux hommes les péchés commis depuis le baptême. Nous avons vu qu'il se décompose en : contrition, confession, absolution et satisfaction. Sa base est le pouvoir des clefs : « Je te donnerai, dit Jésus à Pierre, les clefs du Royaume des Cieux ; ce que tu lieras sur la Terre sera lié dans les Cieux, et ce que tu délieras sur la Terre sera délié dans les Cieux [60]. » Et son corollaire : « En vérité je vous le dis, tout ce que vous lierez sur la Terre sera lié dans le Ciel, et tout ce que vous délierez sur la Terre sera délié dans le Ciel [61]. » Sans oublier le message christique apporté par le Ressuscité : « Ceux à qui vous pardonnerez les péchés, ils leur seront pardonnés, et ceux à qui vous les retiendrez, ils leur seront retenus [62]. »

Pour l'Église catholique le sacrement de l'extrême-onction donne la grâce divine aux malades, soulage l'âme et parfois le corps. Cette onction des malades est fondée sur l'*Épître de Jacques* (5, 14-15) : « Quelqu'un parmi vous est-il malade ? Qu'il appelle les anciens de l'Église et que ceux-ci prient pour lui, en l'oignant d'huile au nom du Seigneur ; la prière de la foi sauvera le malade, et le Seigneur le relèvera ; et s'il a commis des péchés, il lui sera pardonné. »

Le sacrement de mariage, institué, pense l'Église catholique, par Jésus-Christ lui-même, apporte au couple concerné la grâce de Dieu pour la sanctification mutuelle des époux, ainsi que la procréation et l'éducation des futurs enfants. Le fondement biblique du mariage chrétien consiste dans la célèbre parole de Jésus : « Ils ne sont plus deux, mais une seule chair. Que l'homme ne sépare donc pas ce que Dieu a uni » (*Matthieu* 19, 6) ; ce qui signifie clairement l'interdiction du divorce.

Reste le sacrement de l'ordre. Pour l'Église catholique, c'est un sacrement indélébile – on est prêtre pour l'éternité – donnant pouvoir d'exercer les fonctions sacrées du culte. L'origine scripturaire est double : il s'agit des textes accordant le pouvoir des clefs, indiqués plus haut, et de ceux qui instituent la sainte cène ; nous les retrouverons plus bas.

Avant d'aborder les sacrements œcuméniques, il n'est peut-être pas inutile d'évoquer les ministres des sacrements et leur « efficace », comme on disait autrefois. Du côté protestant on privilégie le « saint ministère », celui des pasteurs, mais en cas de besoin les « anciens » ou les simples fidèles peuvent baptiser ou donner la communion. Dans l'Église catholique les sacrements sont en somme partagés entre trois groupes de ministres. Aux évêques est réservée l'administration des sacrements de la confirmation et de l'ordre. Successeurs des Apôtres, ils ont, en effet, un « sacerdoce entier », alors que le sacerdoce des simples prêtres a besoin d'être attesté par leur ordination même. Les prêtres, eux, sont les ministres du baptême (en cas d'urgence, tout chrétien peut cependant les remplacer), de la pénitence (lourde responsabilité), de l'eucharistie (délégation mystérieuse et pourrait-on dire miraculeuse) et de l'extrême-onction. Enfin les fidèles peuvent être les ministres occasionnels – comme dans le cas d'un baptême urgent – mais aussi naturels et légitimes d'un sacrement, puisqu'ils sont considérés par le catholicisme comme les ministres de leur propre mariage.

S'opposent aussi, et fortement, les conceptions protestantes et catholique sur l'efficace des sacrements. Du côté de la Réforme les sacrements exigent la foi, du ministre comme du participant ou bénéficiaire. En théologie catholique, les sacrements – le concile de Trente y insiste – sont efficaces par eux-mêmes, *ex opere operato*.

Enfin, même les deux sacrements qui sont apparemment le trésor commun de la Réforme et de la contre-Réforme ne sont plus compris de la même façon, en ce milieu du XVI$^e$ siècle. En ce qui concerne le baptême, il y a consensus quant à l'importance (sacrement premier, sacrement nécessaire, sacrement offrant la grâce divine) et quant à l'utilisation des paroles christiques d'institution : « Je te baptise, au nom du Père, du Fils et du Saint-Esprit », selon les deux derniers versets de l'*Évangile selon saint Matthieu* [63]. Mais déjà existe le schisme anabaptiste, qui condamne le pédobaptisme et n'accepte que le baptême par immersion réservé aux adultes.

En ce qui regarde l'eucharistie, les sources scripturaires sont nettes [64], que connaissent et admirent les chrétiens de toute confession, et l'on n'est pas très éloigné de l'unité en usant de l'expression « présence réelle » pour témoigner de la réalité christique du pain et du vin consacrés. La présence réelle du corps et du sang du Christ après qu'aient été prononcées les paroles de l'institution : « Ceci est mon corps, ceci est mon sang. »

Malheureusement existent déjà, dans le monde de la Réforme, ces hommes que l'on nomme « sacramentaires » – alors qu'ils désacralisent la sainte cène – et dont le Réformateur de Zurich Zwingli avait été l'un des chefs de file. Mais les interprétations luthérienne et réformée ne satisfont pas le concile de Trente. Les théologiens catholiques ne veulent rien changer à la doctrine traditionnelle de la transsubstantiation, adoptée dès 1215 par le concile de Latran IV. Elle se distingue du compromis luthérien – dit impanation ou encore consubstantiation – et plus encore d'une présence réelle spirituelle qui est la thèse réformée.

Face à la Réforme, le catholicisme rappelle son dogme eucha-

> *Spéculations*
>
> Si Dieu est catholique, le Christ du Jugement dira au protestant : – Tu n'as pas assez révéré ma mère, la Vierge Marie, mais je te pardonne parce que tu n'as pas voulu diminuer la gloire de mon Père.
>
> Si Dieu est protestant, le Christ du Jugement dira au catholique : – Tu as trop révéré ma mère, au détriment de la gloire de mon Père, mais je te pardonne parce qu'elle est ma mère.

charistique : une fois prononcées par le prêtre les paroles de l'institution christique – « Ceci est mon corps. Ceci est mon sang » –, le pain et le vin ne sont plus qu'« espèces ou apparences » car l'hostie et le vin du calice sont aussitôt « réellement et substantiellement » devenus le corps et le sang de Jésus-Christ.

Ainsi le catholicisme tridentin confirme-t-il les sept sacrements, restant fidèle à la Tradition romaine, et dans la suite logique de sa tradition du geste sacré.

## LES NOUVELLES CROISADES

En plein XVIe siècle, tandis que le concile de Trente aussi bien que la confession calvinienne de La Rochelle se réclament avec même ardeur du Credo de Nicée-Constantinople, débute en Europe – pour cent ans ou presque (jusqu'en 1648) – le temps déplorable et tragique des « troubles ! de religion ». Au nom d'un même Dieu, au nom du même Christ, au nom de ce que chaque camp pense être la seule et véritable Église, « les guerriers de Dieu [65] » vont s'affronter avec rudesse et se massacrer sans pitié. La faute en revient d'abord aux Réformateurs. « Nulle considération ne les devait arrêter, écrit le réformé Pierre Bayle († 1706), puisque, selon leurs principes, il n'y avait point de milieu : il fallait ou laisser damner éternellement les papistes, ou les convertir au protestantisme [66]. »

La faute incombe ensuite, et surtout, au zèle ou au « faux zèle » (ainsi nommait-on le fanatisme religieux) de quelques-uns de leurs disciples, anabaptistes, sacramentaires, zwingliens de choc, pasteurs au langage de prophète. Les uns et les autres semblent moins chercher à convertir, qu'à provoquer. Plus de quatre siècles et demi ont passé depuis la triste affaire des Placards (1534) ; pourtant le protestantisme français en souffre encore aujourd'hui : son image en reste ternie. La nuit du 17 au 18 octobre, des « placards » (affiches) sont épinglés à Paris, Amboise, Orléans, Blois, et jusque sur la porte de la chambre du roi François Ier. Le texte de ces affiches, œuvre anonyme d'un pasteur sacramentaire lyonnais du nom de Marcourt, a pour titre : « Articles véritables sur les horribles, grands et insupportables abus de la messe papale, inventée directement contre la sainte cène de Notre Seigneur, seul Médiateur et Sauveur Jésus-Christ [67]. » Le ton est donné. Suit une diatribe échevelée récusant le caractère sacrificiel de la messe catholique, niant la présence réelle du Christ dans l'eucharistie, traitant la transsubstantiation de « doctrine diabolique », et demandant à Dieu la destruction des papistes idolâtres. Jamais la sensibilité catholique française n'a été pareillement blessée. Jamais le caractère, désormais inévitable, de l'affrontement religieux n'a été si nettement précisé. Des textes de ce genre contiennent en germe, annoncent et expliquent toutes les violences à venir des deux camps.

Nourris d'Ancien Testament, les huguenots justifient une violence qui prolonge celle des Juges d'Israël, celle des Prophètes (ils aiment évoquer Élie), celle même d'un Dieu jaloux et vengeur. Car, ils n'en doutent point, leur zèle est déjà et devra continuer d'être l'instrument de la colère de Dieu ; leur ardeur est juste et légitime, parce que prophétique et inspirée, donc sacro-sainte. Elle ne doit épargner ni le clergé, ni les catholiques fidèles.

Le fanatisme protestant du XVIe siècle dénonce les prêtres, propagateurs de l'erreur et de la superstition, serviteurs idolâtres de « l'Antéchrist romain ». Il n'a pas l'intention d'épargner leurs ouailles, adoratrices du veau d'or, brebis égarées qui préfèrent la messe à l'évangile, les processions à la prière, Satan à Dieu. Mais, contre ces « papistes », la violence huguenote veut être à la fois instrument de la colère divine, et forme efficace de la pédagogie du Seigneur Dieu ; car il n'est pas question de tuer tous les égarés, mais d'en massacrer suffisamment pour terroriser les survivants et hâter leur conversion.

Au nom du Dieu de Moïse, de Gédéon, d'Élie, la frénésie protestante vise d'abord ce que ses partisans assimilent à l'idolâtrie : le culte des images, la vénération des reliques, le respect et l'invocation des saints intercesseurs, la transsubstantiation, la rémanence (les hosties consacrées, conservées et vénérées dans les ciboires, les ostensoirs, les tabernacles). Au nom même du Crucifié, les crucifix vont être martelés ou brûlés. La « destruction des idoles [68] » prend cent formes odieuses : hosties piétinées, données aux chiens ou jetées au feu ; statues de la Vierge Marie brisées ; fiente déposée dans les bénitiers, quand ce n'est point au pied des croix.

Ces démolitions, que les catholiques jugent sacrilèges, ne sont pas spontanées. À Montpellier, c'est une petite armée réformée qui bloque, le 19 octobre 1561, la cathédrale Saint-Pierre prise d'assaut le 20. On massacra une partie des assiégés. « L'édifice fut pillé, les autels furent profanés, les statues brisées, les croix mises en pièces, les retables détruits... Puis, pendant huit jours, une soixantaine d'églises de la ville, des faubourgs et de la campagne proche subirent le même sort [69]. » Les protestants de 1560 ont « un obscur désir de nettoyer, de purifier, par le marteau et par le feu, des lieux considérés comme souillés par le culte catholique [69] ». D'où un caractère rituel souvent donné aux destructions. Il n'est pas rare que « les iconoclastes chantent les psaumes, avant que le ministre [pasteur] ne vienne prêcher dans un espace purifié [70] ». Purifié par le pillage et le vandalisme. Dans nombre de cas, la « purification » est totale : les démolisseurs brûlent églises et chapelles.

À ce déchaînement protestant répond sans tarder une contre-violence catholique. Si les réformés incendient des édifices sacrés, les papistes se plaisent à brûler des bibles traduites en français. Si les protestants tuent pour convertir les catholiques survivants, ces derniers massacrent sans état d'âme dans l'intention d'écraser une hérésie jugée barbare, impie et sacrilège. Ils souhaitent combattre et même « mourir pour la Croix [71] » :

*Ceux qui répandront leur sang*
*Pour cette cause juste et bonne*

*Sont assurés que Dieu leur donne
Plein pardon de tous leurs péchés* [72].

En effet, la lutte contre l'hérésie protestante est bientôt présentée comme une croisade. Croisade contre les brûleurs d'églises, les briseurs d'images, les négateurs de l'eucharistie vivante, les ennemis des saints, des anges et de la cour céleste, les méchants adversaires de la bienheureuse Marie toujours Vierge. Si « l'hérésie est un présage de la fin de ce mortel monde [73] », la combattre, s'efforcer de la détruire, c'est soutenir l'honneur de Dieu et préparer le triomphe de la Jérusalem céleste.

Catholiques ou réformés, les « guerriers de Dieu » ont trouvé la « justification » – prophétique dans le camp protestant, mystique du côté romain – de leur combat fratricide. Ils avaient pourtant même Credo (il ne faut point se lasser de le répéter), un Credo particulièrement apte à maintenir l'union des esprits et des âmes, puisqu'il s'agissait du symbole de Nicée, lequel ne donnait guère de détails sur l'Église, les sacrements, ni sur la Vierge Marie, ni sur la communion des saints. Au lieu d'être impressionnés par leur commun respect du Credo de Nicée, nos pères au XVIe siècle n'ont songé qu'à marquer, et à tout prix, leurs différences.

Ne devrions-nous pas, aujourd'hui, cesser enfin de les imiter ?

---

## Notes

1. Le second concile de Lyon (1274) a affirmé l'existence du purgatoire.
2. Luther, cité par J. Pelikan, *La Tradition chrétienne*, t. IV, p. 126.
3. Lucien Febvre, *Un destin, Martin Luther,* 4e éd., Paris, P.U.F., 1968, p. 43.
4. Nietzsche, « Aurores », in L. Febvre, *op cit.,* p. 43.
5. *Actes des Apôtres* 9, 4
6. Nietzsche, *op. cit.,* in Febvre, *op. cit.,* p. 44.
7. Lucien Febvre, *op cit.,* p. 44.
8. P. Chaunu, *La Mémoire de l'éternité,* Paris, Robert Laffont, 1975, p. 280
9. Le collège de Montaigu, que Rabelais surnommait « collège de pouillerie ».

10. Pour la plus grande gloire de Dieu.
11. *Éphésiens* 2, 8-10.
12. J.-J. von Allmen, *Vocabulaire biblique*, p. 87.
13. *Luc* 9, 35, et 23, 35
14. *Luc* 6, 12-16.
15. *I Corinthiens* 1, 27-31.
16. *I Pierre* 1, 1.
17. *I Timothée* 5, 21.
18. *Jean* 6, 64-65.
19. R. P. Godefroy, o.f.m., *Les Fioretti...*, Paris, La Renaissance du livre, 1947, p. 128.
20. Henry Strohl, *La Pensée de la Réforme*, p. 143.
21. *Idem, ibidem*, p. 150.
22. Philippe Wolff, *Histoire des protestants en France*, Toulouse, Privat, 1977, p. 137.
23. Arnold J. Toynbee, *La Religion vue par un historien*, p. 182. — Un passage de l'*Épître aux Éphésiens* (1, 11-12) dit toutefois : « En lui [le Christ], nous avons aussi été mis à part, prédestinés selon le plan de Celui qui opère *tout selon la décision de sa volonté*, afin que nous servions à célébrer sa gloire, nous qui d'avance avons espéré en Christ. »
24. *Confession de La Rochelle*, art. 2.
25. Cf. *Galates* 1, 8.
26. *Confession de La Rochelle*, art. 5.
27. *I Timothée* 2, 5.
28. *Genèse* 28.
29. *Jean* 14, 6.
30. « Il a jeté les yeux sur la bassesse de sa servante » (*Luc* 1, 48).
31. « Voici la servante du Seigneur ; qu'il me soit fait selon ta parole » (*Luc* 1, 38).
32. Non seulement Luther et Calvin croyaient à la naissance virginale de Jésus, mais ils conservaient la croyance catholique en Marie vierge tout au long de sa vie.
33. De même que le plus beau chant du *Magnificat* sera l'œuvre d'un compositeur luthérien, Jean-Sébastien Bach.
34. Cf. article 20 de la *Confession d'Augsbourg*.
35. Cf. le *Catéchisme de Heidelberg*.
36. Cf. *Exode* 20.
37. En revanche, « chacun doit discipliner son corps, par le jeûne et par d'autres exercices, pour ne pas donner prise au péché, mais non pas pour mériter la grâce par les œuvres » (*Confession d'Augsbourg*, art. 26).
38. Car les « conseils évangéliques » – chasteté, pauvreté, obéissance – sont, comme leur nom l'indique, non des ordres mais des conseils.
39. *Psaumes* 23 et 79.
40. Que l'on trouve dans *I Pierre* 2, 9.
41. Cf. *Confession d'Augsbourg*, art. 28.
42. « Tu ne feras pas d'images taillées. »
43. Dans la liturgie de l'Église évangélique luthérienne de France (1966), le culte dominical comprend les éléments suivants : Invocation, Introït, Confes-

sion des péchés, Promesses de grâce, Absolution, Collecte, Lectures bibliques, Prière d'illumination, Confession de la foi, Prière d'offrande, Prière d'intercession, Dialogue eucharistique, Préface, Consécration, Prière d'action de grâces, Bénédiction.

44. Bien que les luthériens aient, au début, joint aux deux principaux l'absolution, et bien que les réformés aient été tentés d'intégrer l'ordination en qualité de troisième sacrement.
45. *Matthieu* 28, 19.
46. Plusieurs fois répété dans le Nouveau Testament.
47. *Confession de La Rochelle*, art. 35.
48. *Ibidem*, art. 34.
49. *Genèse* 1, 28.
50. *Genèse* 2, 18.
51. *I Corinthiens* 7, 9.
52. *I Pierre* 2, 9.
53. Notion catholique ici appliquée au protestantisme.
54. Cf. la péricope où Jésus parle des faux prophètes, des arbres et de leurs fruits (*Matthieu* 7, 15-20).
55. Étonnante ? Dans un article, lui aussi étonnant, de la *Revue historique*, il y a près d'un demi-siècle, le regretté professeur Alphonse Dupront ne voyait que l'intervention du Saint-Esprit pour expliquer la lucidité et la profondeur de Trente. Étonnante ? Nous connaissons quelques protestants qui admirent le concile de Trente. Il me semble que c'est le cas de Pierre Chaunu.
56. Ils seront tentés, en ce même XVI$^e$ siècle, de « sacramenter » le « saint ministère ».
57. Alberigo, *Les Conciles œcuméniques*, t. II $^1$, p. 1107-1127.
58. *Idem, ibidem*, t. II$^1$, p. 1109.
59. *Actes des Apôtres* 8, 15-17.
60. *Matthieu* 16, 19.
61. *Matthieu* 18, 18.
62. *Jean* 20, 22-23.
63. *Matthieu* 28, 19-20.
64. Cf. *Matthieu* 26, 26-29 ; *Marc* 14, 22-25 ; *Luc* 22, 15-20 ; *Jean* 6, 53-57 (versets éminemment eucharistiques, alors que Jean a omis, en son Évangile, de relater la Cène du jeudi saint) ; *I Corinthiens* 11, 23-27 (récit de la Cène par un Apôtre inspiré, non présent en ce fameux jour). Le texte commence par : « Moi, j'ai reçu du Seigneur ce que je vous ai transmis. Le Seigneur Jésus, dans la nuit où il fut livré, prit du pain et, après avoir rendu grâces, le rompit et dit : Ceci est mon corps... »
65. Tel est le titre de la si intéressante thèse de Denis Crouzet (1990).
66. Cité par Toynbee, *La Religion vue par un historien*, p. 175.
67. J. Jacquart, *François I$^{er}$*, Paris, Fayard, 1981, p. 270.
68. Denis Crouzet, *Les Guerriers de Dieu*, t. I, p. 505.
69. Gérard Cholvy, *Histoire de Montpellier*, Toulouse, Privat, 1984, p. 149.
70. D. Crouzet, *op. cit.*, t. I, p. 523.
71. *Idem, ibidem*, p. 383.
72. *Idem, ibidem*, p. 467.
73. *Idem, ibidem*, p. 194.

CHAPITRE V

## LE TEMPS DES INCERTITUDES

*De Charles Borromée à Pie X. – Les oscillations du protestantisme. – Le drame de l'exégèse critique. – L'érosion. – Une nouvelle confession réformée. – Ecclesia semper reformanda ? – Dérapages mal contrôlés. – La crise du catholicisme. – Un Credo à la carte. – Les ambiguïtés de l'unité. – La montagne de Dieu.*

« La foi se vit. La foi est vie [1]. » La foi tant célébrée par la Réforme, la foi si bien défendue par la contre-Réforme animera – dans une compétition devenue pacifique dès le milieu du XVIIe siècle – les champions et les fidèles des deux chrétientés occidentales. Aux guerres de religion succède, en effet, une émulation positive, même si elle n'élimine pas querelles et contentieux.

Le souci missionnaire s'éveille et s'amplifie de part et d'autre. Ici le catholicisme prend de l'avance : dès le XVIe siècle François Xavier a commencé d'évangéliser l'Extrême-Orient ; en 1663 est fondée à Paris la société des missions étrangères ; le XIXe siècle va voir un développement inouï de l'effort d'évangélisation. Du côté protestant, ce n'est qu'en 1815 que sera, à Bâle, créée la société des missions, mais depuis déjà deux siècles les « dissidents » britanniques ont apporté en Amérique les semences de la Réforme : le fameux voyage initial de la *Mayflower* date de 1620.

La volonté apologétique, souvent parallèle, est quelquefois commune. Dans la France de Louis XIV, en 1670, paraissent les *Pensées* de Pascal – ce livre véritablement inspiré ; en 1684, *De la vérité de la religion chrétienne,* œuvre d'un pasteur réformé, Jacques Abbadie, « le plus divin de tous les livres » selon Mme de Sévigné. Jusqu'en 1789 les deux ouvrages rivalisent.

Les mêmes problèmes préoccupent les théologiens et les fidèles des deux camps. Au Grand Siècle, tant en France qu'aux Provinces-Unies, les calvinistes se disputent au sujet de la prédestination ; les catholiques (jésuites contre jansénistes) n'en finissent pas de débattre de la grâce. Les uns et les autres semblent obsédés par le désir de connaître les secrets de Dieu. Ils ressemblent au frère aîné du Fils prodigue de l'évangile, celui qui connaît mieux que son père comment doit se manifester la bonté de ce père [2]. On se passionne, à la Cour et à la Ville, sur la grâce efficace ; on s'accuse d'être pélagien ou semi-pélagien. Les fidèles épousent la cause moliniste ou janséniste, le font avec conviction ou même avec passion, dans la double intention de servir la cause et la gloire de Dieu, et de connaître le mécanisme – inquiétant ou rassurant – déterminant le salut individuel.

Il y a aussi concours de dévotion. À la dévotion visible, baroque, exubérante du catholicisme, s'oppose celle du calvinisme, tout enfermée derrière les murs nus des temples, ou dans le secret des demeures près de la Bible familiale. Les deux groupes pourtant se retrouvent dans la ferveur commune des testaments, ces professions de foi alors si belles, littéralement « découvertes » par Philippe Ariès [3], puis analysées avec autant de compétence que de sensibilité religieuse par Pierre Chaunu [4].

Mais l'évolution des deux groupes d'Églises ne s'est pas faite selon un strict parallélisme – il s'en faut –, même si les unes et les autres devront affronter les mêmes dangers au XIX$^e$ siècle et connaître une même crise au XX$^e$.

## DE CHARLES BORROMÉE À PIE X

Si un arbre se reconnaît à ses fruits, selon le mot du Christ, les fruits de la contre-Réforme plaident éloquemment en faveur du concile de Trente. Le XVII$^e$ siècle fut « le siècle des Saints » et, à cet égard, il est faux d'inaugurer le « siècle des Lumières » (son successeur moins édifiant) dès 1680. Le siècle des Saints va au-delà de 1715 et se perpétue, à certains égards, jusqu'au temps de la courte vie de saint Benoît Labre.

Dans le seul espace français, que d'exemples étonnants ! François de Sales, Vincent de Paul, Jean-François Régis, saint Pierre Fourier, Jean de Brébeuf, Jeanne-Françoise Frémyot de Chantal, Louise de Marillac, Jeanne de Lestonnac, Marguerite Bourgeoys, saint Jean Eudes, Marguerite-Marie Alacoque, Jean-Baptiste de la Salle, Jeanne Delanoue, Louis-Marie Grignion de Montfort, etc., tous canonisés ; sans compter Catherine de Bar, l'abbé de Rancé, Mme de Miramion. Mais, selon la profonde réflexion de Jean de Viguerie, il ne faut point oublier que « la sainteté ne dépend pas du siècle ; c'est le contraire [5] ». Les saints tiennent leur temps à bout de bras, pour le service de Dieu ; ils modèlent, ils pétrissent la sensibilité, orientent la croyance et la dévotion du peuple chrétien, l'élèvent au-dessus de lui-même, lui désignent la voie de la transcendance. Il en résulte que, dans un pays comme le nôtre, et contrairement à la boutade boudeuse de Verlaine [6], le XVIIe fut le plus religieux des siècles, à notre avis plus édifiant même que le XIIIe.

Le développement des séminaires a ranimé le zèle (et la science) du clergé séculier. La prédication, les missions intérieures, l'activité des ordres monastiques anciens – réveillés – et des instituts nouveaux – adaptés à un monde plus moderne – rapprochent le peuple de ses prêtres et, Dieu voulant, le rapprochent d'une foi plus ardente et plus motivée. Tout, d'ailleurs, l'élève au-dessus des préoccupations terre à terre. Le catéchisme se répand dans les paroisses. Les prônes de la grand-messe se font plus pédagogiques. Les églises baroques se veulent, comme jadis les cathédrales moyenâgeuses, initiation à la foi, à l'histoire sainte et même à la théologie. La vie du chrétien est jalonnée par les sacrements : le baptême compte plus que la naissance ; les derniers sacrements enlèvent à la mort son caractère si effrayant. Les cloches rythment la journée, invitant trois fois par jour à la prière : à chaque angelus, plusieurs Ave Maria. La contre-Réforme a réussi ce miracle de redonner au fidèle l'espoir d'un salut individuel (les protestants n'en détiennent pas le monopole) et de l'encadrer journellement dans le sein d'une Église plus vivante et plus attentive. Qu'espérer de plus ? Que pareil élan, pareille tension, pareille harmonie se maintiennent et se renouvellent malgré l'érosion du temps. Mais comment si grande rigueur (la morale est redevenue fort exigeante ; on ne plaisante pas dans le diocèse d'Alet sous le regard attentif de l'évêque Nicolas Pavillon) et semblable piété auraient-elles pu être longtemps maintenues ? Dictée par des théologiens, amarrée au concile de Trente, entretenue par un clergé rénové, la ferveur du siècle des Saints était condamnée, tôt ou tard, aux déviations et au déclin.

À l'extrême – doit-on dire l'excessive ? – tension de foi et de piété du XVIIe siècle vont succéder les orgueilleuses recherches de l'âge dit des Lumières. Si dévots au Grand Siècle, on voit par exemple les testaments parisiens de la première moitié du XVIIIe tendre « vers un discours incohérent, centré sur une référence à un Dieu qui pourrait être celui des philosophes théistes, justicier et garant de l'ordre de l'Univers [7] ». Après 1750, ce Dieu apparaît plus éloigné encore de celui d'Abraham, d'Isaac et de Jacob, plus proche du Dieu des philosophes et des savants. Il devient aisément l'Être suprême ou le grand Architecte de l'Univers.

Certes l'on peut penser, comme le fait Pierre Chaunu, que le Christ continue de vivre au cœur de la majorité des catholiques d'alors, « réfugié... au for intérieur [4] ». Il y a pourtant repli. Ce qui va sauver la foi de la contre-Réforme et lui permettre de franchir le rude obstacle de la Révolution, c'est en grande partie le développement, la profondeur, la chaleur et la ferveur de la piété populaire. L'Église romaine eut toujours la sagesse de la protéger, quitte à l'encadrer et à la surveiller pour la maintenir dans l'orthodoxie et l'empêcher de verser dans le néo-paganisme ou dans la superstition. Au XVIIIe siècle cette religion populaire, du moins en France, est tout ce qu'il y a de plus vivace. L'exemple de la fête est assez parlant [8]. Le peuple l'aime. Autour de La Rochelle, sous Louis XV, on ne compte pas moins de trente-quatre fêtes par an, dont vingt-neuf sont chômées. Le peuple s'y complaît et d'ailleurs « l'amour populaire de la fête provient justement de son caractère répétitif ». Les fêtes ayant un caractère ambigu, mélange de sacré et de profane, les évêques censurent et rénovent le système. Ils n'y parviennent que partiellement car la fête appartient au peuple, qui la revendique presque contre les clercs.

Clercs et laïcs se rejoignent, au contraire, avec satisfaction, dans une « dévotion simple, solide et sensible [9] » : la fête du Sacré

Cœur. Le culte du sacré cœur de Jésus, inauguré au XVIIe siècle à la suite de saint Jean Eudes et de Marguerite-Marie, s'épanouit et revient en force dans la seconde moitié du XVIIIe siècle. L'abbé Plongeron parle de « diffusion fulgurante [8] ». C'est à la fois une réaction généralisée contre le rationalisme des « Lumières » et une heureuse transfiguration de la pâle « religion du cœur » (un tiède protestantisme libéral) prônée par Jean-Jacques Rousseau. Sans la force de cette religion populaire, jamais le clergé réfractaire n'aurait été aussi nombreux, et jamais si bien aidé par les fidèles : voilà un cas, où le mot fidèle prit toute sa signification. Au reste, si chacun connaît ou devine « quel rôle joua la dévotion dans l'emblème vendéen en 1793 », peu de gens savent – c'était mon cas jusqu'à l'année dernière – que « Louis XVI consacra son royaume au Sacré Cœur en 1791 ou au début de 1792 [8] ».

Si forte fut cette dévotion populaire du XVIIIe siècle qu'elle permit à l'Église catholique de résister sans trop de mal aux grandes ondulations extrêmes du romantisme : évangélisme politique, néo-catholicisme, christianisme socialiste. Elle perdura jusqu'au temps du modernisme, jusqu'au réveil piétiste incarné par Pie X.

## LES OSCILLATIONS DU PROTESTANTISME

Dès l'origine, la religion protestante s'est vue écartelée entre rationalisme et piétisme. Dès l'origine aussi, elle hésita sur la question sensible des relations entre l'Église et l'État. Évoquons d'abord ce dernier point. Luther, qu'avait à juste titre effrayé la guerre des chevaliers (1522) et surtout la guerre des paysans (1524-1525), avait été amené à accorder l'Église (les Églises nationales) et l'État (le gouvernement des Princes). D'ailleurs la *Confession d'Augsbourg* considère le pouvoir civil comme de droit divin [10]. « C'est pourquoi les chrétiens sont tenus d'être soumis aux autorités et d'obéir à leurs ordres et à leurs lois, en tout ce qui peut se faire sans péché [11]. » La *Confession de La Rochelle* ne tient pas un langage bien différent. Ce texte calvinien défend, lui aussi, la thèse du droit divin – au profit des rois, des princes héréditaires ou non, et même des républiques, les uns comme les autres ayant reçu de Dieu « le glaive » –, dont il résulte que le chrétien doit honorer et respecter les autorités, lesquelles sont « lieutenants et officiers » du Seigneur [12]. De même le chrétien doit obéir aux lois civiles « pourvu que la souveraineté absolue de Dieu demeure entière [13] ». Toute révolution est donc condamnée ; en 1559 (la date compte, puisqu'elle ne devance que de trois années les guerres de religion), le roi de France aurait-il remis en cause la souveraineté de Dieu ?

Il résulte de cette contradiction que les Églises luthériennes et les Églises réformées ne vont pas avoir la même attitude envers le pouvoir temporel. Calvin et les calvinistes veulent bien obéir, mais sous bénéfice d'inventaire : le « très chrétien », par exemple, n'est pas assez chrétien pour leur goût. En réalité, ils rêvent de commander, rêvent de théocratie, quand même les historiens protestants décriraient-ils la république de Genève comme « théocentrique », non comme théocratique. Mais il y a un rien d'hypocrisie dans cette distinction : certes ce n'est pas la compagnie des pasteurs qui gouverne Genève, mais le Conseil ; seulement le Conseil n'a ni le pouvoir pratique ni la volonté de décréter lois ou règlements qui ne conviendraient pas à Jean Calvin, à Théodore de Bèze, aux pasteurs et à leur compagnie. L'histoire des Provinces-Unies au XVIIe siècle n'est pas moins instructive : l'Église réformée, ses synodes, ses ministres, ne songent qu'à armer le bras du prince d'Orange pour imposer aux Hollandais, non pas seulement la doctrine calvinienne, mais la thèse la plus impitoyablement calviniste de la théologie de la prédestination !

Du côté des nations passées au luthéranisme, le danger n'est plus la tendance à la théocratie, mais la presque naturelle tentation du césaro-papisme. Il est si commode pour un prince d'être en même temps chef de l'Église ! Même Frédéric II de Prusse, plus mécréant que calviniste, placé à la tête d'un royaume à majorité luthérienne, se félicitait d'être « le pape des luthériens et des réformés ». Mais les royaumes et principautés « évangéliques » n'eurent pas pour seul défaut de trop servir les ambitions des princes. On y encourageait, par la force des choses, la routine ecclésiale et parfois la sclérose. L'Église établie se félicitait d'être établie. Mais elle y perdait vite, sinon son âme, du moins sa liberté, son zèle missionnaire, voire sa spiritualité.

Il en est un exemple, fort connu, peut-être extrême, mais particulièrement instructif. Nous pensons au conflit fameux opposant le philosophe et théologien danois Kierkegaard (1813-1855) à l'évêque luthérien Mynster. Le premier, grand admirateur d'Abraham, qu'il surnommait « le chevalier de la foi », sorte de Blaise Pascal protestant, héraut – et peut-être aussi héros – d'un

> ### La Foi
>
> Foi céleste ! foi consolatrice ! tu fais plus que de transporter les montagnes, tu soulèves les poids accablants qui pèsent sur le cœur de l'homme.
>
> Chateaubriand

« christianisme de rupture », obsédé par les divins paradoxes de l'évangile et pensant comme Pascal que le Christ est en agonie jusqu'à la fin du monde, ne pouvait que refuser le confortable (et bien-pensant) christianisme politico-administratif de l'évêque. « Quand on la confronte avec le Nouveau Testament, écrivait Kierkegaard, la prédication du christianisme de l'évêque Mynster est douteuse, surtout pour un témoin de la vérité [14]. » Pour mériter le titre de « témoin de la vérité », il aurait fallu que Mynster eût ignoré sa vie durant toute jouissance, eût été voué à la souffrance, à la pauvreté, à l'abaissement, à la persécution, qu'il eût fini « battu de verges, maltraité, traîné de prison en prison et finalement... crucifié, décapité, brûlé sur le bûcher ou rôti sur le gril, et son corps sans vie... jeté sans sépulture par le bourreau [15] ». Dans les Églises établies, il est assuré que le christianisme confortable ou le conformisme politico-administratif était – alors comme aujourd'hui – infiniment plus répandu que l'idéal kierkegaardien du « témoin de la vérité » et son (dirons-nous) impitoyable évangélisme.

Ce contentieux danois était, en réalité, plus compliqué que son apparence. Kierkegaard reprochait à l'évêque son double confort, matériel et intellectuel, mais surtout il ne lui pardonnait pas de favoriser une évolution philosophique inquiétante. À

Copenhague, comme en d'autres villes protestantes du milieu du XIXᵉ siècle, la Bible avait presque cessé d'être le livre de la Parole de Dieu, pour devenir un simple recueil de belles citations destinées à des sermons mués en discours fleuris. Le christianisme devenait une doctrine au lieu de demeurer une foi. Les spéculations rationalistes du philosophe allemand Hegel avaient envahi une théologie protestante devenue si « libérale » qu'elle « démythologisait » tout, y compris le personnage historique de Jésus. Le fidéisme de Kierkegaard affrontait le rationalisme romantique hégelien.

Cette dispute nous ramène au paradoxe fondamental de la Réforme. Les Églises protestantes sont condamnées à tenir la balance égale entre rationalisme et piétisme. Le rationalisme ne devrait point avoir droit de cité ici, puisque la théologie protestante ne devrait être que positive. Les Réformateurs et leurs successeurs ont-ils assez condamné la Tradition, les spéculations philosophiques, Aristote, Thomas d'Aquin, la scolastique ! Le rationalisme repoussait pourtant comme du chiendent, par la faute d'une interprétation abusive de la notion de libre examen. Le piétisme, sous ses formes successives – piétisme proprement dit au XVIIᵉ siècle, méthodisme au XVIIIᵉ, kierkegaardisme au XIXᵉ, Réveil, fondamentalisme biblique, etc. –, intervenait comme pour inverser la tendance, freiner le philosophisme, renouer avec l'évangile et avec l'esprit des pères de la Réforme. Cette alternance aurait pu être providentielle (peut-être le fut-elle, puisque tout est grâce) ; hélas, la théologie spéculative fit apparemment plus de dégâts que les fidéistes ne firent d'adeptes. Hegel – dont découlèrent Feuerbach et Marx – a plus influencé son époque que ne le fit Kierkegaard.

Le « stupide XIXᵉ siècle », rivalisait avec le siècle des Lumières. Le second avait pris pour cible Jésus-Christ et sa divinité. Le premier n'hésita point à désacraliser la Bible.

## LE DRAME DE L'EXÉGÈSE CRITIQUE

Lorsque l'oratorien Richard Simon publia en 1678 l'*Histoire critique du Vieux Testament*, où il affirmait que Moïse ne pouvait avoir écrit la totalité du *Pentateuque*, il ne prétendait nullement attenter à la foi, mais la renforcer grâce à une méthode scientifique d'investigation. Bossuet vit pourtant en ce livre un « amas d'impiété », un « rempart de libertinage » [libre pensée], et obtint aisément la condamnation de l'auteur. C'est qu'alors ni les théologiens de Sorbonne, ni les Messieurs de Port-Royal, ni les docteurs calvinistes, ni les rabbins n'eussent imaginé de s'en prendre à Moïse, ou, si l'on préfère, de tourner le dos à l'exégèse théocentrique, traditionnelle et positive ; celle qui tenait les saintes Écritures pour Parole de Dieu et ne voyait point de différence entre exégèse et prière.

Richard Simon, la suite le confirma, avait dangereusement ouvert la boîte de Pandore. Il avait fait une brèche dans la manière d'entendre la Bible, et dans cette brèche nombre de théologiens et d'historiens s'engouffreront. C'est d'abord Jean Astruc, docteur régent de la faculté de Paris et médecin du Roi, qui, en 1753 et à Bruxelles, publie des *Conjectures sur les mémoires originaux dont il paraît que Moyse s'est servi pour composer le livre de la Genèse*. Astruc avançait cette idée – tirée d'un examen serré de la composition et du style – que la *Genèse* n'était pas un texte uniforme mais un assemblage de fragments empruntés à des auteurs variés. Astruc, comme le R.P. Simon, joua l'innocent, mais si Richard Simon paraît sincère à travers ses déclarations répétées d'orthodoxie et de soumission à l'Église, son imitateur avait probablement mainte arrière-pensée.

Au XIXe siècle l'exégèse critique se développa, essentiellement dans le monde germanique de la Réforme, complice d'un protestantisme dit « libéral » qui contestait la Tradition et le dogme ; du moins ce qu'il considérait comme les contraintes du dogme. David-Friedrich Strauss (1808-1874), dans son audacieuse *Vie de Jésus,* publiée en 1835, faisait du Christ un mythe et des Évangiles une tradition dépourvue de valeur historique. Bruno Bauer (1809-1882), son exact contemporain, remettait en cause la valeur historique du quatrième Évangile (1840), puis des trois Synoptiques (1841), contestait les *Épîtres* de saint Paul (1852) et finissait par substituer au christianisme une philosophie critique issue de Hegel.

Renan, avec sa *Vie de Jésus* (1853), prétendit lui aussi faire œuvre scientifique. Il refusait le surnaturel et ne montrait dans le

Christ que sa personne humaine, mais du moins ne le réduisait point à une légende ou à un mythe. D'ailleurs l'auteur de la *Vie de Jésus* a, peut-être sans s'en apercevoir, « fait religieusement une œuvre de science irréligieuse » (Lanson). Ce fut sans doute aussi le cas de Loisy – condamné par Rome en 1908 – que l'exégèse critique fit passer, lentement et dramatiquement, de la foi catholique à une presque totale incroyance.

L'exégèse historique, philologique et critique – substituée au commentaire essentiellement religieux – n'est pourtant pas incompatible avec la foi chrétienne. Nous n'en voulons pour preuve que les commentaires bibliques du regretté professeur Frank Michaëli. Si l'on considère l'Écriture sainte comme Parole de Dieu, est-il important de trop souligner – de souligner dangereusement – que la *Genèse* juxtapose deux récits de la Création ? Le premier serait une rédaction dite « sacerdotale » (vers 500 avant J.-C.) : un texte splendide – *Au commencement Dieu créa le Ciel et la Terre... l'Esprit de Dieu planait au-dessus des eaux. Dieu dit : Que la lumière soit ! Et la lumière fut*. Etc. Un texte hautement théologique qui inspirera à saint Augustin et à Calvin des commentaires lumineux (*Genèse* 1 – *Genèse* 2, 4). Le second serait beaucoup plus ancien, œuvre du Yahviste [16] (vers 950 avant J.-C.), allant du verset 4 au verset 25 du chapitre 2 : *L'Éternel Dieu forma l'homme de la poussière du sol... L'Éternel Dieu dit : Il n'est pas bon que l'homme soit seul... L'Éternel Dieu forma une femme de la côte qu'il avait prise à l'homme*, etc. Les deux textes sont riches, bourrés de sens et de symboles. On pourrait écrire un commentaire théologique de trois mille pages à partir de ces deux courts chapitres.

Cela une fois admis, qu'importe de savoir la date exacte de rédaction du texte « sacerdotal », le nom réel de l'écrivain que nous appelons Yahviste et la date de son récit ; la date précise et les modalités de la juxtaposition des deux textes ? Est-il si grave de ne les point attribuer à Moïse ? La Révélation, nous l'avons dit, est un miracle et un mystère. L'anonymat des rédacteurs fait partie du mystère. Mais tout ici est mystère : quel que soit le rédacteur, comment a-t-il connu les desseins de Dieu, les paroles de Dieu, les monologues intérieurs de notre mère Ève, les dialogues dont le jardin d'Éden fut le cadre ? La réponse est simple : par inspiration du Ciel. Les chrétiens disent : c'est l'œuvre du Saint-Esprit, et il est sûr que saint Augustin frémissait d'émotion en méditant le deuxième verset du saint Livre, qui nomme l'Esprit de Dieu.

Cependant, entre les exégètes dits « libéraux » (ils sont parfois tranchants et même dogmatiques) qui traitent l'Écriture avec une rigueur sans pitié – ils sont moins exigeants envers Tite Live, Plutarque, Hérodote ou Suétone –, et les théologiens respectueux des symboles, on trouve toutes les nuances, mais l'examen de ces positions moyennes est un peu alarmant. Nous allons en donner un exemple, lui aussi emprunté à la *Genèse,* le beau livre des origines.

Il existe un célèbre commentaire récent (1949) de la *Genèse,* œuvre du professeur von Rad, hébraïsant protestant, professeur à Gœttingue [17]. Von Rad est d'une compétence philologique universellement reconnue. Il n'a, semble-t-il, aucune intention désacralisatrice. Comme la plupart de ses confrères, il croit reconnaître dans le *Pentateuque* quatre étapes de rédactions additionnées : celle du Yahviste (vers 950 av. J.-C.), celle de l'Élohiste [18] (IX$^e$ ou VIII$^e$ siècle), les apports du Deutéronome, enfin « l'écrit sacerdotal » (vers 500 av. J.-C.). Il n'en tire pourtant pas de conclusions négatives. Comme certains de ses collègues, von Rad décèle ou croit déceler, à l'origine de certains récits, telle ou telle « légende cultuelle ». Il entend par là « une histoire sainte qui relate une apparition ou une révélation divine en un lieu qui est ainsi devenu cultuel [19] ». (Cette phrase nous prouve que l'auteur ne met rien de péjoratif derrière le mot ambigu de « légende ». Elle montre aussi que von Rad n'exclut ni le surnaturel, ni l'inspiration de la sainte Écriture.) Le récit fameux de l'échelle de Jacob (*Genèse* 28) serait issu de la légende cultuelle de Béthel. Le récit non moins célèbre de l'accueil fait à Dieu par Abraham sous sa tente de nomade (*Genèse* 18) se rattacherait à la « légende cultuelle » de Mamré.

On connaît cette histoire, « une des scènes fondamentales de la Genèse ». Devant les chênes de Mamré, « le Seigneur apparut à son élu tandis qu'il était assis à l'entrée de sa tente pendant la chaleur du jour. Il leva les yeux et regarda, et voici trois hommes étaient debout devant lui... trois anges » : telle fut « la troisième apparition de Dieu à Abraham [20] », au cours de laquelle le Seigneur renouvela sa Promesse : « Abraham deviendra certainement une nation grande et puissante, et en lui seront bénies les nations de la Terre » (*Genèse* 18, 18).

S'agissait-il de Dieu, escorté de deux anges ? Le singulier employé dans le dialogue – « Seigneur..., ne passe pas, je te prie, loin de ton serviteur » – engagerait à le croire. « On penchera plutôt, déclare von Rad, pour l'opinion que Yahvé est apparu *dans* tous les trois [21]. » Au reste, cet exégète conteste le mot Seigneur. En effet, écrit-il, « comment Abraham aurait-il pu déjà identifier Yahvé [22] ? ». Cet argument déconcerte le lecteur moyen. Nous sommes au cœur d'une *théophanie*, d'une apparition divine que la tradition rabbinique et la tradition chrétienne considèrent comme un des temps forts de l'Écriture sainte, et tout l'élan divin serait freiné par une objection terre à terre ? Si les lecteurs de la Bible trouvent presque naturelle cette apparition inouïe, pourquoi s'étonneraient-ils qu'Abraham, déjà ami de Dieu, ait pu pressentir aussi vite la présence de Dieu ? Au reste, quelques versets plus loin, le divin visiteur d'Abraham dit au patriarche : « Y a-t-il rien qui soit étonnant de la part de l'Éternel ? » (18, 14) Or, écrit von Rad, « dans cette histoire, cette parole repose comme une pierre précieuse superbement enchâssée [23] ». Pourquoi donc l'intuition préalable d'Abraham serait-elle étonnante ?

Cet exemple montre assez les conséquences de la critique biblique. Ici son usage, pourtant limité, enlève à l'épisode de Mamré, non seulement une grande part de son charme et de sa beauté mais une partie de son aura théologique.

L'apparition du Seigneur à Abraham, à Mamré (avons-nous dit que Mamré est à deux pas de la ville d'Hébron ?) a toujours enchanté les chrétiens. Tandis que les rabbins restent étonnés devant « cette forme d'apparition... si unique en son genre [21] », les commentateurs chrétiens ont aussitôt traduit la forme trine de Yahvé comme une preuve scripturaire du fait trinitaire. Saint Augustin s'en est réjoui, lui qui découvrait sans cesse la sainte Trinité au long de l'Ancien Testament. Quant aux Orientaux, et à leur suite tous les orthodoxes, ils ont très tôt, dans leurs icônes, privilégié la représentation des trois anges de Mamré. Pour eux, il ne pouvait s'agir que de la Trinité, et bientôt ils décidèrent que cette image était presque la seule manière convenable de représenter Dieu, puisque l'interdiction du Décalogue – ne pas faire d'image de la divinité – restait à leurs yeux permanente, n'ayant souffert d'exception que pour le Christ, Dieu incarné.

Cela n'empêche pas le professeur von Rad de déclarer : « L'interprétation de l'Église ancienne, qui voyait dans les trois visiteurs une manifestation de la Trinité, a été abandonnée par toute l'exégèse récente [24]. » Inquiétante déclaration, caractéristique des déviations d'une certaine « science », qui préfère parfois ses préjugés actuels à vingt siècles de consensus et de piété attentive !

On aurait tort de sous-estimer les effets destructeurs de toutes ces critiques. Si le chrétien ordinaire les ignore souvent [25], il en subit, surtout au XX$^e$ siècle, les retombées à travers la prédication de prêtres ou de pasteurs sous influence, certains cercles bibliques, voire tels catéchismes. Peu à peu, ce chrétien ordinaire va cesser de voir dans l'Écriture sainte la Parole de Dieu, trop confiant en un clergé qui, dans huit cas sur dix, n'y a pas vu malice mais a oublié cette mise en garde de saint Jean Eudes : « Souvenez-vous que prêcher, c'est faire parler Dieu. »

## L'ÉROSION

L'Église, les Églises ont su, au cours des siècles, lutter pour défendre leur cause, toujours considérée comme la cause de Dieu. « Ne pensez pas que je sois venu apporter la paix sur la Terre ; je ne suis pas venu apporter la paix, mais l'épée [26]. » Parfois ces combats ne visaient pas l'infidèle, mais l'Église du Christ sous une autre appellation. Pareils faits étaient détestables, condamnables, blasphématoires peut-être, car on combattait son frère, de part et d'autre au nom du même Dieu, et l'on combattait au nom d'un Dieu d'amour et d'un Christ qui n'avait cessé de prêcher la non-violence. « Remets ton épée à sa place, avait dit Jésus à Pierre ; car tous ceux qui prendront l'épée périront par l'épée [27]. » « Si quelqu'un te frappe sur une joue, présente-lui aussi l'autre. Si quelqu'un te prend ton manteau, ne l'empêche pas de prendre encore ta tunique [28]. »

Les morts des guerres de religion furent et demeurent une abomination ; mais enfin les combattants de ce temps, « nouveaux croisés », avaient l'excuse de défendre, sinon la véritable foi, du moins la foi de leurs pères, ou de leur Église, ou de leur conscience. « Dans l'Église, quand la vérité est offensée par les ennemis de la foi, quand on veut l'arracher du cœur des fidèles pour y faire régner l'erreur, de demeurer en paix alors serait-ce servir l'Église ou la trahir ? serait-ce la défendre ou la ruiner ? Et n'est-il pas visible que, comme c'est un crime de troubler la paix où la vérité règne, c'est aussi un crime de demeurer en paix quand on détruit la vérité [29] ? » Les combattants des guerres de religion, s'ils avaient connu un texte pareil, l'auraient de part et d'autre adopté comme justification de leur engagement.

Dieu n'a-t-il pas déclaré : « Parce que tu es tiède et que tu n'es ni froid ni bouillant, je vais te vomir de ma bouche [30]. » On objectera la septième béatitude, au sermon sur la Montagne : « Heureux ceux qui procurent la paix, car ils seront appelés fils de Dieu [31] ! »

Tels sont les paradoxes et les apparentes contradictions du message biblique. Ce qui est assuré, c'est que, guerre ou paix, le chrétien doit toujours être en éveil, faire bonne garde, comme la sentinelle du Psalmiste. Les Églises doivent rester attentives, sous les armes (de la foi), et non endormies comme les vierges folles [32]. Rien n'est plus grave que l'érosion. Nous allons en observer un exemple, dans le cas de l'Église réformée.

## UNE NOUVELLE CONFESSION RÉFORMÉE

En 1938 était constituée l'Église réformée de France, par regroupement de deux unions d'Églises opposées depuis deux générations, l'une calviniste à peu près orthodoxe, l'autre dite « libérale ». L'histoire détaillée de ces contrastes et de cette réconciliation apparente nous éloignerait de notre propos central. Par contre, il paraît indispensable de présenter au lecteur le texte, alors accepté et voté, de la « Déclaration de foi de l'Église réformée de France », toujours en vigueur dans l'É.R.F. depuis 1938 :

« Au moment où elle confesse au Dieu souverain et au Christ Sauveur, l'Église réformée de France éprouve, avant toutes choses, le besoin de faire monter vers le Père des miséricordes le cri de sa reconnaissance et de son adoration.

Fidèle aux principes de foi et de liberté sur lesquels elle est fondée, dans la communion de l'Église universelle, elle affirme la perpétuité de la foi chrétienne, à travers ses expressions successives, dans le symbole des Apôtres, les symboles œcuméniques et les confessions de foi de la Réforme, notamment la *Confession de La Rochelle*. Elle en trouve la source dans la révélation centrale de l'Évangile : *Dieu a tellement aimé le monde qu'il a donné son Fils unique, afin que quiconque croit en Lui ne périsse point, mais qu'il ait la vie éternelle* [33].

Avec ses Pères et ses martyrs, avec toutes les Églises issues de la Réforme, elle affirme l'autorité souveraine des saintes Écritures telle que la fonde le témoignage intérieur du Saint-Esprit, et reconnaît en elles la règle de la foi et de la vie. Elle proclame, devant la déchéance de l'homme, le salut par grâce, par le moyen de la foi en Jésus-Christ, Fils unique de Dieu, qui a été livré pour nos offenses et qui est ressuscité pour notre justification. Elle met, à la base de son enseignement et de son culte, les grands faits chrétiens affirmés dans l'Évangile, représentés dans ses sacrements, célébrés dans ses solennités religieuses et exprimés dans sa liturgie.

Pour obéir à sa divine vocation, elle annonce au monde pécheur l'évangile de la repentance et du pardon, de la nouvelle naissance, de la sainteté et de la vie éternelle.

Sous l'action du Saint-Esprit, elle montre sa foi par ses œuvres : elle travaille dans la prière au réveil des âmes, à la manifestation de l'unité du corps du Christ et à la paix entre les hommes. Par l'évangélisation, par l'œuvre missionnaire, par la lutte contre les fléaux sociaux, elle prépare les chemins du Seigneur jusqu'à ce que viennent, par le triomphe de son Chef, *le Royaume de Dieu et sa justice* [34].

À Celui qui peut, par la puissance qui agit en nous, faire infiniment au-delà de ce que nous demandons et pensons, à Lui seul soit la gloire, dans l'Église et en Jésus-Christ, de génération en génération, aux siècles des siècles ! Amen ! »

Cette déclaration coïncide avec l'engouement protestant pour la théologie nouvelle de Karl Barth. Il est patent qu'elle prend ses distances d'avec le calvinisme orthodoxe (les calvinistes orthodoxes, refusant ce virage, se replièrent sur leur Union des Églises réformées évangéliques). Les chrétiens de l'É.R.F. ne sont plus obligés de suivre exactement la doctrine de la vieille *Confession de La Rochelle.* Ils peuvent donc refuser la double prédestination calvinienne (cf. *Conf. de La Rochelle,* art. 12).

Pour attirer et retenir les protestants libéraux, la déclaration de 1938 se dit fondée sur les principes « de foi et de liberté », un peu comme si la liberté pouvait être sur le plan même de la foi ! La Réforme, il est vrai, fut toujours émue et enthousiasmée par la formule de saint Paul dans l'*Épître aux Romains* (8, 21), oubliant que cette belle « liberté glorieuse des enfants de Dieu » n'était pas donnée par l'Apôtre comme une réalité immédiate, mais comme une espérance, une anticipation eschatologique. Le texte de l'É.R.F. a beau se référer aux grands Credo œcuméniques – tous trinitaires –, il évite avec soin le mot Trinité, afin de ne pas gêner les « libéraux ». Le Christ, certes, est dit Sauveur, Fils unique de Dieu, Chef de l'Église, mais il n'est plus dit Fils co-éternel et consubstantiel, et l'Incarnation – qui n'est traitée que par allusion et, bien sûr, sans être nommée – a perdu toute force, pour ne pas dire sa réalité essentielle et édifiante. À la limite, la Déclaration de 1938 permet aux réformés français d'être

---

*L'eucharistie*

*Pour les catholiques, c'est un miracle.*
*Pour les orthodoxes, une divine Transfiguration.*
*Pour les luthériens, c'est un miracle et un mystère.*
*Pour les calviniens, c'est un mystère de la foi.*
*Pour les zwingliens, c'est un mémorial symbolique.*
*Pour les protestants libéraux, une commémoration polie.*

---

ariens, semi-ariens, adoptianistes, et, hélas, sinon tout à fait unitariens, au moins anti-trinitaires. Pareil laxisme doctrinal ne pouvait se justifier qu'au nom de l'unité. Se justifier, ou plutôt s'expliquer. Or l'on assista, et l'on assiste encore à ce paradoxe : les calviniens orthodoxes demeurés dans l'Église réformée de France, y voisinent avec des anti-trinitaires et des semi-ariens, tandis qu'ils se trouvent séparés de calvinistes plus orthodoxes qu'eux, réfugiés dans les Églises réformées évangéliques indépendantes (É.R.É.I.)

### *ECCLESIA SEMPER REFORMANDA* ?

Ces divisions, si visibles, au sein d'une branche importante du monde de la Réforme sembleraient justifier les mises en garde de Bossuet en son *Histoire des variations des Églises protestantes* (1688). Elles n'ont rien de spécifiquement français. Il n'est, pour en être convaincu, qu'à traverser la Manche. En Angleterre, malgré le refus général du « papisme », un ministre anglican de la Haute Église (*High Church*) est plus proche du catholicisme qu'il ne l'est de son confrère et voisin attaché à la *Low Church* (Basse Église) !
Protestants fidèles à la Réforme jusque dans sa lettre, et protestants libéraux, n'interprètent pas de la même façon le fameux programme de la Réformation : *Ecclesia reformata semper reformanda*, une Église réformée toujours à réformer. Pour les premiers, il faut entendre une Église fidèle à la Parole de Dieu. L'Église n'est pas invitée à sans cesse modifier son dogme (les Réformateurs ont assez critiqué les excès de la Tradition), mais à

---

*Vocations chrétiennes*

Le catholicisme paraît fait pour les élargissements. Son énorme masse est souple. Il s'est accommodé de mille enjolivures baroques (Paray-le-Monial, saint Benoît Labre, etc.). Les réformes, en revanche, ne lui valent rien (Savonarole, l'Inquisition, le joséphisme).

Le protestantisme va tout à l'opposé. Il n'est pas fait pour s'élargir. Lancinante, épuisante, impossible, sa vocation est de s'approfondir : *Ecclesia semper reformanda*. Ou alors, il ne fallait pas lancer la Réforme en 1517 !

demeurer en constant état de vigilance afin de maintenir les acquis de la Réforme. Pour les réformés français « orthodoxes », il n'y a rien à changer aux Credo œcuméniques, non plus qu'à la *Confession de La Rochelle* [35], textes fidèles à la Parole et donc indémodables.

À l'opposé, « le libéralisme demande que, dans la foi, les doctrines soient soumises à une critique permanente [36] ». Pour le pasteur Georges Marchal, six textes contenus dans la sainte Écriture suffisent à définir « l'essence du christianisme » : le Décalogue, le sermon sur la Montagne, le sommaire de la Loi, le Notre Père, l'hymne à l'amour (*I Corinthiens* 13) chanté par saint Paul, et le début du quatrième *Évangile* : « La Parole a été faite chair » (*Jean* 1, 14). Et d'insister en ces termes polémiques : « À cela on a ajouté tout ce que l'on voudra ; des papes, des vierges, des index, des anathèmes, des bûchers, hélas, ou de pieuses légendes [37]. » Dans le même esprit, son confrère le pasteur Laurent Gagnebin pense que le *semper reformanda* n'interdit pas de critiquer même les grands docteurs de la Réformation : « Les Réformateurs eux-mêmes ne sont pas pour nous des papes infaillibles. Il nous faut, dans leurs oeuvres, dégager l'esprit de la lettre. Leur être fidèle, ce sera donc parfois, apparemment, leur être infidèle. Le protestantisme, c'est en effet essentiellement un esprit de recherche qui ne se satisfait d'aucun dogme et ne trouve son achèvement dans aucune institution fixe, figée, permanente. Dans ce sens, le protestantisme, du point de vue spirituel, c'est la révolution permanente [38]. »

Ainsi, les protestants libéraux poussent-ils à l'extrême le libre examen jadis réclamé par Luther. Telle est leur horreur de tout dogmatisme qu'ils n'ont accepté la Déclaration de foi réformée française de 1938 que du bout des lèvres. Ne se réfère-t-elle point aux symboles et confessions du passé ? L'É.R.F. dut, pour les apaiser, lâcher encore du lest. Reportons-nous à la liturgie officielle des ordinations. Le pasteur consacrant invite l'ordinand à écouter « la lecture de la Déclaration de foi » (de 1938), qui lui « rappelle, en même temps que les principes permanents de la Réforme, les faits et les vérités sur lesquels est fondée l'Église de Dieu. – Vous lui donnerez votre adhésion joyeusement, comme une libre et personnelle affirmation de votre foi. *Sans vous attacher à la lettre de ses formules* (sic),

vous proclamerez le message de salut qu'elles expriment »,
etc.

L'horreur du dogme, si nettement témoignée par les « libéraux », est inséparable de leur souci d'universalisme. Pour eux, « en un certain sens, tous les hommes sont croyants ». Ils « sont tous, sans distinction, enfants de Dieu [39] ». Mais le paradoxe de ce libéralisme – qui chante la joie de la liberté et l'indulgence du Dieu-amour – est qu'il suscite une tentation rationaliste tout à l'opposé de sa sensibilité. Il y a plus de cent ans, dans la préface de l'*Histoire des origines du christianisme,* Renan rendait hommage aux « théologiens de l'école protestante libérale, arrivés à une notion si large du dogme que le rationaliste peut très bien s'entendre avec eux ».

---

*Vers un christianisme sans Christ ?*

Depuis quelque temps une révolution chemine dans l'Église, où elle progresse d'autant plus aisément qu'elle rencontre peu de résistance : en résumé, elle rejette tout ce que les Églises chrétiennes ont enseigné pendant des siècles sur Jésus-Christ et sur les Évangiles. Son ambition est de ramener le christianisme à sa morale et à son histoire.

André Frossard

---

## DÉRAPAGES MAL CONTRÔLÉS

Le protestantisme souffre aujourd'hui de bien des maux. Il parle beaucoup, par la voix du Conseil œcuménique, de la Fédération protestante, et autres. Il admoneste les dirigeants politiques, comme jadis les jésuites conseillaient les princes. Il parle sans cesse des inégalités sociales, du Tiers monde, du colonialisme, du racisme, des femmes battues. Il ne parle guère de Dieu.

Il ne se réfère guère à la Bible, sauf à « faire dire à l'Écriture ce qu'elle ne dit pas, ni au plan théologique, dogmatique ou ecclésial, ni au plan socio-économique. On se demande parfois, écrit François-Georges Dreyfus, comment des Églises issues de la Réforme peuvent rester fidèles à l'Écriture et se prononcer pour l'ordination des femmes [40], l'homosexualité [41], l'avortement, au plan moral, ou, comme on le fait parfois dans certains milieux, fonder sur l'Ancien ou le Nouveau Testament non seulement une théologie de la libération ou de la révolution, mais même une théologie fondée sur la rupture de la structure familiale, ou encore une théologie de la démocratie [42] ». Elles ont oublié ce qu'un écolier de l'école du dimanche savait et vous aurait dit, à l'aube de ce siècle : — Si Dieu a condamné les Hébreux à marcher quarante ans dans le désert, ce n'était pas pour leur faire oublier les inconvénients de l'esclavage, mais pour les débarrasser de tout paganisme, pour les ramener à la vraie foi. Elles ont oublié que l'avortement est contraire à la loi naturelle. Or « la loi naturelle est la respiration de Dieu [43] ».

Les protestants ne peuvent plus supporter les contraintes du dogme (pour un luthérien, les 32 lignes des deux Credo additionnés, plus les 28 articles de la *Confession d'Augsbourg* ; pour un réformé, les mêmes 32 lignes des Credo, plus les 40 articles de la *Confession de La Rochelle* : rude contrainte !). Ils ne parlent que de liberté chrétienne, de libération, mais se soumettent à cent ukases acceptés comme parole d'évangile. Ils traitent les catholiques de moutonniers, et ne savent pas eux-mêmes si leur pasteur est orthodoxe ou libéral. Leurs pères ont quitté l'Église de Rome pour échapper à la tyrannie des clercs, et ils ne sentent plus eux-mêmes que leur Église a cessé d'être presbytérienne. Au nom de la liberté chrétienne on leur a peu à peu imposé un cléricalisme synodal plus contraignant que le vieux droit canon.

La masse suit encore, de plus en plus ignorante de la Bible, de moins en moins confessante. Au reste, tout engage le protestant moyen au relativisme religieux : son pasteur préside aujourd'hui – on ne sait pourquoi – le culte en aube, comme un lévite ou un enfant de chœur ; alors que le curé de la paroisse voisine, dans le cadre de la semaine pour l'unité, est venu prêcher avec l'allure d'un pasteur. Sous prétexte d'« intercommunion », un « fidèle » de la confession d'Augsbourg se trouve parachuté dans une paroisse réformée « libérale », où la communion n'est qu'un simulacre : dans six mois, il n'y verra plus malice.

Il en est en effet, d'une foi mal ancrée et mal encadrée, ce qu'il en est dans la nature, où l'eau suit la voie de la plus grande pente. Dans la France protestante, cela semble évident. Les luthériens de Montbéliard sont progressivement devenus presque réformés. Les Alsaciens de la confession d'Augsbourg ne se distinguent plus beaucoup de leurs frères calvinistes. Seules résistent quelques paroisses luthériennes de l'inspection ecclésiastique de Paris.

À l'intérieur de l'Église réformée, le processus est similaire : le libéralisme fait tache d'huile au détriment de l'orthodoxie. C'est la faute aux pasteurs. C'est la faute aux fidèles. Les premiers ont gardé une grande générosité mais, comme leurs confrères catholiques, privilégient le second commandement – aimer le prochain –, au point d'en oublier ou presque le premier : aimer et révérer Dieu. À la faculté de théologie, on a cru bon de leur enseigner l'« histoire comparée des religions », discipline délicate qui, en général, a pour effet de diminuer chez l'étudiant le respect de la Bible. À la limite (c'est, je l'espère, encore rare), le jeune ministre à la foi un peu molle va prêcher, au lieu de la Parole de Dieu, une manière de théophilanthropie.

C'est la faute aux « fidèles », parce que, sans réaction ni esprit critique, emmenés d'une théologie l'autre, ils cessent par là même d'être fidèles. « C'est sûrement vrai, notre pasteur l'a dit » a remplacé le respectueux « Il est écrit... ». Tous les protestants, Dieu merci, ne sont pas devenus moutons, mais ceux qui réagissent, retrouvant le sens de la liberté que leurs pères ne monnayaient pas, sont trop souvent privés de ce que, dans la langue de bois moderne, nous nommons des « structures d'accueil ». Donc ils cherchent des solutions. Celui qui devrait faire deux cents kilomètres chaque dimanche pour rencontrer un office digne et biblique a trouvé dans l'évangile un remède : « Là où deux ou trois sont assemblés en mon nom, je suis au milieu d'eux [44] ». Alors il préside un culte à la maison comme les vieux huguenots du Désert.

D'autres se détournent purement et simplement des Églises multitudinaires (ce mot sonne étrangement désormais, au temps des temples vides), refusant « les dérives des institutions ecclésiastiques » et « l'influence grandissante d'un zwinglianisme qui n'ose pas dire son nom ». « Cela fait naturellement de nouveaux clients... pour les sectes... Mais cela conduit aussi ceux qui se détournent des Églises traditionnelles, qui ont peur du mystère, du sacré, du péché, vers le fondamentalisme ou l'intégrisme [45]. »

Les Églises évangéliques échappent à la crise. Cela ne signifie pas un retour au dogme : j'ai assisté à un culte évangélique généreux et fraternel, comportant entre deux morceaux de guitare [46] une prédication fort honnête, mais 1° il n'y avait même pas de croix dans la chapelle, et 2° avant de distribuer le pain et le vin de la sainte cène (?) nul n'avait songé à dire les paroles d'institution. Par contre, ces braves gens savaient la Bible par cœur, pouvaient vous assener mille citations bardées de leurs références. Ils n'eussent point supporté de voir contester la création du monde en sept jours, ou de voir traiter de parabole le livre de *Jonas*. Ils ignoraient que « le fondamentalisme scripturaire incline au repli sur soi et à une société refermée sur elle-même [45] ».

Entre « un modernisme qui tend à séculariser la foi, à la réifier, et un intégrisme qui conduit à la seule intériorisation de la foi [45] », le protestant fidèle à l'esprit de la Réforme se trouve écartelé. Mais il est sûr que si le protestantisme a engendré cette terrible alternative, c'est faute d'avoir su garder au dogme la place indispensable, garante de la vraie fidélité. L'avoir oublié, c'est pousser le refus de la Tradition jusqu'à la caricature car, dans le cas présent, c'est aussi se priver d'un guide sûr, capable d'éviter au chrétien une interprétation erronée de la sainte Écriture.

## LA CRISE DU CATHOLICISME

Les traditionalistes ont tendance, lorsqu'ils décrivent ou déplorent l'incontestable crise qui a frappé le catholicisme, à en attribuer la responsabilité au concile Vatican II (1962-1965) et au pape Jean XXIII son promoteur. Mais c'est, je crois, une double erreur (que j'ai moi-même longtemps partagée). Tout le monde parle de ce concile ; peu de gens le connaissent vraiment ; trop de personnes – surtout en France – n'en jugent que d'après les commentaires ou les bavardages de la seule aile « progressiste », soucieuse dès 1962 de tirer le concile vers elle. Très peu de chrétiens ont eu la curiosité (et l'honnêteté) de lire les actes de Vatican II. L'avouerai-je ? Je ne l'ai fait que l'année dernière, ayant sur ma table d'un côté les décrets de Vatican II [47], de l'autre le *Catéchisme de l'Église catholique* [48] et, brochant sur le tout, le souvenir précis des canons du concile de Trente. En résulta la constatation que Vatican II s'était efforcé de parler un langage adapté au XX$^e$ siècle, mais que la doctrine tridentine n'y avait pas été détruite ou même vraiment lézardée.

L'examen des dates dédouane le vingt et unième concile œcuménique : le déclin spirituel, liturgique et moral, lui est antérieur. On le voit poindre dès le lendemain de la Seconde Guerre mondiale, et se préciser dans les années cinquante. Les « nouveaux prêtres » n'ont pas attendu le concile pour critiquer le conservatisme doctrinal du pape Pie XII, rêver d'en finir avec la messe latine et la pompe liturgique, souhaiter reproduire dans les lieux de culte le dépouillement extrême des temples protestants [49]. Sans parler de leurs tendances presbytériennes. L'*aggiornamento* ne fit que libérer tout cela, justifier, pensait-on souvent, une protestantisation qui ne serait pas seulement iconoclaste.

Mais bien des signes auraient pu apparaître et auraient dû être pris en compte, jadis ou naguère. Il n'est pas trente-six *schibboleth* [50] pour tester les Églises. Pour le catholicisme, un indicateur prime tous les autres : la fidélité ou la non-fidélité aux sept sacrements. Depuis le concile de Trente, quand les sept sacrements vont, tout va en l'Église romaine. Lorsque, en 1690, l'évêque d'Avranches envoyait ses directives au séminaire de son obédience, il exigeait des ordinands qu'ils eussent quelque instruction sur la Bible (mais oui !), l'Église, la hiérarchie et l'état ecclésiastique, qu'ils connussent le latin, le catéchisme et « la matière des sacrements ». Il n'avait pas besoin de rappeler le nombre de ces derniers. Au contraire, au XVIII$^e$ siècle, les évêques réputés « éclairés », comme les prélats négligents, escamotaient déjà la confirmation. C'était un premier grippage.

Au XX$^e$ siècle, en l'espace d'une génération, de 1945 à 1975, nous avons pu observer la désaffection envers la pénitence, puis la disgrâce au moins provisoire de l'extrême-onction, une évidente et bien regrettable désacralisation de l'eucharistie, puis le *diminuendo* de la confirmation. Sur le papier, le « septain » était conservé. En fait, on n'osait même plus en décompter les restes : ici un baptême retardé, là une confirmation escamotée, ici une pénitence oubliée (même sous le nom rassurant de réconciliation), là une eucharistie sans transsubstantiation, un mariage estompé. L'ordre seul semblait renforcé – ce qui, hélas, ne signifiait point sacralisé –, tant il est vrai que le cléricalisme est presque toujours un indicateur complémentaire de décadence.

Il a fallu attendre 1990, ou environ, pour voir assez clairement les indices d'un redressement. Bien entendu c'est Jean-Paul II, à force de piété, de zèle, de charisme, d'intelligence des choses de Dieu, qui en a été et qui en est le plus évident promoteur. Des congrégations se sont fondées, qui refusent des novices, des groupes charismatiques s'activent, qui peu à peu se déprotestantisent. Les traditionalistes commencent à ne plus toujours être traités en parias. Bref le Christ montre qu'il n'a pas abandonné son Église (*pars romana*).

Par contre, le catholicisme ne s'est pas encore tout à fait remis des effets destructeurs de la révolution liturgique. Contrairement à l'exemple des Orientaux, Rome a privé ses ouailles de la belle liturgie restaurée par le concile de Trente. La médiocrité des traductions – le P. Bruckberger la déplorait vivement –, l'appauvrissement musical et choral des cultes n'ont pas seulement déçu les moines bénédictins, les organistes d'église, les latinistes et quelques vieilles dévotes ; ils ont éloigné des lieux de culte nombre de pratiquants irréguliers. J'ai un ami qui est devenu franc-maçon – à la grande loge, il est vrai – pour retrouver un bonheur disparu en même temps que les messes pontificales et solennelles !

Surtout, le catholicisme contemporain avait ou a trop oublié que la liturgie devrait toujours être inséparable de la théologie. Supprimer les statues des saints revient, pour le catholique moyen, à contester la légitimité de leur vénération. Dire « Que ce pain et ce vin soient *pour nous*... » ressemble fort à du protestantisme. Le fidèle moyen n'y voit pas malice, mais le catholique cultivé a toutes raisons d'imaginer que son Église ne s'attache plus à l'*ex opere operato*, c'est-à-dire au caractère intrinsèque de l'efficace du sacrement.

Au contraire, en veillant pieusement sur la tradition et les formes de leur admirable liturgie, nos frères orthodoxes savent qu'ils veillent en même temps, et par cela même, sur l'orthodoxie de leur foi. Plus d'un catholique blessé dans sa sensibilité les a rejoints pour cette raison.

## UN CREDO À LA CARTE

Cette expression très vivante est empruntée au sociologue Amado de Miguel qui parlait en ces termes, fort récemment, des croyances désormais majoritaires dans la catholique Espagne [51]. Si la terre jadis si dévote d'Ignace de Loyola et de François Xavier, de Thérèse d'Avila et de Jean de la Croix en est arrivée là, on peut craindre le pire en des pays à la foi moins ancienne et moins vive.

Il est difficile de connaître et de bien analyser les croyances. Elles sont le secret de Dieu. Et, dans le domaine spirituel, il reste délicat, non seulement d'interpréter les trop fameux sondages actuels, mais d'en établir la grille. Lorsque l'on demande aux Français admettant l'au-delà s'ils croient dans la résurrection, on obtient seulement 8 % de *oui* [52]. Ce résultat brut est par lui-même fort inquiétant, si l'on se reporte au symbole des Apôtres (« la résurrection de la chair et la vie éternelle. Amen ») ou au Nicée-Constantinople (« J'attends la résurrection des morts et la vie du siècle à venir »). Ne parlons pas des affirmations bibliques : « Ceux qui auront fait le bien en sortiront [des tombeaux] pour la résurrection et la vie, ceux qui auront pratiqué le mal pour la résurrection et le jugement » (*Jean* 5, 29). « Car le Seigneur lui-même, à un signal donné, à la voix d'un archange, au son de la trompette de Dieu, descendra du Ciel, et les morts en Christ ressusciteront en premier » (*I Thessaloniciens* 4, 16). Mais qui connaît encore la Bible ? À la question « Quels sont les personnages de la Bible que vous préférez ? », les catholiques pratiquants réguliers placent saint Joseph (45) avant Moïse (30) et avant saint Pierre (29) ; après une énumération de quatorze noms, on ne voit pas même apparaître le nom de saint Paul ou celui de saint Jean [53].

Si nous en revenons à la résurrection, il semble que le 8 % déplorable soit moins scandaleux que son apparence. L'Église a si longtemps usé de la formule platonicienne de l'immortalité de l'âme, qu'elle en a oublié d'entretenir chez les fidèles la foi et l'espérance en la résurrection. Mais, immortalité ou résurrection, 42 % des Français interrogés voient dans la mort « la fin de toute vie », 45 % y voient « un passage ». Mais ce passage recouvre bien des perspectives différentes, par exemple l'hypothèse – très à la mode – de la métempsycose.

Lorsque l'on passe du sentiment global des Français aux croyances des catholiques, l'inquiétude augmente, les interrogations se multiplient. On assure que 28 % des catholiques considèrent la mort comme une fin, et même 4 % des pratiquants réguliers [52] ! Il est vrai que, sur cent catholiques, sept ne savent plus si Dieu existe et quatorze pensent qu'il n'existe pas [53]. La baisse de la pratique religieuse explique en partie cette débâcle. Entre 1960 et 1993, il semble que le nombre des catholiques français assistant régulièrement à la messe soit passé de 24 % à 10 % (parallèlement, la France est passée d'un prêtre pour 1 000 habitants en 1960, à un prêtre pour 2 000 en 1990 [54]).

L'obéissance aux commandements de l'Église s'en est ressentie : si l'obligation de la communion annuelle est respectée par un catholique sur quatre (23 % en 1977, 23 % en 1991), l'obligation parallèle de confession annuelle est en chute verticale (12 % en 1977, 6 % en 1991 [54]). Comparez les deux groupes de chiffres et vous mesurerez un déclin, correspondant tantôt à une protestantisation, tantôt à une anarchie intellectuelle.

Cette même anarchie se retrouve ici et là. Par exemple, face à la question : Êtes-vous favorable à l'ordination des femmes ? 69 % répondent oui, 21 seulement disent *non* et rejoignent la ferme détermination du pape Jean-Paul II. Et de même en ce qui regarde les directives de l'Église dans le domaine de la vie sexuelle : 25 % des catholiques seulement assurent s'y référer « si possible », tandis que 65 % ne s'en préoccupent pas. Il n'y a que 51 % des « pratiquants réguliers » pour se rallier aux « recommandations de l'Église sur la sexualité et la vie du couple [53] ».

Si nous considérons que le catholicisme, mieux encadré que les Églises de la Réforme, plus pratiquant que le protestantisme, bénéficiant du soutien pédagogique des « commandements de l'Église », est en général plus fidèle et plus obéissant que ses frères séparés, on peut imaginer ce qui résulterait de sondages de même type qui seraient pratiqués auprès de la minorité réformée de France [55] !

Quand bien même la pratique serait décevante et la morale oubliée, la crise actuelle du christianisme n'aurait rien de désespérant. L'Église a vu pire, par exemple au XV$^e$ siècle. Son histoire ne fut jamais linéaire, et encore moins uniformément édifiante. Seulement, au moyen âge ou au début des temps modernes, le chrétien défaillant ou mal instruit du dogme était, en quelque sorte, rattrapé par tout un environnement de chrétienté. Tout lui rappelait Dieu : les cathédrales, les humbles églises paroissiales, les chapelles votives, les hôpitaux (ils s'appelaient hôtels-Dieu !), les calvaires, les croix de carrefour, les statues de la Vierge et des saints. D'ailleurs, il était pris en charge par l'Église : les sacrements ponctuaient sa vie, le prône de la messe lui rappelait la saine doctrine, l'assistance publique ne dépendait que de l'Église.

Aujourd'hui les processions sont devenues rares (même et surtout celles des Rogations, que la sensibilité écologique aurait pu et dû réhabiliter), les crucifix veillent rarement sur nos villes, la croix elle-même n'est plus comprise. Un sondage, demandé par les autorités olympiques « dans six pays de quatre continents » sur l'identification des *logo*(s), vient d'accorder 88 % de bonnes réponses au « M » de McDonald's, mais seulement 54 % à la Croix [56]...

Dans cette ambiance on est moins étonné de réponses « théologiques » ou catéchétiques souvent aberrantes. « Pouvez-vous, demandait le sondeur, me dire si vous y croyez ou non ? [53] » Oui, à 53 %, pour la Résurrection du Christ [57] (contre 40 non). Mais *non* à la sainte Trinité (50 %, contre 34 oui). Quelle étrange contradiction ! Non au péché originel (56 %, contre 33 oui). Mais alors, pourquoi la Résurrection du Christ, et pourquoi son Incarnation si elle ne commande pas la Rédemption ? C'est ici qu'on saisit sur le vif les conséquences du retrait du Credo et, parallèlement, les conséquences d'inutiles séances de catéchisme où l'on parle de tout sauf des grands mystères de la foi.

Le jugement dernier est largement refusé (58 % de non, pour seulement 30 % de oui), et l'enfer (65 % de non, contre 26 % de oui) : « Qui donc devant l'amour ose parler d'enfer [58] ? » Hélas, pour mieux refuser l'enfer, et le diable (66 non, contre 26 oui), les Français se privent aussi de Paradis (49 % de non, pour 42 % de oui) ! Après tous ces refus du surnaturel il est surprenant d'observer que la croyance au miracle (48 %) l'emporte encore, chez la « Fille aînée de l'Église », sur le refus (44 %).

– France, qu'as-tu fait de ton baptême ? demandait Jean-Paul II.

> *Le chemin de la foi*
>
> La foi est amour, la foi est confiance, la foi est reconnaissance, la foi est action. La foi est la reconnaissance de l'absolue impossibilité d'un salut dans l'homme, d'un salut par l'homme, la foi est le chemin contraire du chemin parcouru avec Adam au pied de l'arbre de la connaissance. La foi est aussi... l'acceptation du don gratuit que Dieu nous fait.
>
> Pierre Chaunu

## LES AMBIGUÏTÉS DE L'UNITÉ

Déjà en plein XVIIe siècle, deux grands esprits qui se nommaient Bossuet et Leibniz, faisaient mieux que rêver de l'union des Églises ; ils échangeaient une correspondance dans laquelle ils envisageaient des solutions pratiques en vue de mettre fin au schisme. Depuis cent ans, voici que l'on parle à nouveau de réunion, et le concile Vatican II a promulgué le 21 novembre 1964 un *Décret sur l'œcuménisme*[59].

La conclusion de ce texte apparaît pessimiste à vues humaines. « Le concile déclare avoir conscience que ce projet sacré : la réconciliation de tous les chrétiens dans l'unité d'une seule et unique Église du Christ, dépasse les forces et les capacités humaines[60]. » Il s'en remet donc à l'intervention possible de la sainte Trinité : prière du Fils, amour du Père, puissance de l'Esprit.

Deux mots doivent être commentés : *unité* et *réconciliation*. Mais aussitôt une question se pose : Qu'est-ce que l'unité ? S'agit-il de la fusion des Églises en une institution unique ? Rome l'a toujours conçue comme une invitation à la rejoindre. Or « la conviction qu'a l'Église catholique d'avoir conservé, fidèle à la tradition apostolique et à la foi des Pères, le signe visible et le garant de l'unité dans le ministère de l'évêque de Rome, représente une difficulté pour la plupart des autres chrétiens [61] ». Les orthodoxes peuvent accepter la primauté du pape, non son autorité, son magistère, encore moins son infaillibilité. Cette infaillibilité et ce magistère sont refusés plus nettement encore par les Églises issues de la Réforme, qu'elles soient luthériennes, calviniennes ou anglicanes. Il n'y a, dans leur sein, que de rares théologiens – comme Oscar Cullmann – pour justifier la place éminente du siège de Pierre. Cela ne signifie pas qu'ils se soumettent à son autorité doctrinale.

À défaut d'une Église unifiée au régime monarchique, peut-on rêver d'une Église unifiée, de type oligarchique et synodal ? C'est sans doute là l'idéal, au moins implicite, des fondateurs puis des animateurs du conseil œcuménique des Églises (1948), dont le siège – ce n'est point un hasard – est établi à Genève. D'abord constitué par les Églises de la Réforme et par le patriarcat de Constantinople, puis rejoint par les Églises orthodoxes de l'Est, le C.O.E. alterne le travail en commissions (dans les années 60, on a vu entrer dans ces dernières des théologiens catholiques) et les assemblées générales solennelles.

Le principe du C.O.E., de faire siéger à égalité des représentants de chaque Église membre, ne pouvait convenir à Rome : honnêtement, la voix du légat du pape – s'il y en avait eu un – n'aurait-elle pas dû peser un peu plus que celle de l'Église baptiste du Missouri ? Rome conçut bientôt le projet d'un concile œcuménique. Ce fut Vatican II (1962-1965). L'Église catholique n'avait que faire d'un C.O.E. synodal, généreux en son origine mais rapidement obsédé par le temporel et d'une manière parfois bien contestable. Prises de positions politiques s'étaient multipliées, au point que l'armée du Salut crut nécessaire de prendre ses distances. On vit encourager et même subventionner des mouvements révolutionnaires au nom d'une théologie dite de la libération. Bref, « le travail si plein de promesses [62] » du C.O.E.

prenait une direction étrange. On aurait dit que cet organisme « n'avait pas compris que pasteurs et prêtres orthodoxes venus des pays de l'Est ne pouvaient arriver qu'avec le consensus des polices secrètes locales [63] ». Babel, ou la confusion des langues. Si – Dieu nous en a préservés – le C.O.E. avait mis en place une manière de synode suprême destiné à régir l'Église universelle, le K.G.B. aurait hissé un grand pavois. Il faut croire que le Saint-Esprit ne le souhaitait pas ; ce que confirma le conclave de 1978 qui choisit Jean-Paul II pour successeur de Pierre et serviteur des serviteurs de Dieu.

Si l'unité institutionnelle de l'Église visible semble irréalisable, il n'est pas sûr qu'il soit aisé de parvenir à l'unité spirituelle et doctrinale de l'Église invisible. Si nous pouvions sonder les cœurs des membres du C.O.E., il serait intéressant d'établir, non plus le nombre des réformés par rapport à celui des luthériens, des anglicans par relation avec les orthodoxes grecs, etc., mais la proportion des chrétiens trinitaires et des anti-trinitaires. Ces derniers sont fort infiltrés et ils ne sont pas les moins influents du lot. Or comment l'Église du Christ, Église animée par le Saint-Esprit depuis le jour de la première Pentecôte chrétienne, pourrait-elle s'unir vraiment sans reconnaître le Dieu un et trine, sans s'incliner devant le saint mystère de la Trinité ? Seuls les orthodoxes échappent ici à tout soupçon. Le monde de la Réforme est, hélas, dramatiquement partagé.

La Trinité n'est pas seule en cause (qui pourtant serait la plus belle image possible de la réunion des Églises). Il ne saurait y avoir d'Église une, sainte, universelle et apostolique, sans la reconnaissance préalable par ses membres – et surtout ses animateurs – des trois grands mystères : Trinité, Incarnation et Rédemption. Ce qui suppose admis la divinité du Christ Jésus et le caractère méritoire unique de sa Passion, sans oublier la vertu de sa glorieuse Résurrection.

Paradoxalement, et c'est là une raison de l'échec relatif des efforts œcuméniques, ce sont les croyants les plus éloignés de la vraie foi qui réclament à cor et à cri le rapide avènement de l'unité. Les plus séparés du troupeau du Bon Berger – unitariens, ariens, semi-ariens, adoptianistes, etc. – s'unissent en quelque sorte pour célébrer une unité que leur diversité même interdit de concevoir.

Au reste, on imagine mal un consensus sur toutes les grandes questions théologiques toujours discutées : le salut par la foi seule (irréfutable aux yeux des luthériens), l'immaculée conception de la Vierge Marie et son Assomption (inacceptables par le monde de la Réforme, comme lui paraît inacceptable l'égalité possible de la Tradition avec l'Écriture sainte). Quand même les rencontres entre théologiens pourraient-elles aboutir à un accord sur le nombre des sacrements, le divin ministère, le mariage, elles capoteraient sur l'infaillibilité, la mariologie, la Tradition, voire le sens précis de la présence réelle dans l'eucharistie. Pourtant beaucoup de progrès ont été faits, en matière de recherches théologiques rénovées et de rencontres sur des thèmes doctrinaux ou de théologie pratique.

Mais, à défaut d'unité, la réconciliation est en cours, qui n'oblige ni à rompre les fidélités propres des Églises, ni à se laisser obséder par le thème de l'union. Interrogé sur l'unité possible des chrétiens, Pierre Chaunu répond : « L'unité n'est pas une question qui me préoccupe directement. Je suis beaucoup plus préoccupé par la question de la fidélité. L'unité, si nous sommes fidèles, risque un jour, quand il plaira à Dieu, de nous être donnée par surcroît [64]. »

Les signes visibles de la réconciliation, eux, sont nombreux. Rome s'efforce de ne plus nommer « frères séparés » les orthodoxes, protestants et anglicans, mais « frères dans le Seigneur ». En 1962, le pape Jean XXIII a invité des protestants et des orthodoxes au concile Vatican II en qualité d'observateurs. Deux ans plus tard, c'était à Jérusalem la rencontre solennelle entre Paul VI et le patriarche Athênagoras, que suivit à la fin de 1965 la levée des excommunications réciproques entre l'Église romaine et l'Église orthodoxe. En 1966, le même pape recevait le docteur Ramsey, primat de l'Église d'Angleterre, tandis que se créait à Jérusalem un « institut œcuménique de recherches bibliques ». Trois ans plus tard, Paul VI voulait bien rendre visite au C.O.E. à Genève : les vieux huguenots du cru n'auraient jamais imaginé pareille chose quarante ou cinquante ans plus tôt ! En 1994, Jean-Paul II admettait l'union entre catholiques et nestoriens.

Une partie de ces événements eurent un retentissement certain, relayés par de nombreux canaux médiatiques. Mais peut-être intéressèrent-ils davantage les clergés que les fidèles ; les incroyants aussi, plus que les croyants. Du côté des fidèles, plus que toutes ces démonstrations, plus que l'existence d'une *Traduction œcuménique de la Bible* (T.O.B.), publiée en 1972 et 1975, plus savante que véritablement édifiante [65], deux éléments ont contribué et continuent de contribuer à un esprit d'union ecclésiale : la semaine de prière pour l'unité, le Notre Père œcuménique.

La première initiative fut inaugurée par l'abbé Paul Couturier, à Lyon, entre le 18 et le 25 janvier de 1933. Il s'agissait et il s'agit encore, non de prier *pour* les chrétiens séparés de l'Église catholique (et réciproquement dans les paroisses protestantes qui aujourd'hui ont rejoint le mouvement), mais *avec* ces frères séparés. Cette semaine œcuménique est devenue une véritable institution. La plupart des fidèles s'en trouvent bien, à condition que le prêtre ou le pasteur invité ait compris qu'il a été prié pour parler de Jésus-Christ, non de questions politiques ou syndicales.

Reste l'invention du Notre Père commun en 1966. Cette version œcuménique du Pater n'était pas nécessaire à Dieu – qui connaît toutes les langues et comprend tous les styles – ; elle fut conçue à l'intention des fidèles, catholiques, protestants ou orthodoxes. Les protestants l'adoptèrent sans difficulté : elle correspondait presque mot à mot à leur version officielle. On leur faisait même la politesse d'intégrer la belle doxologie : « Car c'est à Toi qu'appartiennent le Règne, la puissance et la gloire », qui n'a pas été dictée comme le reste par le Christ mais qui nous a transmis une invocation pieuse de la primitive Église. Les catholiques eurent plus de mal à adopter la version œcuménique. En 1966, il n'était pas chez eux d'usage général de tutoyer Dieu (dans l'Ave Maria, les catholiques continuent de vouvoyer Marie). Ils se sont peu à peu habitués à l'ensemble, ayant compris ou deviné la pensée fondamentale de saint Paul : l'unité est chose si précieuse qu'il faut savoir en sa faveur faire des sacrifices [66] ; sauf à ne rien concéder, au contraire, si l'on pense que la foi évangélique est en danger [67].

Le mouvement œcuménique contemporain, débarrassé de sa dérive temporelle, remis en situation spirituelle, ne nous aurait-il appris qu'à prier d'un même cœur, il n'aurait pas été inutile.

## LA MONTAGNE DE DIEU

Dans un petit livre très remarquable [68], le professeur Oscar Cullmann énumère les raisons du scandale que représente la division des chrétiens depuis 867 et 1517. Nous avons déchiré ou laissé déchirer la tunique sans couture du Christ (*Jean* 19, 24), beau symbole de l'unité de l'Église. Nous avons oublié ce passage essentiel de la prière sacerdotale de Jésus : « Que tous soient un » (*Jean* 17, 21). Nous avons négligé les avertissements, pourtant clairs, de saint Paul : « Il y a un seul corps et un seul Esprit... Il y a un seul Seigneur, une seule foi, un seul baptême, un seul Dieu et Père de tous » (*Éphésiens* 4, 4-6). Et leur perspective : « Cela en vue de l'œuvre du service et de l'édification du corps du Christ [l'Église], jusqu'à ce que nous soyons tous parvenus à l'unité de la foi et de la connaissance du Fils de Dieu » (*Éphésiens* 4, 12-13). Si l'Église est vraiment le corps mystique du Christ, notre division est scandaleuse.

Mais l'Église est aussi le Saint-Esprit. Or, écrit l'Apôtre, « nous avons tous été baptisés dans un seul Esprit, pour être un seul corps » (*I Corinthiens* 12, 13). Porter atteinte à l'unité de ce corps, c'est au moins blesser l'Esprit Saint. Or il est écrit : « N'attristez pas le Saint-Esprit de Dieu » (*Éphésiens* 4, 30). S'en féliciter, c'est probablement pécher sans mesure, car le Christ a déclaré : « Quiconque parlera contre le Fils de l'homme, il lui sera pardonné, mais quiconque parlera contre le Saint-Esprit, il ne lui sera pardonné ni dans ce siècle, ni dans le siècle à venir » (*Matthieu* 12, 32).

Mais puisque le retour à l'unité paraît aujourd'hui utopique, du moins dans l'ordre de l'Église visible – même si les séparations sont heureusement atténuées par un début de compréhension mutuelle, de solidarité et de fraternité –, il faut se résoudre, pense Oscar Cullmann, à considérer les Églises séparées comme autant de composantes de l'Église invisible – l'immense troupeau ayant Dieu pour pasteur –, chacune cultivant un charisme [69]. Car si l'apôtre Paul critique les divisions et condamne les schismes, il se félicite de la multiplicité des charismes : « Il y a diversité de dons, mais le même Esprit ; diversité de services, mais le même Seigneur ; diversité d'opérations, mais le même Dieu qui opère tout en tous » (*I Corinthiens* 12, 4-6).

L'unité chrétienne ne saurait résulter d'une amputation des dogmes et doctrines, d'un faux érasmisme de compromis permettant aux catholiques, aux orthodoxes, aux luthériens, aux réformés, aux anglicans et à bien d'autres, de se retrouver autour d'une Église sans âme et d'un évangile traduit en langue de bois afin d'apparaître comme « politiquement correct ». « Que m'apporterait, écrit Pierre Chaunu, un catholicisme aplati qui aurait renoncé à sa Tradition, et à quoi servirait une Réforme appauvrie de son seul trésor, le salut par la foi [70] ? » Nous voici donc conduits à transformer le fait de la séparation en compétition spirituelle entre charismes complémentaires. Une petite parabole peut illustrer ce schéma.

Imaginons une montagne que veulent gravir en même temps trois cordées d'alpinistes, chacune souhaitant aborder une face différente. Une des cordées représente les catholiques, une autre figure les orthodoxes, la troisième les protestants. On peut imaginer que, arrivés à mi-hauteur, les ascensionnistes échangent en riant de grands signes d'amitié et conviennent, par gestes et cris, d'arrêter leurs efforts jugés inutiles. Et de descendre rejoindre les cordées sœurs, pour mieux fraterniser à l'auberge, au fond de la vallée. Tel pourrait être l'œcuménisme de mélange, amical, fraternel ; hélas réductionniste.

Mais on peut imaginer une autre suite. Chacune des trois courageuses cordées, stimulée par la découverte des grimpeurs concurrents, redouble d'efforts, change d'allure, n'hésite point à prendre des risques, dans l'espoir d'arriver première au sommet. La montagne étant la montagne de Dieu, l'Église se trouve bientôt toute réunie pour la plus grande gloire du Seigneur.

Ce schéma n'a de sens que si chacun des groupes en concurrence a fait bon usage de son talent principal (« Il donna cinq talents à l'un, deux à l'autre, et un au troisième, à chacun selon sa capacité », *Matthieu* 25, 15).

Le charisme premier du catholicisme fut, à travers les siècles, le sens de l'adoration. Les flèches de nos cathédrales en témoignent, et les processions de la fête-Dieu ; le baldaquin de Saint-Pierre de Rome et la *Gloire* du Bernin ; les messes où les fidèles s'agenouillent, et les beaux saluts du saint sacrement. Si je devais choisir, dans l'immense foule des bienheureux, le modèle, le patron du charisme de l'adoration, je désignerais sûrement saint

Benoît Labre, le « saint français » de Rome († 1783). En treize ans il parcourut, mendiant et pèlerin, huit mille lieues, priant à Lorette, à Assise, à Paray-le-Monial puis à Rome. Dans la ville éternelle, sa journée se passait à peu près entièrement dans les églises : messes, vêpres, saluts, quarante heures, contemplation du tabernacle ou de l'ostensoir étaient son pain quotidien. Il y mourut, âgé de trente-cinq ans.

La plus belle réussite de l'orthodoxie est assurément la liturgie. La liturgie au sens large, comprenant l'art et la tradition des icônes, ces images sacrées qui mettent le fidèle de plain-pied avec le Royaume. Surtout peut-être l'irremplaçable déroulement de cultes qui, depuis saint Basile et saint Jean Chrysostome, offrent au fidèle une image du Ciel. « Nous ne savions plus si nous étions au Ciel ou sur la Terre » écrivaient les envoyés de Vladimir, prince de Kiev, après avoir assisté à Sainte-Sophie de Constantinople (« dont l'architecture est à elle seule un traité de théologie », écrit V. Volkoff) à un service solennel [71]. Aucun aggiornamento n'a prévalu contre cette liturgie. Le patron de la liturgie orthodoxe demeure donc Jean Chrysostome.

La grande tradition protestante, elle, s'ordonnait autour de la

---

*Miracles de Dieu*

Miracle catholique : on n'attrape pas de microbes dans la piscine de Lourdes.
Miracle protestant : pas davantage de contagion avec la coupe de la sainte cène lors de la communion sous deux espèces.

---

Bible. Les Réformateurs la révéraient tant, qu'ils élevèrent au rang d'axiome – et de slogan – leur fameux *sola Scriptura* (l'Écriture et l'Écriture seule). Des saintes Écritures les protestants devinrent vite les spécialistes, respectueux des textes originaux, traducteurs avisés, commentateurs intelligents et pieux. (Le commentaire de la *Genèse* par Calvin est un chef-d'œuvre d'exégèse théocentrique.) Si le monde de la Réforme se laissa plus tard séduire par la tentation de la critique désacralisatrice, ces errements ne peuvent faire oublier l'immense acte de foi que symbolise la Bible allemande de Luther ou l'œuvre entière d'un Kierkegaard.

Ces trois grands charismes – adoration, liturgie, fidélité biblique – n'apparaissent plus clairement de nos jours, alors qu'ils se manifestaient jadis. Seule l'Église orthodoxe reste fidèle à sa vocation privilégiée ! Que Rome restaure davantage sa belle tradition de l'adoration, que Genève veuille bien retrouver la route évangélique du respect des textes saints, et nous reviendrons aux conditions premières de la parabole des trois cordées de la montagne sainte. Aux conditions de « l'unité par la diversité », c'est-à-dire de l'œcuménisme d'émulation et de foi, non de mixage et d'abandons.

*Notes*

1. Cardinal Paul Poupard, *La Foi catholique*, 2ᵉ éd., Paris, P.U.F., 1962, p. 35.
2. La parabole célèbre, dite de l'Enfant prodigue mais qui devrait plutôt être intitulée le Fils perdu et retrouvé, se lit dans *Luc* 15, 11-32.
3. Cf. Ph. Ariès, *Essais sur l'histoire de la mort en Occident du moyen âge à nos jours*, Paris, Le Seuil, 1975, et *L'Homme devant la mort*, Paris, Le Seuil, 1977.
4. Cf. P. Chaunu, *La Mort à Paris, XVIᵉ, XVIIᵉ et XVIIIᵉ siècles*, Paris, Fayard, 1978.
5. J. de Viguerie, *Histoire et sainteté*, p. 10.
6. « Non. Il fut gallican, ce siècle, et janséniste !
   C'est vers le moyen âge, énorme et délicat,
   Qu'il faudrait que mon cœur en panne naviguât
   Loin de nos jours d'esprit charnel et de chair triste. »
7. P. Chaunu, *La Mort à Paris*, p. 447.
8. B. Plongeron, « Le procès de la fête à la fin de l'ancien régime », in B. Plongeron et R. Pannet, *Le Christianisme populaire*, Paris, Le Centurion, 1976, p. 171-198.
9. Mandement de l'évêque d'Amiens, 7 octobre 1767, cité par B. Plongeron, *op. cit.*, p. 186.
10. Sans citer saint Paul, Melanchthon se réfère à *Romains* 13, 1.
11. *Confession d'Augsbourg*, art. 16.
12. *Confession de La Rochelle*, art. 39.

13. *Ibidem*, art. 40.
14. Kierkegaard, *Œuvres complètes*, t. XIX, p. 4-5.
15. *Idem, ibidem*, p. 6.
16. Ainsi nommé parce que, sous sa plume, Dieu est appelé Yahvé.
17. Gerhard von Rad, *La Genèse*, Genève, Labor et Fides, 1968.
18. Ainsi nommé parce que, sous sa plume, Dieu est appelé Elohim.
19. G. von Rad, *op. cit.*, p. 13.
20. Emmanuel, *Pour commenter la Genèse*, p. 182.
21. G. von Rad, *op cit.*, p. 206.
22. *Idem, ibidem*, p. 208.
23. *Idem, ibidem*, p. 209.
24. *Idem, ibidem*, p. 207.
25. Sauf, par exemple, à trop suivre le contenu des vies de Jésus d'Ernest Renan ou de certains de ses émules.
26. *Matthieu* 10, 34.
27. *Matthieu* 26, 52.
28. *Luc* 6, 29.
29. Pascal, *Pensées*, p. 1338.
30. *Apocalypse* 3, 16.
31. *Matthieu* 5, 9.
32. Cf. *Matthieu* 25, 1-13.
33. *Jean* 3, 16.
34. *Matthieu* 6, 33.
35. Les réformés « confessionnels » éliminent cependant les deux derniers articles (39 et 40) de La Rochelle qui regardent le droit divin et la soumission au pouvoir politique.
36. Oberkampf de Dabrun, *Orthodoxie et libéralisme...*, p. 65.
37. *Idem, ibidem*, p. 64.
38. *Idem, ibidem*, p. 64-65.
39. *Idem, ibidem*, p. 63.
40. « Que les femmes se taisent dans les assemblées, car il ne leur est pas permis d'y parler » (*I Corinthiens* 14, 34).
41. Cf. *Romains* 1, et *Jude* 1, 7.
42. François-Georges Dreyfus, in Bluche, *Pourquoi croyez-vous en Dieu ?*, p. 175-176.
43. Mot d'Alexis Philonenko.
44. *Matthieu* 18, 20.
45. F.-G. Dreyfus, *op cit.*, p. 176.
46. La guitare n'a rien de condamnable. Cf. le psaume 150, qui invite à louer l'Éternel en usant de tous les instruments de musique.
47. *Les Actes du concile Vatican II. Textes intégraux...*, 2$^e$ éd., Paris, Le Cerf, 1966, 831 p.
48. Paris, Mame-Plon, 1992, 676 p.
49. En ses *Souvenirs*, le docteur Schweitzer se félicite d'avoir suivi le culte dans une église alsacienne du *simultaneum* (ouverte aux deux cultes). Il pouvait écouter les prédications du pasteur son père, mais sa sensibilité d'enfant goûtait le décor chaleureux et baroque de la nef, réservée aux célébrations catholiques. C'est dire que le dépouillement extrême n'est peut-être pas une bonne chose.

50. On appelle *schibboleth* un fameux mot de passe biblique (*Juges* 12, 6).
51. « Le nouveau credo des Espagnols », *Le Figaro*, 19 septembre 1995.
52. *Panorama*, novembre 1993.
53. « Les Français, la foi et l'Église », *Le Figaro,* 20 décembre 1994.
54. *Le Point*, 15-21 mai 1993.
55. Il est très difficile d'estimer le nombre des protestants. Peut-être un million et demi (750 000 rattachés à la Fédération protestante de France, 250 000 évangéliques, 500 000 chrétiens se disant protestants dans les sondages mais se tenant résolument « hors Église »).
56. « Le crucifix battu par les fast-food », *Le Figaro,* 18 août 1995.
57 Remarquons l'invraisemblable contraste entre les réponses concernant la Résurrection de Jésus-Christ et celles qui concernent la résurrection des croyants.
58. Baudelaire.
59. *Actes du concile Vatican II*, p. 191-224.
60. *Ibidem*, p. 222.
61. Encyclique *Ut unum sint* de Jean-Paul II (25 mai 1995), citée dans *Le Figaro*, 31 mai 1995, p. 9.
62. Oscar Cullmann, *Catholiques et protestants,* 1958, p. 9.
63. F.-G. Dreyfus, in Bluche, *Pourquoi croyez-vous en Dieu ?* Paris, Criterion, 1994, p. 175.
64. P. Chaunu, *Au cœur religieux de l'Histoire,* p. 172.
65. Rien ne remplace, sinon dans l'ordre scientifique, au moins sur le plan de la dévotion, les Bibles œuvres d'un traducteur unique et profondément croyant : du côté catholique, celle du chanoine Crampon et celle du chanoine Osty ; du côté protestant, le texte de Segond.
66. Cf. *Romains* 14, 20. Il s'agissait en l'occurrence d'interdits alimentaires.
67. *Galates* 2, 13. – Cet exemple et le précédent sont empruntés à l'ouvrage d'O. Cullmann, *Catholiques et protestants.*
68. O. Cullmann, *op. cit.*
69. O. Cullmann, *L'Unité par la diversité,* 1986.
70. P. Chaunu, *Au cœur religieux de l'Histoire,* p. 167-168.
71. Vladimir Volkoff, *Vladimir, le Soleil rouge*, Paris, Julliard-L'Âge d'homme, 1981, p. 206-207.

# ANNEXES

Chacune des trois composantes de cette partie est autonome, mais vous pouvez aller de l'une à l'autre par le jeu des astérisques. Un astérisque suivant une date renvoie à la première annexe (*Quelques dates*) ; un astérisque suivant un nom de personne renvoie bien sûr à la deuxième annexe (*Quelques personnages*). Tout autre astérisque est référence au *Petit dictionnaire*[a].

---

a. M. l'abbé Christian-Philippe Chanut et M. le pasteur Philippe Bertrand m'ont fait l'amitié de relire ces diverses annexes. Qu'ils en soient chaleureusement remerciés.

# ANNEXES

# ANNEXE 1

# QUELQUES DATES

30 : Crucifixion (7 avril) et résurrection (9 avril) du Christ.

45-61 : Voyages missionnaires de saint Paul *.

48 : Synode * de Jérusalem. – C'est un peu la préfiguration des futurs conciles * œcuméniques de l'Église.

52-59 : Rédaction des *Épîtres* * de saint Paul.

64 : Martyre de saint Pierre * à Rome.

67 (Vers) : Martyre de saint Paul.

70 (Vers) : *Évangile selon saint Marc*.

70 : Les Romains prennent Jérusalem et détruisent le Temple.

80 (Vers) : *Évangiles selon saint Matthieu* et *selon saint Luc* *.

85 (Vers) : *Actes* * *des Apôtres*.

96 (Vers) : *Évangile selon saint Jean* * et *Apocalypse* *. – N.B. John A. T. Robinson * suggère 48 pour l'*Épître de Jacques*, entre 50 et 58 pour celles de saint *Paul*, entre 45 et 60 pour *Marc*, entre 40 et 60 pour *Matthieu*, entre 57 et 60 pour *Luc*, entre 40 et 65 pour *Jean*, entre 68 et 70 pour l'*Apocalypse*.

144 : Excommunication * du gnostique anti-trinitaire Marcion *.

180 (Vers) : « Canon * » de Muratori, liste des livres du Nouveau * Testament que l'Église reconnaît comme inspirés. Il sera peu à peu complété, définitivement clos (27 livres) à la fin du IV$^e$ siècle.

251 : Schisme * de l'antipape Novatien, animateur d'une sorte d'intégrisme moralisant.

313 : Constantin * accorde aux chrétiens liberté de culte dans l'empire romain (c'est le rescrit de Milan).

314 : Le concile * d'Arles condamne le donatisme *.

325 : Le premier concile * œcuménique * condamne Arius * et il établit comme profession de foi le symbole * de Nicée.

328 : Athanase *, adversaire acharné d'Arius *, devient patriarche * d'Alexandrie.

381 : Le deuxième concile œcuménique (Constantinople) confirme les décisions de Nicée et complète son symbole *.

386 : Conversion de saint Augustin *.

431 : Le troisième concile œcuménique (Éphèse) condamne Nestorius * et reconnaît à la Vierge Marie * le titre de Mère de Dieu (*Théotokos*).

451 : Le quatrième concile œcuménique (Chalcédoine) condamne le monophysisme *, déclare Jésus-Christ vrai Dieu et vrai homme, confirme le symbole de Nicée.

498 (Vers) : Baptême de Clovis, roi des Francs, par saint Remi, évêque de Reims.

529 (Vers) : Saint Benoît * fonde en Italie le monastère du Mont-Cassin ; il y mettra au point sa *Règle*.

537 : À Constantinople, consécration de l'immense église Sainte-Sophie, orgueil de l'Empereur Justinien *.

587 : Le patriarche * de Constantinople prend le titre de patriarche œcuménique.

590-604 : Pontificat de saint Grégoire I$^{er}$ * le Grand.

680-681 : Le sixième concile * œcuménique * (Constantinople III) condamne le monothélisme *.

730-843 : Querelle des Images dans l'empire byzantin (iconoclasme * et résistance orthodoxe).

809 : Le concile d'Aix-la-Chapelle (non œcuménique) approuve l'introduction du *Filioque* * dans le symbole de Nicée.

867 : Photius *, patriarche * de Constantinople, excommunie et dépose le pape ; il inaugure de la sorte le schisme * d'Orient.

963 : Fondation du monastère du mont Athos.

988 : Baptême de saint Vladimir *, prince de Kiev. La Russie s'ouvre au christianisme.

1054 : L'excommunication de Michel Cérulaire *, patriarche de Constantinople, consomme la rupture entre Rome et les Églises d'Orient.

1073-1122 : Querelle des Investitures.

1073-1085 : Pontificat réformateur de Grégoire VII *.

1115 : Saint Bernard *, le « dernier des Pères * », devient abbé de Clairvaux.

1154-1250 : Lutte du Sacerdoce et de l'Empire.

1179 : Le troisième concile * de Latran (onzième œcuménique) jette l'anathème * contre les cathares *.

1184 : Excommunication * des vaudois *.

1209-1229 : Croisade contre les albigeois *.

1215 : Convoqué par Innocent III *, le quatrième concile du Latran (douzième œcuménique) adopte le mot transsubstantiation * pour définir la présence * réelle, et il fait de la pratique annuelle de la confession * et de la communion * des commandements * de l'Église.

1264 : Urbain IV * institue la fête-Dieu *.

1274 : Mort de saint Thomas * d'Aquin. – Le second concile de Lyon (14ᵉ œcuménique) affirme l'existence du purgatoire *.

1378-1417 : Grand Schisme * d'Occident.

1382 : Les synodes de Londres condamnent Wyclif *.

1415 : Le concile de Constance (1414-1418) condamne pour hérésie * Jan Hus * (et feu Wyclif *). Exécution de Hus.

1439-1445 : Le concile de Florence confirme l'existence du purgatoire *.

1453 : Constantinople tombe aux mains des Turcs.

1506 : Le pape Jules II * pose la première pierre de la monumentale basilique Saint-Pierre de Rome.

1517 : Martin Luther * fait connaître ses thèses hostiles à la « vertu des indulgences * ».

1521 : Rome excommunie Luther.

1522 : *Apologeticus architeles,* par Zwingli *, partisan du recours à la seule Écriture sainte.

1529 : *Grand catéchisme* et *Petit catéchisme* de Luther.

1530 : *Confession d'Augsbourg,* dogmatique luthérienne rédigée et présentée par Melanchthon *.

1534 : Par l'*Acte de suprématie,* Henri VIII * Tudor se déclare chef suprême de l'Église d'Angleterre. – Affichage à la cour de France de « placards * » sacramentaires *.

1536 : *L'Institution de la religion chrétienne*, œuvre latine du réformateur Jean Calvin *, arrivé à Genève.

1540 : Le pape reconnaît la compagnie de Jésus (les jésuites *).

1541 : *Formulaire* (catéchisme) de Calvin. Première édition française de son *Institution chrétienne.* – *Ordonnances ecclésiastiques* de Genève.

1545-1563 : Le concile * de Trente combat les thèses de la Réforme * et il édicte canons et décrets qui vont justifier et animer la contre-Réforme *.

1549 : Publication du célèbre *Prayer * Book* anglican. De 1552 à 1927, il convient de suivre ses transformations.

1554 : *Summa doctrinae christianae,* catéchisme de saint Pierre * Canisius.

1559 : *Confession de foi des Églises réformées en France* ; un texte presque entièrement de Calvin *, voté par le synode de Paris. Cependant, confirmé par un synode ultérieur tenu en province (1571), il est définitivement connu sous le nom de *Confession de La Rochelle.*

1560 : Le parlement d'Écosse adopte la *Confessio scotica* presbytérienne * de John Knox *.

1562-1598 : Guerres de religion en France.

1563 : *Catéchisme de Heidelberg*, le meilleur des anciens catéchismes réformés *.

1566 : *Catéchisme romain* ou du concile de Trente ; mise au point catholique destinée aux prêtres.

1589 : Création du patriarcat de Moscou.

1597 : *Brève doctrine chrétienne* de saint Robert * Bellarmin.

1598 : Henri IV * signe l'édit de Nantes.

1609 : *Introduction à la vie dévote*, par saint François * de Sales.

1619 : Le synode réformé * de Dordrecht renforce la doctrine de la prédestination *.

1620 : Traversée de l'Atlantique par la *Mayflower* *.

1622 : Rome crée la congrégation *De propaganda fide*.

1640 : L'*Augustinus*, livre posthume de l'évêque Jansénius *, dont Rome en 1653 condamnera cinq « propositions ».

1643 : *De la fréquente communion*, par Antoine Arnauld *.

1646 : George Fox * inaugure le mouvement des quakers *.

1663 : Création à Paris de la société des missions étrangères.

1670 : Publication posthume des *Pensées* de Pascal *.

1675 : Les *Pia Desideria* du pasteur alsacien Spener * inaugurent le courant du piétisme *.

1678 : *Histoire critique du Vieux Testament*, par l'oratorien Richard Simon *.

1685 : Révocation de l'édit de Nantes. – Début de la « crise de la conscience européenne » qui annonce le temps des « Lumières » (de la raison).

1688 : Bossuet * publie l'*Histoire des variations des Églises protestantes*.

1691-1694 : Correspondance entre Bossuet et Leibniz * sur l'union des Églises.

1699 : Condamnation du quiétisme *.

1713 : La bulle * *Unigenitus* condamne encore le jansénisme *.

1738 : Conversion * de John Wesley *. – Le pape Clément XII condamne la franc-maçonnerie.

1773-1814 : Suppression par Rome de la compagnie de Jésus (les jésuites *).

1781-1790 : Brutal *aggiornamento* * – dit joséphisme * – imposé à l'Église par Joseph II *, souverain Habsbourg.

1801 : Concordat conclu entre Pie VII et la France.

1815 : À Bâle, fondation de la société [protestante] des missions.

1816-1878 environ : Le Réveil * protestant.

1821 : *La Foi chrétienne,* par Schleiermacher *, théologien luthérien.

1830-1932 : Cent ans d'apparitions mariales (1830 : Paris, rue du Bac ; 1846 : La Salette ; 1858 : Lourdes ; 1871 : Pontmain ; 1917 : Fatima ; 1932 : Beauraing et Banneux en Belgique).

1834 : *Paroles d'un croyant,* par Lamennais.

1840-1851 : *Institutions liturgiques*, par dom Guéranger *.

1843 : *Crainte et tremblement,* par Kierkegaard *.

1845 : Newman * quitte l'anglicanisme * pour l'Église catholique.

1853 : Renan publie sa *Vie de Jésus.*

1854 : Proclamation par Pie IX * du dogme catholique de l'immaculée * conception de la Vierge Marie *.

1869-1870 : Premier concile du Vatican. Il proclame le dogme romain de l'infaillibilité * pontificale.

1878 : Structuration de l'Armée * du Salut.

1879-1889 : *Manuel d'histoire des dogmes,* par Adolf von Harnack *. La thèse de ce savant auteur voit dans le dogme chrétien l'application de la philosophie grecque au message évangélique.

1902 : Alfred Loisy * – qui, dès 1893, a cessé « d'accepter aucun article du Symbole *, excepté le fait de la réalité historique du Christ » – publie *L'Évangile et l'Église*.

1906 : Naissance aux États-Unis du mouvement pentecôtiste *.

1907 : Pie X * condamne le modernisme *.

1908 : Excommunication majeure d'Alfred Loisy *.

1925 : Rome canonise Jean-Baptiste *-Marie Vianney († 1859), le saint curé d'Ars.

1927 : Heurts entre l'Église anglicane et le Parlement au sujet du *Prayer * Book*.

1932-1951 : *La Dogmatique* de Karl Barth *.

1948 : Création du conseil œcuménique des Églises, une structure majoritairement protestante.

1950 : Le pape Pie XII * proclame le dogme de l'Assomption *.

1958 : Réconciliation des patriarches * de Moscou et de Constantinople.

1962-1965 : Second concile du Vatican – convoqué par Jean XXIII * –, celui de l'*aggiornamento* * et de l'ouverture au monde. Y furent invités plusieurs observateurs, dont le philosophe catholique Jean Guitton * et le grand théologien protestant Oscar Cullmann *.

1965 : Levée (7 décembre) des excommunications réciproques entre les Églises catholique et orthodoxe.

1966 : Version œcuménique du Notre * Père.

1975 : Paul VI * approuve les charismatiques *.

1988 : Excommunication de Mgr Lefebvre, évêque intégriste.

1992 : Publication du *Catéchisme de l'Église catholique*, « destiné, écrit Jean-Paul II *, à encourager et à aider la rédaction de nouveaux catéchismes locaux qui tiennent compte des diverses situations et cultures, mais qui gardent avec soin l'unité de la foi et la fidélité à la doctrine catholique ».

# ANNEXE 2

# QUELQUES PERSONNAGES

# A

AARON, frère de Moïse *, grand prêtre. Il fit construire l'idole du veau d'or (*Exode* 32), tandis que son frère, sur la montagne, recevait la loi de Dieu. On appelle bénédiction d'Aaron ce texte dicté par Dieu à Moïse : « Que l'Éternel te bénisse et te garde ! Que l'Éternel fasse briller sa face sur toi et t'accorde sa grâce ! Que l'Éternel lève sa face vers toi et te donne la paix ! » (*Nombres* 6, 23-26).

ABRAHAM, XIX$^e$ s. av. J.-C., « père des croyants ». Juifs, chrétiens et musulmans se réclament de celui qui eut la révélation du monothéisme *. Pour Kierkegaard *, Abraham mérite le nom de « chevalier de la foi ».

ALBERT LE GRAND (Saint), v. 1193-1280, docteur * de l'Église, grand théologien du moyen âge, savant et philosophe. Thomas * d'Aquin fut son disciple.

ANSELME DE CANTORBÉRY (Saint), Aoste 1033-Cantorbéry 1109, docteur * de l'Église, bénédictin, archevêque. On trouve dans son *Proslogion* la célèbre « preuve ontologique » : enfermée en l'idée de Dieu, la perfection contient tous les attributs * divins, dont celui de l'existence.

ARISTOTE, 384-322 av. J.-C., illustre philosophe grec, savant universel. Sa pensée fut christianisée au moyen âge, en particulier par saint Thomas * d'Aquin.

ARIUS, v. 256-336, hérésiarque * contestant la divinité du Christ. cf. Arianisme *.

ARMINIUS (Jacobus Hermann, dit), v. 1560-1609, théologien calviniste hollandais. Il atténua la doctrine de la prédestination *.

ARNAULD (Antoine, dit le Grand), 1612-1694, célèbre théologien janséniste *, auteur de *La Fréquente communion* (1643).

ATHANASE (Saint), v. 295-373, patriarche * d'Alexandrie, adversaire déterminé d'Arius *. Athanase fut l'intrépide champion du dogme de la Trinité * et de l'Incarnation * rédemptrice.

AUGUSTIN (Saint), 354-430, évêque d'Hippone, théologien de la grâce *, auteur des *Confessions*, de *La Cité de Dieu* et de nombreux traités de doctrine ou de controverse. Il est à juste titre le plus célèbre des Pères * latins.

AVVAKUM (on prononce Avakoum), v. 1620-1682, archiprêtre orthodoxe russe. Il s'opposa au patriarche * Nikon * et déclencha l'important schisme * intégriste * du Raskol *.

# B

BACH (Jean-Sébastien), 1685-1750, célèbre compositeur allemand luthérien, parfois surnommé « le cinquième évangéliste ».

BARABBAS, prisonnier zélote *, dont la foule juive obtint de Pilate * la grâce, au détriment de Jésus.

BARTH (Karl), 1886-1968, théologien réformé * né à Bâle, célèbre commentateur de l'*Épître aux Romains* de saint Paul. Sa monumentale *Dogmatique* influença toutes les Églises.

BASILE LE GRAND (Saint), 329-379, évêque de Césarée, père * de l'Église, grand adversaire de l'arianisme *. Il a encouragé le monachisme * et rédigé ses règles, toujours appliquées en Orient.

Benoît de Nursie (Saint), v. 480-v. 547, fondateur du monastère du Mont-Cassin en Italie, initiateur du monachisme * en Occident comme saint Basile * l'avait été en Orient.

Bernard de Clairvaux (Saint), 1090-1153, docteur * de l'Église, moine mystique et théologien, réformateur de Cîteaux. Il a été surnommé « le dernier des Pères * ».

Bèze (Théodore de), 1519-1605, théologien réformé *, traducteur des *Psaumes* *, successeur de Jean Calvin * à Genève.

Bon Larron (Le), célèbre anonyme (le moyen âge en fit saint Dysmas, patron des condamnés à mort), crucifié aux côtés de Jésus. Croyant et repentant, il s'entendit dire par le Christ : « En vérité, je te le dis, aujourd'hui tu seras avec moi dans le Paradis » (*Luc* 23, 43).

Bossuet (Jacques-Bénigne), 1627-1704, évêque de Meaux, théologien et orateur sacré. Il s'entretint avec Leibniz * de l'union des Églises.

Boulgakoff (Père Serge), 1871-1944, théologien orthodoxe, qui fut surnommé parfois « un moderne Origène * ». « Toute sa théologie n'est qu'une cosmologie et une anthropologie de la Transfiguration *, mais transparaissant de la Croix » (L. Bouyer).

Bucer (Martin Kuhhorn, dit), 1491-1551, disciple de Luther *, promoteur de la Réforme * à Strasbourg.

Bultmann (Rudolf), 1884-1976, exégète luthérien, auteur de *Nouveau Testament et mythologie* (1941). Désirant rendre le Nouveau * Testament actuel et véritablement « existentiel », cet auteur entreprit ce qu'il voulait être une purification et une « démythologisation » (*sic*) de l'Écriture.

# C

Calvin (Jean Cauvin, dit), 1509-1564, l'un des principaux Réformateurs. Il écrivit *L'Institution de la religion chrétienne* (1541). Il voulut faire de Genève la nouvelle Rome.

CÉRULAIRE (Michel), v. 1000-1059, patriarche * de Constantinople. Il consacra en 1054 le schisme * d'Orient.

CHARLES BORROMÉE (Saint), 1538-1584, édifiant archevêque de Milan. Il incarna le zèle et la spiritualité de la contre-Réforme *.

CHAUNU (Pierre), né en 1923, savant professeur, fort connu pour ses travaux historiques, mais dont on ignore trop la qualité de théologien.

COLOMBAN (Saint), v. 540-615, moine irlandais, fondateur de plusieurs grands monastères sur le continent, de Luxeuil à Bobbio.

CONSTANTIN Ier LE GRAND, † 337, empereur romain. Il permit au christianisme de vivre (313) et de se développer dans l'Empire.

CONSTANTIN V, 718-775, empereur d'Orient qui encouragea l'iconoclasme *.

CULLMANN (Oscar), né en 1902, théologien protestant, spécialiste éminent de christologie et de patristique *. Il fut invité au concile * de Vatican II.

CYPRIEN (Saint), v. 200-258, évêque et martyr, père * de l'Église latine, auteur d'un traité *De l'unité de l'Église*.

# D

DANIÉLOU (R.P. Jean), 1905-1974, théologien. Jésuite, cardinal *, il s'illustra par ses études de patristique *.

DANTE ALIGHIERI, 1265-1321, poète florentin, auteur de *La Divine Comédie* – « L'Enfer », « Le Purgatoire », « Le Paradis » –, « le poème sacré auquel Ciel et Terre ont mis leur main ».

DAVID, 1015-v. 970 av. J.-C., ami de Dieu, ancêtre du Christ, roi de Juda puis de l'ensemble d'Israël, auteur de nombreux psaumes *. « En David, l'alliance * de Dieu avec Israël prend sa forme définitive, qui subsistera jusque dans la Nouvelle Alliance » (J.-J. von Allmen).

DESCARTES (René), 1596-1650, illustre philosophe français, auteur du *cogito* (« Je pense, donc je suis »). Se réclament de lui aussi bien des spiritualistes que des rationalistes.

# E

ÉLISABETH (Sainte), parente de la Vierge Marie. Épouse déjà âgée du sacrificateur Zacharie *, Élisabeth fut enceinte et mit au monde Jean *-Baptiste.

ÉRASME DE ROTTERDAM (Desiderius), v. 1469-1536. Ce remarquable écrivain, longtemps considéré comme le Voltaire du XVI<sup>e</sup> siècle, fut en réalité la grande figure de l'humanisme * chrétien. Il polémiqua contre Luther *.

EUSÈBE DE CÉSARÉE, v. 265-340, fut le plus ancien historien de l'Église.

# F

FÉNELON (François de Salignac-), 1651-1715, archevêque de Cambrai. Il fut entraîné par Mme Guyon * dans le quiétisme * ; ce qui lui valut condamnation.

FRANÇOIS D'ASSISE (Saint), v. 1182-1226, fondateur d'ordre (l'ordre mendiant des franciscains). Sa vie et son idéal ont été, de l'avis unanime, parfaitement évangéliques.

FRANÇOIS DE SALES (Saint), 1567-1622, évêque de Genève, docteur * de l'Église, auteur de l'*Introduction à la vie dévote* (1609), ouvrage spirituel au grand succès qui enseignait la possibilité de viser à la perfection chrétienne sans abandonner la vie de société.

François Xavier (Saint), 1506-1552, compagnon et ami d'Ignace * de Loyola, jésuite *, il alla évangéliser l'Inde, le Japon et la Chine.

# G

Grégoire de Nazianze (Saint), v. 330-v. 390, Père * grec, docteur * de l'Église, grand adversaire de l'arianisme *, comme son ami saint Basile *.

Grégoire de Nysse (Saint), v. 335-v. 394, frère de saint Basile *, Père * grec ; comme Basile et comme Grégoire de Nazianze, champion du dogme de la Trinité *.

Grégoire I$^{er}$ le Grand (Saint), v. 540-604, docteur * de l'Église, pape en 590. Il poursuivit l'évangélisation de l'Occident.

Grégoire VII (Hildebrand, saint), v. 1018-1085, pape en 1073. Il restaura la discipline dans l'Église, réglementa l'office * divin (Bréviaire *), fut « le zélé propagateur de la liturgie * romaine » (Dom Guéranger). En outre, il imposa sa loi à l'Empereur Henri IV *, qui dut s'humilier à Canossa (1077).

Guéranger (Dom Prosper), 1805-1875, abbé de Solesmes. Il rétablit en France l'ordre bénédictin et anima un grand courant de restauration liturgique.

Guitton (Jean), né en 1901, philosophe et théologien catholique, auditeur laïque au concile de Vatican II, auteur de *Portrait de monsieur Pouget*, co-auteur de *Dieu et la science*.

Guyon (Jeanne-Marie Bouvier de la Motte, dame), 1648-1717, écrivain spirituel. Elle soutint la cause du quiétisme *.

# H

Harnack (Adolf von), 1851-1930, théologien luthérien ; historien critique du Nouveau * Testament, de la primitive Église et du développement du dogme.

HENRI IV, v. 1050-1106. Empereur germanique, il engagea contre le pape Grégoire VII * cette épreuve de force qu'on a appelé la querelle des Investitures.

HENRI IV, 1553-1610, roi de Navarre, roi de France en 1589. Il abjura le calvinisme en 1593 et signa l'édit de Nantes (1598).

HENRI VIII TUDOR, 1491-1547. Rompant avec Rome, ce roi d'Angleterre inaugura en 1531 et 1534 * le schisme * de l'anglicanisme *.

HUS (Jan), 1369-1415, réformateur évangélique tchèque. Il fut condamné pour hérésie par le concile de Constance et brûlé vif.

# I

IGNACE DE LOYOLA (Saint), v. 1491-1556, fondateur de la compagnie de Jésus (1540), milice de la contre-Réforme *. Les jésuites * s'illustrèrent comme confesseurs et conseillers des princes, éducateurs, prédicateurs, controversistes et missionnaires.

INNOCENT III (Giovanni Lotario de Segni, pape), 1160-1216, pape en 1198. Il rêvait de théocratie *, combattit les abus, soutint les ordres mendiants, suscita la croisade contre les albigeois * et convoqua le IV$^e$ concile du Latran (1215 *).

IRÉNÉE (Saint), v. 130-v. 208, évêque de Lyon. Il écrivit *Contre les hérétiques*, un traité surtout hostile au gnosticisme *.

# J

JANSÉNIUS (Corneille Jansen, dit), 1585-1638, évêque d'Ypres, auteur de l'*Augustinus* (1640), un commentaire de la pensée de saint Augustin *, dont Rome condamna « cinq propositions ».

JEAN-BAPTISTE (Saint), dit le Précurseur, † 28. Fils de Zacharie * et d'Élisabeth *, cousin du Christ ; il prépara le message évangélique, baptisa Jésus et mourut martyr.

JEAN-BAPTISTE-MARIE VIANNEY (Saint), 1786-1859, curé d'Ars en Dombes de 1818 à sa mort, prêtre édifiant, étonnant directeur de conscience, patron des curés * de paroisse.

JEAN CHRYSOSTOME (Saint), v. 344-407, docteur * de l'Église, patriarche * de Constantinople, le plus éloquent des Pères * grecs. « Chrysostome » signifie Bouche d'or.

JEAN DAMASCÈNE (Saint), v. 680-v. 754, moine d'Orient connu pour sa rude polémique à l'encontre de l'iconoclasme *. On lui doit un beau traité de théologie, la *Source de la connaissance*.

JEAN L'ÉVANGÉLISTE (Saint), † v. 100, « le disciple que Jésus aimait », l'un des douze apôtres *, auteur du quatrième *Évangile* et de l'*Apocalypse* *.

JEAN XXIII (Angelo Giuseppe Roncalli, pape), 1881-1963, pape en 1958. En vue de réaliser un *aggiornamento* *, il convoqua en 1962 le second concile du Vatican.

JEANNE D'ARC (Sainte), 1412-1431. En 1429, elle délivra Orléans et fit sacrer à Reims le roi Charles VII. Condamnée par un tribunal ecclésiastique, elle mourut en martyre. Réhabilitée en 1456, Jeanne fut canonisée en 1920.

JEAN-PAUL II (Karol Wojtyla, pape), né en 1920, pape en 1978. Il prescrivit la rédaction du *Catéchisme de l'Église catholique* publié en 1992.

JÉRÔME (Saint), v. 347-420, père * de l'Église, savant docteur *, traducteur en latin de l'ensemble de la Bible. Son texte, dit *Vulgate*, fut considéré comme seul normatif par le concile * de Trente (1545-1563).

JOSEPH (Saint), époux de la Vierge Marie *, père nourricier de Jésus.

Joseph II de Lorraine-Habsbourg, 1741-1790, empereur germanique en 1765. Co-régnant puis souverain (1780) des terres des Habsbourg (Autriche, Bohême, Hongrie, etc.), il alterna des réformes libérales, comme ses édits de tolérance, et un contestable interventionnisme religieux, le joséphisme *.

Josias, † 609 av. J.-C., roi de Juda.

Josué, successeur de Moïse * à la tête du peuple hébreu au terme de la traversée du désert.

Judas Iscariote, l'un des douze apôtres *. Il vendit Jésus pour trente deniers d'argent. Plus tard, bourrelé de remords, il rendit cette somme aux sacrificateurs du Temple, et se pendit.

Jules II (Giuliano della Rovere, pape), 1443-1513. Grand mécène, il fit débuter la construction de la basilique Saint-Pierre à Rome.

Justinien I$^{er}$, 482-565, empereur d'Orient en 527. Il réforma l'État, codifia le droit, protégea les moines, combattit l'arianisme *, fit construire la gigantesque église Sainte-Sophie.

# K

Kierkegaard (Sören), 1813-1855, écrivain et philosophe luthérien danois, sans doute le plus profond théologien protestant depuis Calvin *.

Knox (John), † 1572, réformateur écossais presbytérien *, traducteur de la Bible, inspirateur, du deuxième *Prayer * Book*, rédacteur de la *Confessio scotica* (1560 *).

# L

Lazare (Saint), disciple et ami de Jésus-Christ, par lui ressuscité (*Jean* 11, 1-46).

Lefebvre (Mgr Marcel), 1905-1991, archevêque de Dakar, archevêque-évêque de Tulle, fondateur de la fraternité sacerdotale saint Pie X, il fut excommunié en 1988 pour avoir, de sa propre autorité, sacré plusieurs évêques.

Leibniz (Gottfried Wilhelm), 1646-1716, savant universel et philosophe allemand, auteur des *Essais de théodicée* (1710). Luthérien, il rêva, comme son correspondant Bossuet *, de l'union des Églises.

Léon III (Saint), 750-816, pape en 795, se montra opposé à l'introduction du *Filioque* * dans le texte du credo * de Nicée.

Léon V l'Arménien, † 820, empereur d'Orient en 813. Iconoclaste, il réveilla la querelle des Images.

Loisy (Alfred), 1857-1940, professeur d'histoire des religions. Exégète critique et rationaliste, comme son contemporain allemand Harnack *, Loisy, d'abord professeur d'hébreu et d'Écriture sainte à l'institut catholique de Paris, finit par être excommunié en 1908.

Luc (Saint), † v. 70, auteur du troisième *Évangile* et des *Actes des Apôtres,* il fut le fidèle compagnon de saint Paul. La tradition l'a dit médecin et peintre.

Luther (Martin), 1483-1546, moine augustin allemand, dont les thèses (1517 *) furent l'amorce de la Réforme *. Théologien et exégète, Luther fut aussi un grand écrivain. Auteur d'une très belle traduction de la Bible, il a affiné et ennobli la langue allemande.

# M

Mahomet, † 632, prophète d'Allah, fondateur de la religion musulmane, qui s'est voulue le seul véritable monothéisme *.

Marcion, v. 85-v. 160, hérésiarque * gnostique. Il refusait l'Ancien * Testament et même une large partie du Nouveau *.

MARGUERITE-MARIE ALACOQUE (Sainte), 1647-1690, religieuse de la Visitation * à Paray-le-Monial, elle bénéficia de plusieurs visions christiques qui contribuèrent à renforcer la dévotion catholique – alors récente – au Sacré-Cœur *.

MARIE (La bienheureuse Vierge), mère toujours vierge de Jésus, épouse de saint Joseph. « Toutes les générations me diront bienheureuse » (*Luc* 1, 48). Le concile d'Éphèse (431 *) lui reconnut le titre de Mère de Dieu (*Théotokos*). L'Église orthodoxe voit en Marie le lien fondamental entre l'Ancien et le Nouveau Testament. L'Église catholique l'a proclamée exemptée du péché * originel (immaculée * conception) et la considère comme le canal des grâces, intercesseur * par excellence.

MELANCHTHON (Philipp Schwarzerd, dit), 1497-1560, disciple et ami de Martin Luther *, il rédigea et présenta publiquement la *Confession d'Augsbourg* (1530).

MOÏSE, † v. 1250 av. J.-C., le plus grand prophète d'Israël, « génie antique, véritable créateur d'Israël » (J. Bottéro). Il arracha le peuple hébreu à sa servitude d'Égypte, le conduisit à travers le désert en direction de la Terre * promise. Il reçut de Dieu la révélation de son nom (*Exode* 3), la Loi * ou Décalogue * (*Exode* 20), et il fut le législateur par excellence du peuple élu. La tradition lui attribue la rédaction des cinq premiers livres de la Bible, le *Pentateuque* * ou Torah.

MOLINA (R.P. Luis), 1536-1600, jésuite *, théologien espagnol. Sa doctrine, semi-pélagienne, c'est-à-dire accordant trop d'efficacité à la liberté et à la volonté de l'homme, fut appelée molinisme *. Au XVII$^e$ siècle, la controverse fut vive opposant molinistes et jansénistes.

MOLINOS (Miguel de), 1628-1696, théologien espagnol, auteur spirituel et mystique *. Il soutint un quiétisme * que Rome condamna en 1687.

# N

**Nestorius**, v. 380-451, patriarche * de Constantinople, ennemi de l'arianisme *, mais condamné par le concile d'Éphèse en 431. Nestorius refusait à Marie * le titre de *Théotokos* (Mère de Dieu), ne la jugeant que mère du Christ. Il refusait aussi d'admettre une unité de *substance* entre la nature divine (essentielle) du Christ et sa nature humaine (accidentelle). Il existe encore aujourd'hui des nestoriens. Jean-Paul II a levé les anathèmes contre le nestorianisme en novembre 1994.

**Newman** (John Henry), 1801-1890, cardinal *, fondateur de l'Oratoire anglais, auteur spirituel et apologète. Il venait de l'anglicanisme * et s'était converti à l'Église romaine.

**Nikon** (Nikita Minine, dit), 1605-1681, patriarche de Moscou. Ses innovations, comme améliorer le texte de la Bible en recourant à l'original grec, ont été à l'origine du Raskol *, un schisme * traditionaliste.

# O

**Origène**, v. 185-v. 253, père * de l'Église. Né en Égypte, catéchète, prédicateur, exégète * de l'Ancien * Testament, théologien des rapports entre Ancien et Nouveau * Testament, et mystique (« une mystique du Verbe * incarné »), « Origène est, avec saint Augustin *, le plus grand génie du christianisme antique » (J. Danéliou *).

# P

**Pascal** (Blaise), 1623-1662. Savant universel et controversiste ami de Port-Royal *, Pascal fut aussi, avec ses *Pensées* (ouvrage posthume inachevé), un maître de l'apologétique *.

Paul (Saul de Tarse, devenu saint), † v. 67, Apôtre *, l'un des plus étonnants génies religieux de l'Histoire. Avant de mourir martyr, l'auteur inspiré des *Épîtres* avait évangélisé le monde méditerranéen.

Paul III (Alessandro Farnese, pape), 1468-1549, pape en 1534. Animateur de la contre-Réforme *, c'est lui qui prépara et convoqua l'important concile * de Trente (1545-1563).

Paul VI (Giovanni-Battista Montini, pape), 1897-1978, pape en 1963. Il clôtura le deuxième concile * du Vatican.

Pélage, v. 360-v. 422. Ce moine d'Occident, dont saint Augustin * fut le redoutable adversaire, exagérait les ressources du libre * arbitre, au détriment du pouvoir de la grâce * divine. Sa doctrine fut condamnée au concile * d'Éphèse (431).

Philon d'Alexandrie, v. 20 av. J.-C.-v. 50 apr. J.-C., théologien et philosophe. Son œuvre représente « la tentative la plus poussée qu'ait jamais faite un juif pour penser sa foi dans des catégories grecques » (O. Cullmann).

Photius, v. 820-v. 895, patriarche * de Constantinople. Sa révolte contre Rome en 867 *, à propos du *Filioque* *, fut le début du schisme * d'Orient.

Pie IV (Gianangelo Medici, pape), 1499-1565, pape en 1559. Aidé de son neveu le cardinal et futur saint Charles * Borromée, Pie IV anima la dernière période du concile * de Trente, dont il promulgua en 1564 la célèbre *Profession de foi*.

Pie V (Antonio Ghislieri, pape saint), 1504-1572, pape en 1566. Il soutint la mise en place des canons * et décrets du concile * de Trente, dont il fit paraître le catéchisme (*Catéchisme romain*) en 1566. L'Église lui doit aussi la refonte du *Bréviaire* * et du *Missel* *.

Pie IX (Giovanni Mastai Ferretti, pape), 1792-1878, pape en 1846. Il proclama en 1854 le dogme marial de l'immaculée * conception, perdit involontairement les États de l'Église, convoqua le premier concile * du Vatican.

Pie X (Giuseppe Melchiore Sarto, pape saint), 1835-1914, pape en 1903. Il condamna le modernisme *, encouragea la pratique eucharistique, avança l'âge de la première communion (à sept ans, âge de raison), publia un *Catéchisme* clair et net, réforma la Curie * et le droit * canonique.

Pie XII (Eugenio Pacelli, pape), 1876-1958, pape en 1939. Il définit et proclama en 1950 le dogme de l'Assomption *.

Pierre (Saint), † 64, pape. Il fut le chef des Apôtres * (« Tu es Pierre, et sur cette pierre je bâtirai mon Église ») et le premier évêque de Rome, ville où il mourut martyr.

Pierre Canisius (Saint), 1521-1597, docteur * de l'Église. Jésuite *, champion de la contre-Réforme *, il publia un catéchisme.

Pilate (Ponce), préfet ou procurateur de Judée au temps de la vie publique de Jésus, il abandonna ce dernier à la vindicte des juifs orthodoxes, ce que rappelle le texte du Credo *.

Pouget (Monsieur Guillaume), 1847-1933, lazariste, exégète et théologien, savant et pieux. Ses commentaires, évangéliques et cependant critiques, nous sont connus grâce au *Portrait de M. Pouget* publié par J. Guitton *.

# R

Robert Bellarmin (Saint), 1542-1621, docteur * de l'Église. Jésuite *, cardinal *, catéchète réputé, Bellarmin fut un controversiste talentueux au service de la contre-Réforme *.

Robinson (John A. T.), 1919-1984, évêque anglican et théologien, auteur de *Redating the New Testament* (1976).

# S

SAINT-CYRAN (Jean du Vergier de Hauranne, abbé de), 1581-1643, écrivain spirituel. Il fut l'ami de Jansénius * et le directeur de Port-Royal *.

SALOMON, v. 970-v. 931, fils et successeur de David *. Roi d'Israël, réputé pour sa sagesse. Il fit construire le Temple * et on lui attribue plusieurs livres sapientiaux.

SCHLEIERMACHER (Friedrich), 1768-1834, théologien luthérien. Romantique et fidéiste *, ennemi des « subtilités théologiques », il voyait dans la religion une « musique intérieure », seule susceptible de donner à l'homme « le goût de l'Infini ».

SERVET (Michel), 1511-1553, médecin et exégète, négateur du dogme de la Trinité *. Il réussit à presque unir contre lui l'inquisition catholique et Jean Calvin *. Ce dernier le fit condamner au bûcher.

SIMON (R.P. Richard), 1638-1712. Prêtre de l'Oratoire, exégète, il scandalisa fort lorsqu'il publia son *Histoire critique du Vieux Testament* (1678) où le rationalisme perçait derrière l'effort rationnel de critique philologique et historique.

SIMON LE MAGICIEN, Samaritain évoqué par les *Actes * des Apôtres*. Comme il avait demandé à saint Pierre * de lui vendre le pouvoir de communiquer le Saint-Esprit * par imposition des mains, l'Église inventa le mot *simonie* * pour désigner et condamner le trafic des choses saintes.

SIMON-PIERRE : Simon était le nom originel de saint Pierre *.

SMITH (Joseph), 1805-1844. Ce chef religieux américain publia en 1830 *Le livre de Mormon* qui devint la bible de l'« Église de Jésus-Christ des saints des derniers jours ».

SPENER (Philipp Jakob), 1635-1705, né à Ribeauvillé, pasteur luthérien. Précurseur du Réveil *, il voulut ranimer l'Église par le fidéisme *, l'appel à la conversion, les exercices spirituels, l'édification mutuelle : ce fut le courant dit piétisme *.

# T

Teilhard de Chardin (Pierre), 1881-1955, jésuite, paléontologue et philosophe, auteur du *Phénomène humain*. Au risque de ressusciter le gnosticisme *, le P. Teilhard, en une grandiose synthèse, a placé un schéma résolument christique au centre même de l'irrésistible évolution de l'humanité et du monde.

Tertullien, v. 155-v. 220, théologien latin de la primitive Église, moraliste intransigeant jusqu'au schisme *, auteur d'une défense du christianisme, l'*Apologeticum* (197).

Thomas (Saint), l'un des Apôtres *, appelé aussi Didyme. D'après l'*Évangile selon saint Jean* (20, 25), Thomas dit à ses amis lui annonçant la résurrection de Jésus : « Si je ne vois pas dans ses mains la marque des clous, si je ne mets mon doigt à la place des clous, et si je ne mets ma main dans son côté, je ne croirai point. »

Thomas d'Aquin (Saint), 1225-1274, docteur * de l'Église, célèbre théologien – surnommé le Docteur angélique – à qui l'Église catholique n'a pas craint de réserver une place unique. Il est l'auteur d'une monumentale *Somme théologique* dans laquelle Aristote * vient en renfort de la Révélation *.

Thomas a Kempis (Thomas Hemerken, dit), v. 1379-1471, moine allemand, auteur spirituel. Il est probablement l'auteur de la très édifiante *Imitation de Jésus-Christ*.

# U-V

Urbain IV (Jacques Pantaléon, pape), v. 1200-1264. Il instaura la fête-Dieu * (1264) ou fête du saint * sacrement.

Verdier (Mgr Jean), 1864-1940, cardinal archevêque de Paris.

Veuillot (Louis), 1813-1883, directeur du journal *L'Univers*, fougueux ultramontain *, il publia *Le Pape et la diplomatie* et *Le Parfum de Rome*.

Vinet (Alexandre), 1797-1847, théologien suisse. « Porte-parole de la liberté en matière de foi, seule garantie de l'authenticité spirituelle » (G. Casalis), Vinet en vint à fonder en 1845 l'Église libre. Bien des points le rapprochent de Schleiermacher *.

Vladimir le Grand (Saint), v. 956-1015, prince de Kiev. Il épousa une princesse byzantine et se convertit au christianisme (988), entraînant son peuple après lui.

# W-Z

Wesley (John), 1703-1791, théologien anglais, fondateur du méthodisme *.

Wyclif (John), v. 1320-1384, théologien britannique. Il paraît annoncer Luther *. Il influença Jan Hus *.

Zacharie (Saint), sacrificateur juif, époux d'Élisabeth * et père de Jean *-Baptiste. Saint Luc (chap. I$^{er}$) a narré ses épreuves, sa consolation, sa reconnaissance envers Dieu.

Zwingli (Ulrich), 1484-1531, célèbre Réformateur, sacramentaire * et radical. Il imposa le protestantisme à Zurich.

## ANNEXE 3

## PETIT DICTIONNAIRE

# A

ABJURATION : Renonciation solennelle à une hérésie *. Henri IV abjura le calvinisme à Saint-Denis le 25 juillet 1593.

ABSOLUTION : Formule (*Ego te absolvo*...) par laquelle le prêtre *remet*, au nom de Dieu, ses fautes au pécheur. Dans les cultes protestants, par la formule d'absolution, l'officiant *annonce* aux croyants repentants que Dieu leur pardonne.

ABSTINENCE : Mortification catholique (jadis imposée au carême *, aux vigiles *, aux quatre-temps * et même tous les vendredis) et orthodoxe, consistant à se passer volontairement de viande.

ACTE DE CONTRITION * : Prière catholique. Elle suit l'examen de conscience, précède et accompagne la confession *.

ACTES DE FOI, D'ESPÉRANCE ET DE CHARITÉ : Prières catholiques illustrant les trois vertus * théologales.

ACTES DES APÔTRES : Livre historique du Nouveau * Testament, par l'auteur de l'*Évangile selon saint Luc*. Les héros en sont saints Pierre * et Paul *, et nous y trouvons « l'histoire de la diffusion de l'Évangile, de Jérusalem à Rome, par l'action du Saint-Esprit * » (O. Cullmann *).

ACTIFS [ou « apostoliques »] (Ordres) : Ordres monastiques appliqués au service d'autrui (assistance, enseignement). On les oppose aux ordres contemplatifs *, voués à la prière. De fait, ils se complètent, comme à Béthanie les deux sœurs, Marthe et Marie (*Luc* 10, 38-42).

ADOPTIANISME : Ancienne hérésie anti-trinitaire rabaissant Jésus-Christ au rang de simple fils adoptif du Père.

ADORATION : Culte (ou latrie *) rendu à Dieu seul, comme l'exige le Décalogue *. Les catéchismes condamnent idolâtrie, irréligion, sacrilège et superstition, « péchés contre le culte dû à Dieu ».

ADVENTISTES : Membres d'une secte * millénariste, qui attend du retour du Christ dix siècles de félicité sur la Terre.

AGGIORNAMENTO : Actualisation proposée à l'Église ou par l'Église. L'expression vise plus précisément le pontificat de Jean XXIII *.

AGNOSTICISME : Au nom de la raison, incessamment brandie, l'agnosticisme est une forme atténuée et courtoise de l'athéisme *. Pourtant certains agnostiques font penser à l'athée inquiet dont parle Pascal *, celui que nous dirions « en recherche ».

ALBIGEOIS : Forme française de la religion cathare * – gnose * manichéenne – aux XII$^e$ et XIII$^e$ siècles. La croisade contre les albigeois dura vingt ans (1209-1229).

ALLIANCE : Promesse de protection et de fidélité faite par Dieu à Noé, Abraham *, Moïse *, etc., et à travers eux aux croyants. Les expressions consacrées d'Ancien * et de Nouveau * Testament (du grec *Diathèké*) auraient dû être remplacées par Ancienne et Nouvelle Alliance.

ÂME : « Germe d'éternité » que l'homme porte en soi. Cf. Immortalité * de l'âme.

ÂMES DU PURGATOIRE : cf. Communion * des saints, Purgatoire *, Réversibilité * des mérites.

ANABAPTISTES : Dissidents du premier luthéranisme *. Ils furent, en Allemagne, à l'origine de la terrible « guerre des paysans » (1522-1525). Les anabaptistes détestaient le catholicisme, les Églises établies, tout devoir imposé par l'État. Ils n'acceptaient que le baptême * des adultes, au point de rebaptiser leurs adeptes. Les mennonites *, les amishs, les baptistes * perpétuent cette sensibilité.

ANACHORÈTES : Anciens ermites * du désert.

ANATHÈME : Condamnation majeure pour hérésie *. Le verbe dérivé est : anathématiser. L'emploi de l'anathème est fort ancien : « Si quelqu'un n'aime pas le Seigneur, qu'il soit anathème ! » (*I Corinthiens* 16, 22). Les conciles * usaient de l'anathème puisqu'ils affirmaient par voie négative : *Si quis negaverit....., si quis dixerit..., anathema sit,* etc.

ANCIEN TESTAMENT : Les livres que les chrétiens désignent sous le nom d'Ancien Testament sont ceux mêmes qui forment la Bible juive. Ils constituent la base de la Révélation *, montrant les débuts et le développement de l'histoire du salut * au temps de la première Alliance *. Ils sont aussi « le livre de l'humanité tout entière, [...] document fondamental de l'histoire des développements successifs de l'idée religieuse dans l'humanité » (Ernest Renan *). – Pascal *, après saint Augustin *, compare l'Ancien Testament à une serrure dont Jésus-Christ est la clef ; « Jésus-Christ, que les deux Testaments regardent, l'Ancien comme son attente, le Nouveau comme son modèle, tous deux comme leur centre ». Et encore : « L'Ancien Testament contenait les figures de la joie future, et le Nouveau contient les moyens d'y arriver. »

Voici la liste des 46 livres de l'Ancien Testament (les protestants n'en reçoivent que 39 ; refusant ceux qui sont entre parenthèses. Cf. Apocryphes *). LE PENTATEUQUE, c'est à savoir : *La Genèse, L'Exode, Le Lévitique, Les Nombres, Le Deutéronome.* LES LIVRES HISTORIQUES, c'est à savoir : *Josué, Les Juges, Ruth, I Samuel, II Samuel, I Rois, II Rois, I Chroniques* [ou Paralipomènes], *II Chroniques, Esdras, Néhémie, (Tobie), (Judith), Esther, (I Maccabées, II Maccabées).* LES LIVRES PROPHÉTIQUES, c'est à savoir : *Isaïe, Jérémie, Lamentations de Jérémie, (Baruch), Ézéchiel, Daniel, Osée, Joël, Amos, Abdias, Jonas, Michée, Nahum, Habaquq, Sophonie, Aggée, Zacharie, Malachie.* LES LIVRES POÉTIQUES ET SAPIENTIAUX, à savoir : *Job, Les Psaumes, Les Proverbes, L'Ecclésiaste, Le Cantique des cantiques, (La*

*Sagesse), (L'Ecclésiastique,* ou Siracide). Cf. Bible *, Écriture * sainte.

ANGES : Purs esprits, membres de la cour céleste et envoyés de Dieu. Leur rôle est important dans la Bible. – Les démons *, « mauvais anges » déchus depuis leur révolte, peuplent l'enfer *. Les protestants ne vénèrent pas les anges.

ANGES GARDIENS : La « doctrine commune » de la majorité des Églises est que chacun depuis l'origine (conception ? naissance ? baptême * ?) bénéficie de la protection d'un « bon ange » gardien. Même la Réforme ne refuse pas en bloc cette conviction. Luther * croit aux anges gardiens, mais pour Calvin *, c'est « toute la gendarmerie du Ciel » qui veille au salut de tous et de chacun.

ANGLICANISME : Religion d'État britannique, issue de la Réforme *, séparée de Rome. Ses textes fondamentaux (*Prayer * Book*) s'inspirent de Luther * et de Calvin *. Grand est son respect de la Bible. Mais l'anglicanisme se rapproche du catholicisme par sa structure épiscopale et hiérarchique et son attachement à la liturgie *.

ANNONCIATION : Ainsi nomme-t-on le message apporté par l'ange * Gabriel à la Vierge Marie *, lui révélant qu'elle enfanterait le Sauveur. L'Annonciation est fêtée le 25 mars. Elle est, comme Noël *, une fête de l'Incarnation *.

ANTÉCHRIST (ou, mieux, Antichrist) : Imposteur satanique dont les trop séduisants messages précéderont la parousie * (vrai retour du vrai Christ). Se reporter à *I Jean* 2, 18.

ANTI-TRINITAIRES : Négateurs de la Trinité *. Les sectes * sont en général anti-trinitaires.

APOCALYPSE : Genre littéraire aimé des juifs, « révélation » (c'est le sens étymologique) prophétique, symbolique et initiatique. Dans l'Ancien * Testament, le livre de *Daniel* est une apocalypse.

APOCALYPSE [DE JEAN] : Livre final du Nouveau * Testament, œuvre de saint Jean * l'Évangéliste. Révélation imagée de Jésus-Christ, l'*Apocalypse* « proclame la portée cosmique de l'œuvre rédemptrice et du règne du Christ » (O. Cullmann *).

APOCATASTASE : Conversion finale et salut * de toutes les créatures, l'amour de Dieu envers les hommes ayant définitivement vaincu le mal et la mort. C'est sur cette perspective que s'achève ce que le cardinal Daniélou * nomme « la grande symphonie théologique » d'Origène *. Mais l'apocatastase fut condamnée au deuxième concile * de Constantinople (553), comme diminuant trop le libre * arbitre. L'Église orthodoxe, très intéressée au mystère * de la parousie *, refuse – à la suite de Grégoire * de Nysse – l'apocatastase totale (conversion de *tous*, salut pour *tous*) origénienne, mais « l'imploration d'une apocatastase de toutes les personnes humaines a toujours constitué l'un des thèmes les plus tenaces de sa haute spiritualité » (O. Clément).

APOCRYPHES : Textes non reconnus par l'Église dans le canon * de la Bible * : *Les Testaments des douze patriarches*, les *Psaumes de Salomon*, etc. – Les Églises de la Réforme * ne retiennent dans l'Ancien * Testament que les textes du canon hébraïque (ayant un original en hébreu). Elles disent apocryphes ou « deutérocanoniques » les autres livres : le troisième d'*Esdras*, les trois livres des *Maccabées, Tobie, Judith*, la *Prière de Manassé* (du second livre des *Chroniques*), les additions à *Daniel* et à *Esther*, le livre de *Baruch*, l'*Épître de Jérémie*, *L'Ecclésiastique* et enfin *La Sagesse de Salomon*. Cette exclusion assez arbitraire n'empêchait pas Luther * de tenir ces textes pour « bons et utiles à lire ». Les Églises chrétiennes n'eurent pas même indulgence envers les apocryphes du Nouveau * Testament (*Protévangile de Jacques, Apocalypse de Pierre *, etc.), qui pourtant – c'est inquiétant – reviennent aujourd'hui à la mode.

APOLOGÉTIQUE : Défense et illustration de la religion. Les *Pensées* de Pascal * en sont un exemple justement célèbre.

APOSTASIE : « Rejet total de la foi chrétienne » (Droit canonique, can. 751).

APOSTAT : Celui qui renie ou a renié la foi chrétienne. C'est ainsi que, bien qu'ayant changé six fois de confession *, Henri IV * ne fut jamais apostat.

APOSTOLAT : Œuvre missionnaire ou de prédication d'un apôtre, ou d'un chrétien suivant l'exemple des Apôtres *.

APOSTOLIQUE : Dans la suite directe et l'esprit des apôtres du Christ. Le symbole * de Nicée-Constantinople fait de l'apostolicité un attribut essentiel de l'Église. Le catholicisme considère les évêques * comme les successeurs des Apôtres *.

APÔTRES : Employé absolument, c'est le nom donné aux Douze, les plus proches disciples du Christ : Simon dit Pierre *, André, Jacques le Majeur, Jean * l'Évangéliste, Philippe, Barthélemy, Matthieu, Thomas, Jacques le Mineur (cousin de Jésus), Simon dit le Zélote, Jude dit Thaddée, Judas * l'Iscariote. Après la trahison de Judas, les Douze cooptèrent Matthias. Saint Paul * a joué un si grand rôle qu'on le compte au rang des Apôtres (il se disait tel), bien qu'il n'ait connu le Christ que par vision mystique.

ARCHE D'ALLIANCE : Nom du coffre abritant les deux tables de la Loi. « L'arche est le lieu institutionnel où le Dieu de l'Alliance * est présent » ; elle est « l'instrument de la puissance de Dieu » (A. Lelièvre) à travers un office royal, un office prophétique et un office sacerdotal (*ibidem*). Elle a disparu avant ou sous le règne de Josias *.

ARCHEVÊQUE : Prélat ayant préséance sur les évêques * de sa province * ecclésiastique.

ARIANISME : Au sens strict, hérésie * née de la doctrine anti-trinitaire du prêtre Arius *, qui faisait du Christ une sorte de divinité secondaire. L'arianisme fut condamné par le concile * de Nicée (325), sembla triompher dans tout le monde romain entre 337 et 363, fut à nouveau condamné par le concile de Constantinople (381). Il domina pourtant dans l'Europe barbare (Goths, Vandales, Burgondes, Lombards), heureusement contrarié par le baptême de Clovis (498). – Au sens large, l'arianisme est une hérésie qui revient sans cesse, sous des noms et des formes divers ; peut-être la seule véritable hérésie.

ARMÉE DU SALUT : Organisation caritative, fondée à Londres en 1865 par le prédicateur méthodiste William Booth * et structurée en 1878 * ; branche active du Réveil *.

ASCENSION : Fête célébrée quarante jours après Pâques *. Elle commémore la montée au Ciel de Jésus-Christ ressuscité.

ASCÈSE : Discipline physique et mentale, ensemble de mortifications volontaires faits pour purifier l'esprit et l'âme. Pour les Églises catholique et orthodoxe, l'ascèse est comme le porche de la mystique.

ASSOMPTION : Enlèvement miraculeux au Ciel « en corps et en âme » de la Vierge Marie. L'Église le fêtait au quinze août depuis des siècles. L'Assomption a été solennellement reconnue pour dogme par Rome en 1950 *. Les protestants la refusent.

ATHÉISME : Refus de toute divinité (les « païens » ne sauraient être qualifiés d'athées). « Un peu de philosophie incline l'esprit de l'homme à l'athéisme, mais une philosophie profonde amène les esprits des hommes à la religion » (Bacon). « Plaindre les athées qui cherchent » (Pascal).

ATTRIBUTS DE DIEU : Les théologiens voient en Dieu une essence une, spirituelle, éternelle, invisible, immuable, infinie, incompréhensible et ineffable. À ces attributs incommunicables (privilège de Dieu) s'ajoutent des attributs communicables (l'homme doit tenter de les imiter) : force, sagesse, bonté, justice, miséricorde, etc.

ATTRITION : Terme de théologie catholique désignant la contrition * (repentir des fautes commises) imparfaite.

AUTOCÉPHALES : Églises orthodoxes * d'Orient, issues des patriarcats de Constantinople, Jérusalem, Antioche, Alexandrie, et autonomes.

AVE MARIA : Très ancienne prière mariale de l'Église catholique. On l'appelle salutation angélique. Elle réunit deux citations de saint Luc * (« Je vous salue, Marie... » et « Vous êtes bénie entre toutes les femmes... ») et une invocation à la Mère de Dieu (« Sainte Marie... »).

AVENT : Temps de méditation et de pénitence correspondant aux quatre semaines précédant la fête de Noël *.

# B

BAPTÊME : « Le baptême est le premier des sacrements \*, car il nous introduit dans la vie divine par l'Église » (J. Guitton \*), efface le péché originel, apporte la grâce \* sanctifiante et ouvre la voie du salut \*. « Le baptême est absolument nécessaire pour être sauvé car le Seigneur a dit expressément : – Celui qui ne renaîtra pas dans l'eau et le Saint-Esprit \* ne pourra entrer dans le Royaume des cieux [*Jean* 3,5] » (*Catéchisme de saint Pie X*). Jean \*-Baptiste baptisait d'eau – et Jésus, on le sait, voulut bien s'y soumettre – ; le Christ « baptisera d'Esprit Saint » selon le mot même du Baptiste (*Matthieu* 3,11). L'ordre de baptiser les habitants « de toutes les nations [...] au nom du Père, du Fils et du Saint-Esprit » fut son dernier message aux Apôtres (*Matthieu* 28, 19). Saint Paul nomme ainsi le baptême : « Le bain de la régénération et le renouveau du Saint-Esprit » (*Tite* 3, 5) ; et affirme qu'il efface les péchés (*Actes* 22, 16). Mais ce n'est pas le seul bain extérieur (on baptisa longtemps par immersion, comme continuent de le faire les orthodoxes \* et les baptistes \*) qui détermine la purification des péchés, « car seuls le sang de Jésus-Christ et le Saint-Esprit nous purifient de tous les péchés » (*Catéchisme de Heidelberg*). – Les premiers baptêmes concernèrent des adultes, mais le baptême des enfants s'introduisit vite dans l'Église qui s'y attacha de plus en plus : la circoncision \* n'avait-elle pas été pratiquée sur les nouveau-nés ? Jésus n'avait-il pas exigé qu'on laissât venir à lui les petits enfants ? Catholiques, orthodoxes et protestants fidèles aux confessions \* du XVIe siècle sont « pédobaptistes ». Les anabaptistes \* n'acceptent que le baptême des adultes. Il semble qu'ils fassent un peu trop école de nos jours dans les grandes Églises.

BAPTISTES : Le baptisme, forme d'anabaptisme \* déjà répandue au temps de la *Mayflower* \*, conteste toute Église établie, au profit des communautés, de la prédication et des missions. Les baptistes sont fondamentalistes \* et donnent une importance primordiale au baptême * – un baptême par immersion comme au temps de Jean *-Baptiste, réservé aux adultes qui aspirent à la protection du Saint-Esprit *. Le baptisme privilégie la « conversion personnelle » et la solidarité paroissiale. Il est très puissant aux États-Unis, surtout dans les communautés noires du Sud.

BÉATIFICATION : Acte par lequel le pape déclare « bienheureux » un être dont la vie a été édifiante.

BÉATITUDES : Parlant à ses disciples, le Christ déclare heureux, ou bienheureux : 1° les pauvres en esprit, 2° ceux qui pleurent, 3° les doux, 4° ceux « qui ont faim et soif de justice », 5° les miséricordieux, 6° ceux qui ont le cœur pur, 7° les artisans de paix, 8° « ceux qui sont persécutés à cause de la justice ». Les huit béatitudes complètent les conseils * évangéliques.

BIBLE (de *biblia,* livres) : Recueil des livres sacrés du judaïsme et du christianisme. La Bible juive est constituée des livres que les chrétiens appellent *Ancien * Testament*. La Bible chrétienne est constituée de deux parties, l'*Ancien* et le *Nouveau * Testament*. « C'est un corps d'ouvrage bien singulier que celui qui commence par la *Genèse*, et qui finit par l'*Apocalypse* ; qui s'annonce par le style le plus clair, et qui se termine par le ton le plus figuré » (Chateaubriand). « Par quelque mot qu'on s'introduise dans le monde si riche, si divers, si nuancé, si étrange de la Bible, on est toujours mené à ce qui en est le cœur : la Parole * de Dieu incarnée en Jésus-Christ » (J.-J. von Allmen). Le Saint-Esprit * en a inspiré les textes aux Prophètes * puis aux Apôtres *. C'est lui qui aide le chrétien à en saisir le sens et la portée. Cf. Ancien * Testament, Écriture * sainte, Nouveau * Testament, Parole * de Dieu, etc. – « La Bible est d'abord le livre de la liberté, liberté de Dieu, et par subsidiarité liberté de l'homme » (P. Chaunu *).

BIENHEUREUX : À qui est promis un parfait bonheur (cf. Béatitudes *). Se dit aussi de qui a été béatifié par l'Église (cf. Béatification *). Jadis, « bienheureux » avait plus de force que « saint ». Dans le *Magnificat * (Luc 1, 48), la Vierge Marie * s'écrie : « Toutes les générations me diront bienheureuse. »

BRÉVIAIRE : Abrégé (latin *breviarium*) de l'office * divin, dont les prêtres catholiques doivent chaque jour lire et méditer les formules de prière.

BUISSON ARDENT (Le) : Épisode célèbre de l'histoire de Moïse * dans l'Ancien * Testament (*Exode* 3). Au cours du dialogue qui s'établit miraculeusement entre l'Éternel et le prophète, ce dernier demande à Dieu « quel est son nom ». « Dieu dit à Moïse : – Je suis Celui qui suis » (*Exode* 3,14).

BULLE : Lettre patente du pape condamnant une erreur ou précisant la doctrine de Rome. La bulle *Unigenitus* (1713) confirma plusieurs condamnations du jansénisme *.

# C

CALVAIRE : Colline aux portes de la Jérusalem ancienne (on la nommait Golgotha). Elle servait aux exécutions et supplices. Là fut mis en croix Jésus, le 7 avril de l'an 30.

CALVINISME : Théologie protestante exprimée dans l'*Institution de la religion chrétienne* (1541) de Jean Calvin * (que condense assez bien la *Confession* * *de La Rochelle*) et suivie par les Églises dites réformées * ou presbytériennes *.

CANON : Ce mot est synonyme de règle. – On nomme canon la liste officielle (IV$^e$ siècle) des livres bibliques (Ancien * et Nouveau * Testament) considérés par l'Église comme authentiques et inspirés. – Décision ou décret d'un concile *. – Partie principale de la messe *, entre la Préface et le Pater.

CANONIQUE : cf. Droit * canonique.

CANONISATION : Pour Rome et pour les Églises d'Orient, proclamation de la sainteté d'un défunt édifiant.

CARDINAUX : Prélats de l'Église romaine, nommés par le souverain pontife. Leur réunion s'appelle le sacré collège, qui constitue le corps électoral du pape.

CARÊME : Pour les Églises catholique et orthodoxe, temps de pénitence, de jeûne * et de prière précédant Pâques * (carême évoquant les quarante jours passés par Jésus au désert à la veille de sa vie publique) ; Noël *, Pâques, le 15 Août, pour les orthodoxes.

CASUISTIQUE : Discipline de théologie morale. Art subtil de démêler les cas de conscience. Pascal, dans ses *Provinciales,* a dénoncé les abus de la casuistique.

CATÉCHÈSE : Mot ancien d'emploi récent. Bien qu'il veuille dire « Enseignement de la religion chrétienne par demandes et réponses » (Petit Robert), il paraît paradoxalement symboliser la modernisation des vieux catéchismes *.

CATÉCHISME : Énoncé et explication des croyances chrétiennes présentés d'une manière nette, simple et pédagogique. Le catéchisme moderne est né au XVI$^e$ siècle, avec la *Brève instruction chrétienne* (1523) de Zwingli *, les *Grand* et *Petit catéchisme* (1529) de Martin Luther *, le *Formulaire* (1541) de Calvin * le *Catéchisme de Heidelberg* (1563), le *Catéchisme romain* (24 septembre 1566) ou du concile * de Trente, etc. Le *Catéchisme de Montpellier* (1702), rédigé par le P. Pouget pour Mgr Charles-Joachim Colbert de Croissy, de sensibilité janséniste, fut un des plus célèbres catéchismes diocésains catholiques. Le *Catéchisme de l'Église catholique* (1992), inspiré par le pape Jean-Paul II *, dirigé par le cardinal Ratzinger, veut être, par relation à Vatican II, ce qu'avait été le *Catéchisme romain* de 1566 pour le concile * de Trente.

CATÉCHUMÈNES : Ceux que l'on initie à la foi chrétienne. Dans la primitive Église, les païens admis à une longue et fort sérieuse préparation au baptême *.

CATHARES : Adeptes d'une religion à la fois gnostique et moralisante, condamnée par Rome en 1179 *. Les albigeois * en constituèrent une branche fameuse au cruel destin.

CATHOLICOS : En Orient, titre de quelques très éminents patriarches *.

CATHOLIQUE : Catholique signifie universel, et, dans le Credo *, l'épithète définit l'Église du Christ (dite également une, sainte et apostolique *) bien avant le schisme * d'Orient et la Réforme *. Depuis le schisme oriental, « catholique » s'applique essentiellement à l'Église soumise à Rome et au pape.

CÈNE : Dernier repas de Jésus-Christ, le jeudi * saint, veille de sa mort, en compagnie des Apôtres *. Il y institua le sacrement de l'eucharistie *, que les protestants appelleront la « sainte cène ».

CÉNOBITES : Moines des premiers siècles de l'Église vivant en communautés.

CÉSARO-PAPISME : Mainmise de l'autorité civile sur l'Église. Le joséphisme * tendait, au XVIIIe siècle, au césaro-papisme.

CHANOINES : À l'origine, membres du conseil de l'évêque *. Puis membres prébendés (rémunérés) d'un chapitre * cathédral ou collégial, chargés de prier et tenus de tous les jours réciter l'office * divin.

CHAPITRE : Communauté ou assemblée de chanoines *.

CHARISMATIQUES : Communautés chrétiennes contemporaines qui, dans l'atmosphère retrouvée de la primitive Église, privilégient et cultivent les dons du Saint-Esprit *. Le pentecôtisme * fut et demeure un grand mouvement charismatique.

CHARISMES : Dons accordés par le Saint-Esprit * à des croyants ou groupes de croyants ; comme le parler en langues, le don de prophétie, la thaumaturgie *, etc.

CHARITÉ : La troisième vertu * théologale. Nom religieux traditionnel de l'amour de Dieu et de l'amour du prochain.

CHORALS : Cantiques spirituels d'inspiration biblique, institués par Luther * pour animer les cultes. « Je pense, disait-il, qu'il n'échappe à aucun chrétien qu'il est bon, comme il est agréable à Dieu, de chanter des cantiques [...] à l'exemple des Prophètes * et des rois de l'Ancien Testament. » Les plus beaux chorals furent ceux de Jean-Sébastien Bach *.

CHRISMATION : Nom de la confirmation * dans l'Église orthodoxe.

CHRIST : L'Oint du Seigneur. Traduction et exacte transposition du mot Messie (hébreu). Cf. Jésus-Christ *.

CHUTE : Au figuré, chute signifie péché *. Au lieu d'user de l'expression « péché * originel », il vaut mieux parler de la « chute ». Cela aide à comprendre la dialectique du salut * des hommes : Création, Chute, Rédemption *.

CIEL : Séjour du trône de Dieu et de la cour céleste. Pour les élus *, à qui la grâce de Dieu a procuré au Ciel une demeure éternelle, synonyme de Paradis *. Le Nouveau * Testament emploie très souvent le mot Ciel au pluriel (le royaume des cieux, etc.). Saint Paul * nous assure qu'il « fut ravi jusqu'au troisième ciel » (*II Corinthiens* 12, 2).

CIRCONCISION : Opération rituelle par laquelle on retranche le prépuce des garçons, en application de la loi juive, le huitième jour après leur naissance. Jésus enfant fut circoncis et l'Église célèbre l'événement chaque premier janvier. La circoncision était (et reste pour les juifs) le signe privilégié de l'Alliance *. « Ce signe préfigure la circoncision du Christ qu'est le baptême * » (*Catéchisme de l'Église catholique*). « Les vrais circoncis, c'est nous », a, en effet, écrit saint Paul * (*Philippiens* 3, 3), qui a persuadé la primitive Église de ne pas faire circoncire les catéchumènes non issus du judaïsme.

CLERGÉ : L'ensemble des gens d'Église. Cf. Sacerdoce * chrétien. Dans l'Église, on distingue traditionnellement clergé régulier (moines, moniales, soumis à une règle) et clergé séculier (évêques * et prêtres *, exerçant leur ministère dans le monde).

COMMANDEMENTS DE DIEU : cf. Décalogue *.

COMMANDEMENTS DE L'ÉGLISE : Prescriptions imposées par l'Église catholique pour aider ses fidèles à bien observer le Décalogue *. On en compte six : « 1° Les fêtes * tu sanctifieras/Qui te sont de commandement. 2° Les dimanches messe entendras/Et les fêtes pareillement. 3° Tous tes péchés confesseras/À tout le moins une fois l'an. 4° Ton Créateur tu recevras/Au moins à Pâques * humblement. 5° Quatre-Temps *, vigiles * jeûneras/Et le carême * également. 6° Vendredi chair ne mangeras/Ni jours défendus mêmement. »

COMMUNION : Participation du prêtre et/ou des fidèles au sacrement * de l'eucharistie *.

COMMUNION SOLENNELLE : Cérémonie catholique à laquelle l'immense majorité des fidèles reste très attachée (elle constitue avec le baptême *, le mariage * et les funérailles religieuses un des quatre grands rites de passage). Elle n'est plus – depuis que Pie X * a rendu l'eucharistie * accessible aux enfants – une « première » communion *, mais elle comporte une rénovation des vœux du baptême. On disait jadis « renoncer à Satan *, à ses pompes et à ses œuvres », c'est-à-dire aux vanités de ce monde.

COMMUNION DES SAINTS : Pour les protestants, il s'agit du troupeau dont Dieu est le pasteur (*Psaume* 95). Karl Barth pense que si l'Église est sainte et universelle, alors elle est communion des saints. – Pour les catholiques, la communion des saints permet des échanges spirituels entre Église triomphante (les élus * du Ciel), Église souffrante (âmes * du purgatoire *), Église militante (chrétiens vivant sur terre). Cf. Réversibilité * des mérites.

CONCILE : Assemblée d'évêques * réunis pour préciser des points de dogme, de morale ou de discipline. En 314, le concile d'Arles a condamné le donatisme *.

CONCILE ŒCUMÉNIQUE : Concile * universel (et non pas national ou provincial). Canons * ou décrets votés par les pères (évêques) des conciles œcuméniques engagent les chrétiens. – Les orthodoxes * ne reçoivent pourtant que les sept premiers (antérieurs au schisme * d'Orient). Les protestants, bien que méfiants envers la Tradition *, acceptent les quatre premiers conciles (Nicée, Constantinople, Éphèse et Chalcédoine) comme prolongeant l'âge apostolique * et fidèles aux enseignements de la Bible. Pour l'Église catholique, Vatican II (1962) est le vingt et unième œcuménique.

CONCLAVE : Assemblée des cardinaux réunis pour élire le pape.

CONCORDISME : Forme de fondamentalisme * qui nie toute contradiction entre la lettre de la Bible * (par exemple, la Création en sept jours) et les apports de la science moderne et contemporaine.

CONCUPISCENCE : Désir des biens sensibles et penchant pour le mal, qui sont la rançon du péché * originel. Saint Augustin * a beaucoup étudié la concupiscence et longuement insisté sur ses désastreuses conséquences. C'est abusivement que d'aucuns cantonnent la concupiscence sur le terrain de la sensualité.

CONFESSEUR : Chrétien des premiers âges que sa foi poussait à affronter la persécution. Le martyr * est un confesseur allant jusqu'au bout de son sacrifice. Au II$^e$ siècle, nombre de chrétiens subirent dix ans de travaux forcés. – On appelle aussi confesseur le prêtre ou le religieux dirigeant les consciences. De 1604 à 1764, les confesseurs des rois de France furent des jésuites *.

CONFESSION : Profession de foi (exemples, le symbole des Apôtres ou Credo, la *Confession d'Augsbourg* luthérienne de 1530, etc.). – Église chrétienne (Henri IV, restant toujours chrétien, écartelé entre l'Église réformée * et l'Église catholique, a changé six fois de confession au cours de sa vie). – Aveu public ou privé de ses péchés (les premiers chrétiens pratiquaient la confession publique de leurs fautes), soit en assemblée d'Église, soit dans les conditions du sacrement * de pénitence * (ou réconciliation).

CONFESSIONS DE FOI : Formulaires dogmatiques. Les anciens Credo * de l'Église, superbes professions de foi (Credo de Nicée, symbole des Apôtres, Credo dit d'Athanase), en sont le meilleur exemple. Le protestantisme naissant vit la rédaction de plusieurs confessions de foi, comme la *Confession d'Augsbourg* (1530), luthérienne, et la Confession dite de La Rochelle – *Confession de foi des Églises réformées en France* – (1559 et 1571), calvinienne.

CONFIRMATION : Pour tous les chrétiens, la confirmation est le complément indispensable du baptême *. Rome et les orthodoxes considèrent la confirmation comme un sacrement * de l'effusion et don du Saint-Esprit *, marqué par l'imposition des mains et par l'onction d'un saint chrême (*myron*, pour les orthodoxes) béni par l'évêque. Catholiques et orthodoxes considèrent la confirmation comme « nécessaire à l'accomplissement de la grâce baptismale » car elle renforce « le lien des baptisés avec l'Église » (*Catéchisme de l'Église catholique*). Dans les premiers siècles, la confirmation ne faisait qu'un avec la cérémonie du baptême, ce qui reste en usage dans l'Église orthodoxe. Rome a séparé les deux célébrations et réservé à l'évêque (ou à un prêtre par lui expressément mandaté) l'administration du sacrement. Avant de recevoir l'onction, le confirmand renouvelle les promesses de son baptême. – Dans les Églises protestantes, ou du moins la majorité d'entre elles, la confirmation, si elle n'est pas véritablement sacrement (car les réformateurs n'admettaient point l'idée que la grâce * du baptême puisse être tenue pour insuffisante), est un rite spirituel essentiel des catéchumènes adolescents. Qu'ils soient luthériens ou réformés *, les confirmands récitent publiquement une confession de foi avant de recevoir du ministre * l'imposition des mains. La première communion suit en général la confirmation.

Congrégation : Communauté religieuse n'exigeant de ses membres que des vœux * simples. Signifie parfois aussi confrérie pieuse.

Congrégationalisme : Souci presbytérien * poussé jusqu'au point de rendre tout à fait indépendantes les paroisses protestantes, démocratiquement gérées.

Consécration des espèces * : cf. Institution * et Présence * réelle.

Consécration des évêques * : Cérémonie scellant spirituellement l'engagement du nouvel évêque (catholique, orthodoxe ou anglican) et soulignant le fait de la continuité apostolique, les évêques étant successeurs des Apôtres *.

Consécration des pasteurs : Ordination des ministres * luthériens, réformés * ou anglicans.

Conseils évangéliques : Programme invitant à la perfection. Les principaux conseils du Christ devinrent les vœux * monastiques : pauvreté, chasteté, obéissance.

Consubstantiation : Doctrine luthérienne de la présence * réelle du Christ dans l'eucharistie *. On dit aussi : impanation. Dès les paroles d'institution *, les espèces * sont *à la fois* pain et vin, corps et sang de Jésus-Christ.

CONTEMPLATIFS : La vie contemplative (par exemple, celle des carmélites) s'oppose à la vie active (par exemple, celle des petites sœurs des pauvres). Les anciens anachorètes * et cénobites *, les mystiques, les moines ou moniales voués à la prière sont dits contemplatifs.

CONTRE-RÉFORME (on dit aussi : réforme catholique) : Ensemble des efforts et réussites du catholicisme – dans l'ordre doctrinal, spirituel, mystique, géographique, intellectuel, artistique, pédagogique et missionnaire – pour s'opposer à la Réforme * et reconquérir le terrain perdu, en réformant et en ranimant l'Église romaine. Le concile * de Trente (1545-1563) lui donna son élan.

CONTRITION : Sincère et entier repentir des péchés, accompagné de la résolution très ferme de ne plus offenser Dieu. Les catholiques, disent « parfaite » la contrition fondée sur le seul regret d'avoir offensé Dieu. Ils nomment « attrition * », ou contrition imparfaite, celle qui a pour cause honte du péché et/ou crainte de l'enfer *.

CONVERSION : Action de se tourner ou de se mieux tourner vers Dieu. Le passage d'un païen au christianisme est une conversion du premier genre ; la découverte du Christ par saint Paul *, juif croyant, est du second type. On peut aussi parler de conversion lorsque un Pascal *, un Wesley *, un Charles de Foucauld changent brusquement de vie.

COPTES : Chrétiens d'Égypte ou d'Éthiopie. Les coptes sont majoritairement demeurés monophysites *. Quant aux coptes catholiques, ils sont uniates *, c'est-à-dire rattachés à Rome mais fidèles à la liturgie orientale.

CORAN : Livre saint des musulmans. Pour eux l'ouvrage a été dicté à Mahomet * par l'ange Gabriel.

CREDO : Profession de foi chrétienne des premiers siècles. Les Credo sont aussi des résumés dogmatiques, et des prières ou des hymnes. Les trois plus vénérables sont : 1° le symbole des Apôtres (« Je crois en Dieu le Père tout-puissant »…), le plus ancien, même si son texte définitif est du VI$^e$ siècle ; 2° le symbole de Nicée, ou Credo de Nicée-Constantinople, dont l'essentiel date de 325 (*Credo in unum Deum*...), et qui fut longtemps chanté à la grand-messe dans l'Église catholique ; 3° le Credo dit de saint Athanase, le plus récent, le plus trinitaire * des trois.

CULTE : Hommage religieux rendu à Dieu. Dans la primitive Église, il avait trois pôles : prédication, expression des charismes * et « fraction du pain » (eucharistie *). Au cœur de la dévotion catholique se situe la sainte messe *, que l'Église orthodoxe nomme « la sainte liturgie ». Les offices dominicaux anglican et luthérien ont une structure plus ou moins comparable. Parfois appelé « prêche », l'office réformé * est plus dépouillé, plus austère et peut être présidé par un prédicateur non pasteur.

CURÉ : Prêtre * responsable d'une paroisse. Populairement ou de manière péjorative : prêtre ou homme d'Église.

CURIE : Nom donné à la fin du XI$^e$ siècle au gouvernement de l'Église romaine. Exemple : Mgr Poupard est cardinal de curie.

# D

DAMNATION : Condamnation aux supplices de l'enfer *. Le *dam* (torture morale née de la privation de Dieu) en est le plus cruel.

DARBYSTES : Communautés protestantes dissidentes, très hostiles aux Églises établies et d'un calvinisme renforcé du côté de la prédestination *. Un Réveil * poussé à l'extrême.

DÉCALOGUE : Les dix commandements dictés à Moïse * par Dieu, au Sinaï, gravés sur les deux tables de la Loi, et qui sont au cœur de la religion juive et de la religion chrétienne (cf. *Exode* 20, 1-17 et *Deutéronome* 5, 6-22). L'Église catholique les a ainsi versifiés :
  1. Un seul Dieu tu adoreras / Et aimeras parfaitement.
  2. Le nom de Dieu ne jureras / Ni sans raison, ni faussement.
  3. Les dimanches sanctifieras / En servant Dieu dévotement.

4. Tes père et mère honoreras / Les assistant fidèlement.
5. Homicide point ne seras / Sans droit ni volontairement.
6. L'impureté ne commettras / De corps ni de consentement.
7. Le bien d'autrui tu ne prendras / Ni retiendras injustement.
8. Faux témoignage ne diras / Ni mentiras aucunement.
9. Désir mauvais repousseras / Pour garder ton cœur chastement.
10. Bien d'autrui ne convoiteras / Pour l'avoir malhonnêtement.

DÉISME : Doctrine ou sensibilité qui accepte une divinité (« grand horloger », « grand architecte de l'univers »), mais refuse tout dogme. Le déisme est « presque aussi éloigné de la religion que l'athéisme * » (Pascal). Il eut pour champions Voltaire et les philosophes des Lumières (XVIII<sup>e</sup> siècle).

DÉMONS : Anges déchus après leur révolte contre Dieu. Ils sont les complices de Satan *, l'esprit du Mal, leur chef. Comme lui ils seront anéantis à la fin des temps (*Romains* 16, 20), mais leur repentir et leur rédemption, rêvés par Origène *, n'ont pas de fondement dans l'Écriture sainte. – Deux charismes *, parallèles ou confondus, permettaient aux Apôtres * ou aux inspirés de la primitive Église de « chasser les démons » (à l'imitation du Christ) par thaumaturgie * ou par exorcisme *.

DERNIERS SACREMENTS : cf. Onction * des malades, Viatique *.

DEUTÉRONOME : Cinquième livre de la Bible *. Il récapitule la Loi *.

DEVOTIO MODERNA : Mouvement de spiritualité * évangélique et appliquée qui fleurit à la fin du moyen âge (XV<sup>e</sup> siècle) et que résume bien la célèbre *Imitation de Jésus-Christ*.

DIABLE : Le diable (en hébreu Satan) est dénoncé dans l'Écriture sainte comme l'esprit du mal. Ange déchu après sa révolte contre Dieu, chef des démons *, le diable est – étymologiquement et réellement – l'Adversaire, l'Ennemi. Adversaire de Dieu et du bien. Ses divers surnoms ressemblent à un programme : le Tentateur, le Malin (dans le Notre * Père : « Délivre-nous du Malin »), le Méchant, le Menteur (cf. *Genèse* 3, *Matthieu* 4, etc.), le Père du mensonge, le Seigneur de la mort, le Prince de ce monde. Satan a cru gagner avec Adam en provoquant la chute *. Il a peut-être cru gagner contre le Nouvel

Adam lorsque Jésus fut crucifié ; mais cet événement, loin de lui assurer la victoire, fut pour lui « une défaite cuisante » : c'est en effet par la mort de Jésus « qu'a été effacé l'acte d'accusation destiné à écraser l'humanité (*Colossiens* 2, 14-15) et c'est là un des aspects les plus curieux du grand paradoxe de la Croix » (J. Héring). Satan continue pourtant son œuvre de destruction et si l'Antéchrist * – ou mieux l'Antichrist – annoncé par l'Écriture n'est pas forcément le diable, il sera au moins l'une de ses créatures. Car Satan règne sur l'enfer *, aidé de ses « anges ». – Le Nouveau * Testament prédit son anéantissement final (*Romains* 16, *I Corinthiens* 15, *Apocalypse*, chap. 14, 19, 20, 21), mais non sa conversion et son repentir comme en rêvait Origène *.

Diaconat : Office (charitable ou administratif) du diacre *. – Dans l'Église catholique et l'Église orthodoxe, ordre * majeur précédant la prêtrise.

Diacre : À l'âge apostolique, disciple dûment choisi pour assurer les charges matérielles des Églises et secourir les pauvres. Plus tard, auxiliaire des évêques. Plus tard encore, titulaire d'un ordre majeur reçu avant la prêtrise. Dans le protestantisme, diacres et diaconesses s'occupent d'œuvres charitables, les diaconesses en communautés.

Dieu : Être infini, Créateur et Providence *, qui a bien voulu se révéler aux hommes par sa Parole *, montrant ainsi qu'il est d'abord amour et vérité (*Psaume* 138). La Révélation nous enseigne un Dieu unique. C'est aussi un Dieu vivant ; celui d'Abraham *, d'Isaac, de Jacob, de Moïse *, de David *, non des philosophes et des savants. L'Ancien * Testament révèle aussi un Dieu jaloux (*Exode* 20, 5) mais miséricordieux (*Exode* 20, 6), un Dieu très saint (« Saint, saint, saint est l'Éternel des armées ! » *Isaïe* 6, 3), très sage (*Esdras* 7, 25), très bon (*Psaume* 52, 3), le Dieu de l'Alliance *. Le Nouveau * Testament complète et transfigure cette première Révélation progressive et pédagogique. Désormais « nous ne connaissons Dieu que par Jésus-Christ * » (Pascal) ; le Christ dont l'Incarnation * et l'œuvre rédemptrice (cf. Rédemption *) et salvatrice réconcilient le monde avec Dieu. Désormais nous progressons aussi dans la connaissance de Dieu, son amour (« Celui qui n'aime pas n'a pas connu Dieu, car Dieu est amour », *I Jean* 4, 8), et sa vérité (« Dieu est lumière », *I Jean* 1, 5, et Dieu est Trinité *). « Cette trinité de Dieu ne peut jamais être abstraite de son œuvre rédemptrice, c'est-à-dire de l'histoire du salut * » (R. Mehl). Cf. *Galates* 4, 4-6. – Voir aussi : Attributs * de Dieu, Incarnation *, Jésus-Christ *, Nom * de Dieu, Rédemption *, Trinité *, etc.

DIMANCHE : Étymologiquement, dimanche signifie « le jour du Seigneur », c'est-à-dire jour de repos et de prière, en accord avec le Décalogue * et avec le septième jour du récit biblique de la Création. Au I$^{er}$ siècle les chrétiens respectaient encore le samedi (sabbat *). Dès le II$^e$ siècle, le dimanche lui succéda peu à peu, moins pour se séparer de la Synagogue * que pour célébrer le jour de la résurrection du Christ.

DIOCÈSE : Territoire soumis à l'autorité d'un évêque *.

DISSIDENTS : Nom donné, aux XVII$^e$ et XVIII$^e$ siècles, à ceux qui contestaient et quittaient l'anglicanisme * ou Église établie.

DOCÉTISME : Hérésie * ancienne niant la nature humaine du Christ, tenu pour vrai Dieu, mais non vrai homme. « L'Église a eu autant de peine à montrer que Jésus-Christ était homme, contre ceux qui le niaient, qu'à montrer qu'il était Dieu » (Pascal).

DOCTEURS : Nom donné aux pères * de l'Église et aux grands théologiens. – Rome peut accorder le titre exceptionnel de « docteur de l'Église » (Saints Bernard *, Bonaventure, Thomas * d'Aquin, Jean de la Croix, François * de Sales, etc.). – La robe noire des ministres * protestants est une robe de docteur.

DOGME : Croyance fondamentale et que les fidèles doivent admettre absolument. On dit « Cela est de foi ». Pour les catholiques, l'immaculée * conception de la Vierge Marie * est de foi depuis 1854 *. L'essentiel du dogme chrétien est condensé dans les Credo * : symbole des Apôtres et Credo de Nicée.

DONATISME : Schisme * intégriste africain du IVe siècle. Il reprochait au catholicisme de Rome une indulgence – tenue pour faiblesse – envers les apostats * repentis.

DONS DU SAINT-ESPRIT * : Ce sont sept vertus éminentes : sagesse, intelligence [des choses de Dieu], conseil, force, science, piété et crainte de Dieu.

DORMITION : Nom donné par les catholiques et surtout par les orthodoxes au dernier sommeil de la Vierge Marie *, au cours duquel son corps fut miraculeusement (Assomption *) transporté au Ciel.

DOXOLOGIE : Formule (écrite, récitée ou chantée) de glorification du Seigneur. On connaît celle qui prolonge le Notre * Père : « Car c'est à Toi qu'appartiennent, dans tous les siècles, le règne, la puissance et la gloire ! » (*Matthieu* 6, 13). Elle ne se trouvait pas dans le texte évangélique d'origine. C'est une belle formule liturgique introduite, vers le IIIe siècle, par un copiste trop zélé de la région d'Antioche.

DROIT CANONIQUE : Code des lois de l'Église catholique.

DULIE : Vénération des anges * et des saints *, encouragée par le catholicisme et les orthodoxes, refusée par les protestants.

# E

ÉCHELLE DE JACOB : Très célèbre théophanie *, rapportée au début de la Bible (*Genèse* 28). Elle est au cœur d'un rêve du patriarche Jacob. « Une échelle était dressée sur la terre, et son sommet touchait au ciel ; et les anges de Dieu y montaient et y descendaient. Or l'Éternel se tenait au-dessus d'elle. » Ce texte a beaucoup inspiré les artistes, mais sa vertu théologique et spirituelle est non moins remarquable. L'échelle de Jacob, entre autres symboles, annonce le Christ (« Je suis le Chemin », *Jean* 14, 6), Médiateur * entre Dieu le Père et les hommes.

ÉCRITURE SAINTE (ou SAINTE ÉCRITURE, ou SAINTES ÉCRITURES, ou ÉCRITURE tout court) : cf. Bible *, Ancien * Testament, Nouveau * Testament. Réceptacle privilégié de la Parole * de Dieu. « Toute l'Écriture est inspirée de Dieu » (*II Timothée* 3, 16). Pour le protestantisme, toute la Révélation * y est contenue. Les catholiques partagent la Révélation entre Écriture sainte et Tradition *. Monsieur Pouget *, savant lazariste, parlait même de l'Écriture comme « cette partie principale de la Tradition qui a été consignée dans des écrits » (J. Guitton).

ÉGLISE (du latin *ecclesia*, assemblée) : Communauté des croyants reconnaissant pour chef Jésus-Christ, Fils de Dieu et Dieu, fondateur de cette communauté même (« Il est la tête du corps de l'Église », *Colossiens* 1, 18). L'Église est le corps mystique du Christ. Le temps de l'Église va de la première Pentecôte * chrétienne – c'est dire la place tenue par le Saint-Esprit * – à la parousie *, retour du Christ en gloire à la fin des âges. Au temps de la Réforme *, les initiateurs du protestantisme, Luther * en tête, se sont recommandés de l'Église invisible (celle dont Dieu seul connaît la nature réelle et les frontières exactes) contre l'Église visible ou Église établie, peut-être un peu confondue avec ses institutions. Cf. aussi Communion * des saints.

ÉLECTION : Choix indiquant la préférence de Dieu. Cf. Prédestination *.

ÉLUS : Ceux que Dieu a admis au Ciel *.

ENFER : Royaume du diable * et lieu de supplice pour les pécheurs obstinés que le jugement de Dieu a frappés de damnation *. « L'enseignement de l'Église affirme l'existence de l'enfer et son éternité. Les âmes de ceux qui meurent en état de péché mortel descendent immédiatement après la mort dans les enfers, où elles souffrent les peines de l'enfer, le "feu" éternel » (*Catéchisme de l'Église catholique*). Cette ferme doctrine n'exclut pas que le feu soit symbolique, mais elle maintient la réalité de la punition éternelle. Elle refuse donc l'espoir d'une apocatastase *, toujours vivace dans l'Église orthodoxe. À l'opposé, elle s'inscrit en faux contre le laxisme du protestantisme libéral (un diable symbolique, un enfer plus symbolique encore), laxisme qui eût scandalisé Luther * et surtout Calvin *.

ÉPIPHANIE : « L'Épiphanie est la manifestation de Jésus comme Messie d'Israël, Fils de Dieu et Sauveur du monde. [...] Elle célèbre l'adoration de Jésus par des *mages* venus d'Orient » (*Catéchisme de l'Église catholique*). Elle est fêtée par l'Église le 6 janvier, qu'on nomme « le jour des Rois ».

ÉPISCOPAL : Qui concerne l'évêque *, ou qui dépend de l'évêque (l'Église anglicane est épiscopale, ou épiscopalienne).

ÉPISCOPAT : Titre d'évêque *, ou encore corps des évêques.

ÉPÎTRES : Épître signifie lettre. Font partie de la Bible * canonique les treize *Épîtres de Paul*, l'*Épître aux Hébreux*, l'*Épître de Jacques*, les deux *Épîtres de Pierre*, les trois *Épîtres de Jean* et l'*Épître de Jude*. – Parmi les apocryphes *, on peut citer la *Lettre d'Aristée*, l'*Épître de Jérémie*, la *Lettre d'Abgar d'Édesse à Jésus*, et la *Lettre des Apôtres*.

ERMITES : Pieux personnages vivant et priant dans la solitude.

ESCHATOLOGIE : Les perspectives finales de l'histoire humaine et pleines d'espérance de l'histoire du salut *, c'est à savoir le retour du Christ (ou parousie *), la fin du monde, le jugement * dernier. Déjà les juifs pieux attendant le Messie pensaient que son avènement précéderait la fin du monde. « La première génération chrétienne vécut dans l'idée d'un retour prochain du Seigneur... Cette mentalité exista jusqu'à la fin du premier siècle » (M. Pouget *). Il est vrai que plusieurs passages du Nouveau * Testament pouvaient être interprétés de la sorte (*I Jean* 2, 18) malgré les mises en garde du Christ lui-même (*Actes* 1, 6-7). L'ambiguïté du mot grec *basileia* (cf. Royaume *, Règne, Royauté de Dieu) abusa souvent les premiers chrétiens et, plus tard, certains théologiens, comme Albert Schweitzer.

ESPÈCES : Nom que donne l'Église au pain et au vin de la communion *. Les protestants communient sous les deux espèces. Selon le dogme * catholique (« transsubstantiation * »), le Christ est réellement et substantiellement présent dans l'eucharistie * « sous les espèces ou apparences du pain et du vin ».

Esprit Saint : cf. Saint-Esprit *.

Esséniens : Au temps du Christ, les esséniens constituaient l'une des grandes orientations du judaïsme (à côté des sadducéens *, des pharisiens * et des zélotes *). Elle était caractérisée par le dépouillement spirituel et l'ascèse *. Les documents de Qumran * dits aussi « de la mer Morte », proviennent des esséniens. – On doit se garder de prendre au pied de la lettre la fameuse phrase de Renan : « Le christianisme est un essénisme qui a largement réussi. »

État de grâce : En théologie catholique, être « en état de grâce », c'est posséder la grâce * sanctifiante ou habituelle. Le péché * mortel tue en nous l'état de grâce. « Interrogée si elle sait qu'elle est en la grâce de Dieu », Jeanne * d'Arc répond à ses juges : « Si je n'y suis, Dieu veuille m'y mettre ; et si j'y suis, Dieu m'y veuille tenir. »

Éthique : D'origine grecque, ce synonyme de morale (qui vient du latin) gagne de nos jours du terrain, ce qui ne signifie pas que la morale doive changer, ni que l'humanité s'améliore.

Eucharistie (du latin *eucharistia*, action de grâces) : Sacrement * fondamental pour tous les chrétiens (les luthériens le nomment sacrement de l'autel ; les réformés *, sainte cène), même si les Églises ne conçoivent pas toutes la présence * réelle de la même façon. La présence eucharistique du Christ dans le pain et le vin résulte mystérieusement des paroles d'institution *, celles mêmes que les Évangiles nous ont transmises : « Ceci est mon corps. » « Cette parole transforme les choses offertes » (Saint Jean * Chrysostome). – Pour la foi catholique, sans l'eucharistie qui en constitue l'élément central, la messe * n'aurait pas son double et précieux caractère de sacrement et de sacrifice.

Évangile : Le mot signifie « bonne nouvelle », la nouvelle du salut * apporté aux hommes par le Christ et son sacrifice rédempteur. – On appelle *Évangiles* les récits de la vie de Jésus. Éliminant plusieurs « apocryphes * », l'Église n'a retenu et n'a intégré dans le canon * de la Bible que les trois *Évangiles* « synoptiques » (plus précis et concordants) : *selon saint Matthieu, selon saint Marc* (fort ancien), *selon saint Luc,* tous achevés entre 70 et l'an 83, ou environ, et l'*Évangile selon saint Jean*, qui est le plus tardif (v. 96), le plus théologique, le plus beau. Pour Pascal *, « la discordance apparente des Évangiles », loin de devoir inquiéter le croyant, est utile « pour la confirmation de la vérité ».

ÉVÊQUES : Responsables d'un diocèse. La distinction entre évêques et simples prêtres s'est faite dès le IIe siècle. Le pouvoir des évêques s'appuie sur leur qualité apostolique : ils sont considérés dans les Églises catholique et orthodoxe, comme les successeurs directs des Apôtres *. Les évêques luthériens (nommés parfois « doyens » ou « inspecteurs ecclésiastiques ») ont, eux, une simple autorité administrative. Les évêques anglicans ou épiscopaliens se situeraient à mi-chemin des deux conceptions de la charge.

EXCOMMUNICATION : Sentence d'Église comportant exclusion des sacrements *. Le catholicisme en a toujours usé. Appuyé sur *Matthieu* 18, 15-18, Calvin * en justifia la pratique.

EXÉGÈSE : Étude et interprétation des textes bibliques. Elle s'est parfois voulue critique depuis le XVIIe siècle (Richard Simon *), « scientifique » et herméneutique * depuis le XIXe.

EXIL : La « grande captivité » de l'élite du peuple juif à Babylone (586 av. J.-C.-537) a marqué l'histoire du salut *, se lit toujours dans les œuvres des Prophètes *, a inspiré le célèbre psaume 137 (« Auprès des fleuves de Babylone, Là nous étions assis et nous pleurions En nous souvenant de Sion [...] Si je t'oublie, Jérusalem, Que ma droite m'oublie ! »).

EXORCISME : Pratique visant « à expulser les démons * ou à libérer de l'emprise démoniaque, et cela par l'autorité spirituelle que Jésus a confiée à son Église » (*Catéchisme de l'Église catholique*). Jésus-Christ en a donné l'exemple. L'exorcisme simple précède et accompagne le baptême *, l'exorcisme solennel ne peut être pratiqué que par un prêtre * ayant mandat de son évêque *.

EXTRÊME ONCTION : L'un des sept sacrements * de l'Église catholique. « Un sacrement a ouvert à ce juste les portes du monde, un sacrement va les clore » (Chateaubriand). Cf. Onction * des malades.

# F

FÊTE-DIEU : Fête catholique, le jeudi après la Trinité *, instaurée au XIIIe siècle en l'honneur de l'eucharistie *.

FÊTES : Journées commémoratives de l'histoire du salut * (Annonciation *, Visitation *, Noël *, Pâques *, l'Ascension *, la Pentecôte *, la Trinité *, etc.) intéressant toute la chrétienté. Les Églises catholique et orthodoxe fêtent aussi de nombreux saints.

FÊTES D'OBLIGATION : Nom donné par l'Église catholique aux très grandes fêtes, assimilées aux dimanches (jours de repos, de prière, d'assistance à la messe). Telles sont : Noël *, l'Ascension *, l'Assomption* et la Toussaint *.

FIDÉISME : En matière religieuse, primauté absolue accordée à la foi *, fût-ce en apparente opposition à la raison. Le piétisme * de Spener *, la philosophie de Kierkegaard * (inséparable d'une théologie * positive) sont deux expressions d'un même fidéisme. Kierkegaard est à l'opposé de Hegel. Le fidéisme, à l'opposé du rationalisme *.

FILIOQUE : Sujet d'une interminable querelle (elle a engendré en 867 le schisme * d'Orient ; elle n'est pas encore apaisée de nos jours) née de l'introduction de *filioque* dans le texte latin du symbole * de Nicée-Constantinople, le grand Credo * trinitaire de l'Église. Dans sa version définitive (451, au concile de Chalcédoine), on lisait en effet : *Et in Spiritum Sanctum Dominum, et vivificantem, qui ex Patre procedit* (Je crois en l'Esprit Saint, qui règne et donne la vie, qui procède du Père, etc.). L'Église d'Occident a, progressivement puis définitivement, adopté la leçon : *qui ex Patre, Filioque procedit*. Certains orthodoxes * refusent le *Filioque* au fond, pensant, à la

269

suite de Photius *, que cette intrusion « compromet la monarchie du Père » (O. Clément). Certains admettent que l'Esprit Saint puisse procéder du Père et du Fils, mais n'admettent point qu'on récite un Credo augmenté d'un supplément non voté par le concile. D'autres ont des positions intermédiaires entre ces deux extrêmes, positions spirituelles mais parfois bien subtiles.

Foi : La première des vertus * théologales. Don de Dieu, la foi est une croyance à l'immense pouvoir (elle peut renverser les montagnes, cf. *Matthieu* 21, 21, et *I Corinthiens* 13, 2), mais aussi un engagement spirituel et moral (« À quoi bon dire qu'on a la foi, si l'on n'a pas les œuvres ? » *Jacques* 2, 14). Luther * a insisté sur la justification * par la foi, axe même de la Réforme *.

Fondamentalisme : Forme protestante d'intégrisme * exigeant un absolu respect, essentiel et *formel,* de tout texte biblique. Un fondamentaliste ne saurait accepter l'idée que les récits concernant Job ou Jonas puissent n'être que d'édifiantes paraboles *. Il refuserait aussi ces propositions de Pascal * : « L'Ancien Testament n'est que figuratif » ; « Le sens littéral n'est pas le vrai, parce que les prophètes l'ont dit eux-mêmes. »

# G

Gallicanisme : Doctrine d'indépendance des Églises nationales. Cette doctrine, qui est aussi une politique et une sensibilité, s'est constituée puis cristallisée en raison des empiètements de Rome sur les droits du Roi et les privilèges anciens et notables de l'Église de France. Elle s'est ensuite augmentée d'une orientation « conciliaire », plaçant l'autorité des conciles * œcuméniques * au-dessus de celle du pape.

Gnose : Sorte de philosophie religieuse substituée à la religion révélée. Le manichéisme * est une gnose.

GNOSTICISME : Nom donné à des systèmes anciens reliés à la gnose *. Il y eut, au début du christianisme, des gnostiques païens, des gnostiques juifs, des gnostiques hérétiques, et même un gnosticisme chrétien (en particulier celui d'Origène *).

GOLGOTHA : Ancien nom de la colline du Calvaire à Jérusalem, où fut crucifié Jésus.

GRÂCE : Le catéchisme catholique définit la grâce : « Un don surnaturel que Dieu nous accorde par pure bonté et à cause des mérites de Jésus-Christ, pour nous aider à faire notre salut » ; et ce salut *, le concile de Trente l'a précisé, est obtenu par la foi, par la grâce et par les œuvres. Refusant aux œuvres * tout mérite *, le protestantisme s'en tient au salut par grâce seule : « C'est par grâce que vous êtes sauvés, par le moyen de la foi » (*Éphésiens* 2, 8). Pascal a résumé le passage de la Loi * à la Grâce : « La loi obligeait à ce qu'elle ne donnait pas. La grâce donne ce à quoi elle oblige. »

GRÂCE ACTUELLE : « Secours que Dieu nous accorde pour nous exciter et nous aider à faire le bien et à éviter le mal » (*Catéchisme du cardinal Verdier*).

GRÂCE EFFICACE : Marque providentielle de la toute-puissance de Dieu. « C'est Dieu qui opère en vous le vouloir et le faire » (*Philippiens* 2, 13). Augustin *, Thomas * d'Aquin, Pascal * et les jansénistes ont été les champions de la grâce efficace.

GRÂCE SANCTIFIANTE : En théologie catholique, on appelle grâce *habituelle* ou sanctifiante celle « qui demeure en notre âme et la rend sainte en lui donnant la vie surnaturelle ».

# H

HÉRÉSIARQUE : Promoteur d'une hérésie *. Arius * fut l'hérésiarque-type. Au XVI$^e$ siècle, Rome condamna comme hérésiarques Luther * et Calvin *. Mais, pour Luther, les chefs anabaptistes * étaient des hérésiarques.

HÉRÉSIE : Thèse ou doctrine condamnée comme contraire au dogme *. Et pourtant *Oportet haereses esse* (*I Corinthiens* 11, 19) avait écrit saint Paul * : « Il faut bien qu'il y ait des controverses. » La dénonciation de l'hérésie fut toujours pour l'Église le moyen de préciser et d'affiner sa dogmatique. Dans le christianisme, il n'est pas plus dangereuse hérésie – sans cesse renaissante – que l'arianisme * ; la seule peut-être a dit Pierre Chaunu *. Aux yeux de l'Église catholique, la Réforme * constitua en bloc une hérésie. Aux yeux de Calvin, l'anti-trinitaire Michel Servet * était un hérétique. On se gardera de confondre les hérétiques avec les schismatiques *.

HERMÉNEUTIQUE : Art de dévoiler et d'expliquer le sens profond des textes, surtout les pages symboliques de la Bible *.

HIGH CHURCH (Haute Église) : Composante élitiste de l'anglicanisme * réunissant ceux qui, à mi-chemin du catholicisme et des luthériens, attachent grand prix à la continuité apostolique, au régime épiscopal (prérogatives des évêques) et à la liturgie * traditionnelle.

HOMÉLIE : Prédication simple, en général consacrée à expliquer l'évangile du jour.

« HORS DE L'ÉGLISE, POINT DE SALUT » : Formule souvent mal comprise, inventée par deux pères * de l'Église, Origène * et saint Cyprien *. Ces docteurs * ne vouaient point à la damnation * l'ensemble des non-chrétiens ; ils condamnaient des chrétiens en révolte (hérétiques * ou schismatiques *). Ils auraient pu dire : « Pour qui sort de l'Église, point de salut *. » Mais si l'Église, au lieu d'être considérée comme une structure, est définie comme l'assemblée des croyants – et puisque, de nos jours, Rome n'hésite plus à nommer « frères dans le Seigneur », les orthodoxes et les protestants –, alors on peut traduire « Hors de l'Église, point de salut » par « Hors du Règne de Dieu, point de salut » (Abbé J. Carmignac).

HOSTIE (sainte) : Dans l'eucharistie *, nom donné à l'espèce * du pain (un pain azyme, c'est-à-dire sans levain, dans l'Église romaine).

HUMANISME : Courant, atmosphère ou sensibilité régnant en Europe au début du XVIe siècle et relié(e) à une meilleure connaissance de l'Antiquité. On en a fait un mouvement païen ; or il y eut un « humanisme dévot ». On en a fait l'antichambre de la Réforme * ; or Érasme * de Rotterdam a combattu Luther *.

HUSSITES : Chrétiens de Bohême fidèles de Jan Hus († 1415), anticléricaux, attachés à la Bible, à la communion * sous les deux espèces * (on les disait *utraquistes*) et à l'esprit missionnaire. Les « frères Moraves », leurs descendants, ont formé une Église évangélique, d'esprit luthérien.

HYPERDULIE : Ce terme, peu connu du public, s'applique à une vénération particulière du catholicisme envers la Mère de Dieu. Les protestants ne prient pas Marie * et sous-estiment son rôle dans l'économie du salut *, mais c'est Bach, un luthérien, qui a composé le plus beau *Magnificat* *.

# I

ICÔNES : Pieuses images. Le culte des images saintes, refusé par les protestants au nom du Décalogue * (« Tu ne feras pas d'images taillées [...] Tu ne te prosterneras pas devant elles », *Exode* 20, 4-5), encouragé dans le catholicisme par le concile * de Trente, est une tradition à Byzance. L'Église orthodoxe attache un prix infini aux icônes – « ces fenêtres infaillibles », comme les appelle Vladimir Volkoff –, pour leur valeur mystique, théologique, liturgique, symbolique et catéchétique.

ICONOCLASME : Système de pensée et d'action sans pitié à l'égard des culte et vénération des images saintes ou icônes. Adopté par plusieurs Empereurs (Léon III, Constantin V, Léon V, etc.), il bouleversa les Églises d'Orient entre 730 et 843.

IMMACULÉE CONCEPTION : Ce dogme, cher aux catholiques mais refusé par les orthodoxes (malgré leur respect envers Marie *) et par les protestants, était admis en Occident depuis de nombreux siècles avant d'être proclamé en 1854 *. Prédestinée à enfanter le Christ, Fils de Dieu, la Vierge aurait été préservée du péché * originel. – Il ne faut pas confondre ce dogme avec celui de la naissance * virginale du Christ.

IMMANENCE : Contraire de la transcendance *. Le Dieu du panthéisme * est immanent (il se confond avec le monde). Le Dieu de Moïse * est transcendant. L'Incarnation *, échelle * de Jacob entre Ciel et Terre (Jésus a dit : « Je suis la Voie »), relie la transcendance divine à l'immanence, puisque le Christ est vrai Dieu et vrai homme (concile * de Chalcédoine, 451 *).

IMMORTALITÉ DE L'ÂME : Thèse platonicienne substituée sans malice (et pour bien montrer que la mort n'est pas une fin) au dogme judéo-chrétien de la résurrection *.

IMPANATION : cf. Consubstantiation *.

INCARNATION : Le deuxième mystère * de la foi. Pour réconcilier l'humanité pécheresse avec son Créateur, Dieu s'est fait homme, selon l'œuvre du Saint-Esprit *, en la personne de Jésus, Fils de Dieu et Dieu, enfanté par la Vierge Marie *. L'Incarnation est comme une « deuxième création » (P. Chaunu *). « L'Incarnation montre à l'homme la grandeur de sa misère, par la grandeur du remède » (Pascal *).

INDULGENCES : Remise par l'Église catholique de « la peine temporelle due aux péchés pardonnés ». Certaines prières, certains pèlerinages, certains dons (comme les quêtes destinées à la construction de Saint-Pierre de Rome) devaient abréger le temps de purgatoire * du fidèle, bénéficiaire d'indulgences. Après avoir indigné Jan Hus *, l'abus des indulgences révolta Luther *.

INFAILLIBILITÉ : Pour la Réforme * seul Dieu ne saurait ni se tromper, ni nous tromper. Infaillible est donc sa Parole *, à condition de ne point abuser du libre * examen des textes bibliques et de ne pas croire que chaque protestant * soit un pape Bible en main. L'Église catholique, s'appuyant sur l'ordre donné aux disciples par le Christ, d'enseigner les nations (*Matthieu* 28), considère comme infaillibles, car inspirés, les décrets * des conciles * œcuméniques. Le pape aussi est infaillible – le premier concile du Vatican l'a proclamé en 1870 – lorsqu'il définit *ex cathedra*, c'est-à-dire très solennellement, un dogme * (1854 * 1950 *).

INQUISITION : Système judiciaire ecclésiastique du moyen âge, destiné à réprimer les hérésies *. Nous frappe aujourd'hui le contraste entre la qualité au moins apparente de l'instruction, et le caractère impitoyable des sanctions. Le procès de Jeanne * d'Arc en demeure un exemple. Cf. Saint-Office *.

INSTITUTION : Paroles du Christ instituant l'eucharistie * – « Ceci est mon corps. Ceci est mon sang. Faites ceci en mémoire de moi » – que répète le célébrant au cours du culte *. – Ce même mot pourrait être appliqué à l'ordre de pratique du baptême * (« Allez, faites de toutes les nations des disciples, baptisez-les au nom du Père, du Fils et du Saint-Esprit * »).

INTÉGRISME : Stricte volonté de fidélité à une tradition religieuse poussée jusqu'à la rigidité. Le donatisme *, le Raskol *, le fondamentalisme * sont des intégrismes.

INTERCESSEURS : Les Églises catholique et orthodoxe vénèrent, et implorent en qualité d'intermédiaires actifs, la Vierge Marie *, les anges *, les saints *. Les protestants récusent les intercesseurs, de crainte de diminuer le rôle du Christ Jésus, unique Médiateur *.

INTERCESSION : Le second objet de la prière *, après l'adoration.

INTERCOMMUNION : Accord étroit entre Églises. Luthériens et réformés *, bien que n'ayant pas même doctrine de la présence * réelle, pratiquent aujourd'hui l'intercommunion.

INTERDIT : Grave censure prévue par le droit * canonique. Les conciles *, le pape pouvaient frapper d'interdit (suspension ou exclusion du culte) un homme, une communauté, un diocèse, un royaume.

ISLAM : Religion monothéiste fondée au VII$^e$ siècle ap. J.-C. en Arabie par Mahomet * et dont le livre saint est le Coran *.

ISRAËL : Surnom (« Il lutte avec Dieu », ou : « Dieu lutte ») donné au patriarche Jacob (*Genèse* 32, 29) après son combat contre l'ange. – Nom du peuple juif (ex. le peuple d'Israël, les Israélites au désert). – Royaume du Nord (v. 931-722 av. J.-C.) après la séparation qui suivit la mort du roi Salomon.

# J

JANSÉNISME : Jansénius * et l'abbé de Saint-Cyran *, suivis par l'abbaye de Port-Royal *, adoptèrent – en prétendant en faire un absolu – les thèses (ou ce qu'ils croyaient être les thèses) de saint Augustin * sur la misère de l'homme sans Dieu, le poids de la concupiscence *, le jeu mystérieux de la grâce * efficace et la prédestination *. Rome condamna le jansénisme en 1653 et en 1713.

JÉRUSALEM CÉLESTE : Nom poétique, allégorique et mystique du Paradis *, le séjour des élus *. On trouve aussi : Jérusalem nouvelle.

JÉSUITES : Membres de la compagnie de Jésus (S.J.), ordre fondé en 1540 par saint Ignace * de Loyola et qui joua un rôle immense au temps de la contre-Réforme *. Les jésuites avaient été voulus par leur fondateur membres d'une milice tout entière dévouée au pape et à la papauté. C'est pourquoi les jésuites prononcent quatre vœux * au lieu de trois (chasteté, pauvreté, obéissance), y joignant un serment de fidélité inconditionnelle à la papauté.

JÉSUS-CHRIST : On trouvera son nom à travers tout ce livre (cf. notamment les articles Annonciation *, Calvaire *, Incarnation *, Marie *, Naissance * virginale, Parousie *, Passion *, Rédemption *, Résurrection *, Transfiguration *, Trinité *, Verbe *, Visitation *, etc.) – Le prénom de Jésus, dicté par un ange (*Luc* 2, 21, *Matthieu* 1, 21), signifie Sauveur. Mais le Nouveau * Testament lui donne d'autres noms ou surnoms : Fils de Dieu (54 mentions dans les Évangiles, 42 dans les Épîtres), Fils de l'Homme (81 mentions dans les Évangiles ; d'après *Daniel* 7, 13, qui relie ce titre à celui de roi), Seigneur (*Philippiens* 2, 5-11), Nouvel Adam (*Romains* 5, 12-21), Médiateur * (épîtres pauliniennes), Roi (*Jean* 18, 37), Grand Prêtre (*Hébreux*). N'oublions pas les deux principales désignations messianiques : Fils de David (cf. *Matthieu* 1, 1 et *Luc* 1, 32) pour le Messie * dans sa gloire, et Serviteur de Dieu (*Matthieu* 12, 18) pour le Messie dans sa souffrance méritoire et rédemptrice (à la suite d'*Isaïe* 52 et 53). – Le concile de Chalcédoine (451) a défini le Christ Jésus comme « vrai Dieu et vrai homme ». – « En Christ, l'homme a été créé à nouveau devant Dieu » (D. Bonhoeffer).

JEUDI SAINT : Fête située trois jours avant Pâques * et commémorant la Cène *.

JEÛNE : Mortification méritoire par privation volontaire d'aliments. Rome imposait jadis le jeûne en carême *, aux vigiles * de grandes fêtes et aux quatre-temps *. « Les religieux et les dévots jeûnent l'avent *, comme le carême » (Furetière). – L'Église orthodoxe observe plusieurs carêmes. Les Églises de la Réforme * préconisent une pénitence * sans règles imposées, ni mérites *.

JOSÉPHISME : Du nom de Joseph II, empereur germanique (1765-1790), forme tatillonne de césaro-papisme *. Ce prince avait voulu fonctionnariser le clergé, réglementer les séminaires * et les fêtes *, même la sonnerie des cloches.

JUDA (Royaume de) : Souveraineté englobant le sud de la Palestine (v. 931-v. 586 av. J.-C.), lorsque fut partagé ce qui avait été le royaume de Salomon *, mort vers 931.

JUGEMENT DERNIER : Jugement solennel à caractère universel. Au seuil de l'éternité, Jésus en sera « le juge divin, le juge du dernier jour », comme le rappelle le Credo *.

JUGEMENT PARTICULIER : « Chaque homme reçoit dans son âme immortelle sa rétribution éternelle dès sa mort en un jugement particulier qui réfère sa vie au Christ » (*Catéchisme de l'Église catholique*).

JUSTIFICATION : Retour du pécheur à l'état * de grâce. Pour le concile * de Trente (1545 *-1563), la justification s'obtient par la foi *, la grâce * de Dieu et les œuvres *. Luther * n'admettait qu'une justification par la foi (« Dieu, dans sa miséricorde, nous justifie au moyen de la foi ») ; Calvin *, un salut par grâce.

# K-L

Kénôse : L'abaissement volontaire extrême de Dieu dans le fait de l'Incarnation * ; rappelé avec force par saint Paul au deuxième chapitre de l'*Épître aux Philippiens*.

Laïcs : Qui ne sont ni prêtres, ni religieux. Cette distinction est nette dans le catholicisme et chez les orthodoxes, moins tranchée dans l'anglicanisme * et le luthéranisme *, contestable chez les réformés * ; sans objet chez les quakers *, les baptistes *, les darbystes *, les membres des Églises libres, etc.

Latrie : Adoration. Le culte de latrie s'adresse à Dieu seul, selon le premier commandement du Décalogue *.

Laxisme : Excès de tolérance, surtout sur le plan moral.

Légats : Délégués du pape. Ce dernier convoque les conciles * mais ne les préside pas. Il s'y fait représenter par des légats.

Libre arbitre : L'homme a été « créé libre et maître de ses actes » (Saint Irénée *), mais de sa liberté il a fait (dès le jardin d'Éden) mauvais usage, et le péché le détourne de la recherche du souverain Bien. Pélage * a surestimé la liberté humaine, au détriment de la grâce *. Saint Augustin * et Luther * ont au contraire marqué et souligné les limites de cette liberté.

Libre examen : Droit reconnu au chrétien par les Réformateurs de s'affranchir des dogmes * et décrets de l'Église, pour rechercher dans la sainte Écriture * les seuls enseignements de la Parole de Dieu. Par l'usage du libre examen, « la Tradition * est sans cesse confrontée au critère scripturaire » (G. Casalis). Le libre examen a été l'un des principes fondamentaux de la Réforme *, un des éléments de sa force. Par contre, il incite trop à juger l'Église (sous couvert de vérifier sa fidélité à la Bible) ; d'où divisions, schismes et sectes *.

Limbes : En théologie catholique on a longtemps appelé « limbe des patriarches » ce que les juifs nommaient « le sein d'Abraham », séjour des justes de l'ancienne Loi (c'est ce que le Credo nomme « les enfers » ; un lieu évacué après la descente de Jésus, au profit du Paradis). Le « limbe des enfants » – dit aussi « les limbes » (tout court) au pluriel – serait le séjour des enfants morts sans baptême. On notera que le *Catéchisme de l'Église catholique* ne parle plus des limbes : « Quant aux enfants morts sans baptême, l'Église ne peut que les confier à la miséricorde de Dieu. » Il est sûrement pour eux « un chemin de salut ».

LITURGIE : Forme officielle du culte divin, et traduction rituelle de la foi et de la théologie, la liturgie « est l'ensemble des symboles, des chants et des actes au moyen desquels l'Église exprime et manifeste sa religion envers Dieu » (Dom Guéranger *). *Legem credendi statuat lex supplicandi* (Que la loi de la prière fixe la règle de la foi). L'Église catholique atteignit à l'apogée de sa liturgie avec saint Pie V * (1570). L'Église orthodoxe grecque est demeurée fidèle aux belles liturgies de saint Jean * Chrysostome et de saint Basile *. Les Églises de la Réforme * se sont fait des liturgies plus simples. Les sectes * sont ennemies de la liturgie, sauf à parfois en créer de nouvelles.

LOI : Déjà, dans l'Ancien * Testament (qui est la Bible juive), loi a trois sens. Ou bien, il s'agit de la *Torah* – que les chrétiens nomment le Pentateuque * –, c'est-à-dire des cinq premiers livres saints ; ou bien, il s'agit des dix commandements de Dieu, ce Décalogue * dicté par le Créateur à Moïse * et qui est aussi « le code le plus parfait de la justice naturelle » (Chateaubriand) ; ou enfin on entend par loi l'immense catalogue des lois, décrets, obligations, interdictions, conseils, que réunit l'Ancien Testament, et qui sont souvent sociologiques ou politiques autant que religieux et sacrés.

Lorsque saint Paul annonce que la foi sauve et que la Loi condamne, il est évident qu'il ne remet point en cause les impératifs sans prix du Décalogue, mais le formalisme, la théologie des œuvres, la casuistique, le pharisaïsme. Le sermon sur la Montagne, d'ailleurs, était fort net. Jésus y déclarait : « Ne pensez pas que je sois venu abolir la Loi ou les Prophètes. Je suis venu non pour abolir, mais pour accomplir. En vérité je vous le dis, jusqu'à ce que le ciel et la terre passent, pas un seul iota, pas un seul trait de lettre de la Loi ne passera, jusqu'à ce que tout soit arrivé » (*Matthieu* 5, 17- 18). Dans ce beau texte, trop méconnu, Loi a deux sens : Pentateuque et Décalogue. Il n'est pas question de conserver les 613 prescriptions morales des pharisiens. En revanche, aux contraintes de l'ancienne loi s'oppose la liberté chrétienne ; à la Loi s'oppose la Foi ; à la Loi s'oppose la Grâce *. C'est un immense progrès pensent les chrétiens à la suite de saint Paul.

Low Church (Basse Église) : Fraction de l'anglicanisme * qui ne cache pas sa sensibilité presbytérienne *, donc son peu de goût pour l'épiscopat * et pour la liturgie * traditionnelle.

Luthéranisme : Refusé par Luther * qui ne prétendait point se substituer au Christ, ce terme désigne soit la théologie du Réformateur, soit le protestantisme issu de son enseignement.

# M

Magistère : Pour le catholicisme, le magistère de l'Église est son autorité doctrinale. Au nom du Christ, l'Église apostolique considère qu'elle a « charge d'interpréter de façon authentique la Parole * de Dieu » dont elle est dépositaire. On dit aussi le magistère du pape et des évêques.

Magnificat : Cantique de Marie * (*Luc* 1, 46-55) au jour de la Visitation *, une hymne magnifique inspirée des psaumes *.

Manichéens : Disciples de Manès, inspiré du III$^e$ siècle qui a mêlé des influences iraniennes au gnosticisme * de Marcion *. Le manichéisme (un dieu mauvais et un dieu bon) est moins une religion qu'une gnose *.

Manne : Mystérieuse nourriture tombée du ciel par la volonté de Dieu pour soutenir les Hébreux durant la traversée du désert. « Il y avait à la surface du désert quelque chose de menu, de granuleux, quelque chose de menu comme le givre sur la terre. Les Israélites [...] se dirent l'un à l'autre : Qu'est-ce que c'est ? Moïse * leur dit : C'est le pain que l'Éternel vous donne pour nourriture » (*Exode* 16, 14-15). Pour le christianisme la manne symbolise l'eucharistie *, mais aussi la Parole * de Dieu, nourriture spirituelle essentielle.

MARCIONISME : Doctrine du gnostique Marcion *. On emploie aussi le mot, aujourd'hui, pour définir la mauvaise habitude consistant à faire des choix arbitraires dans la Bible *.

MARIAGE : Le mariage est important dès l'Ancien * Testament, et le Décalogue * condamne l'adultère. L'Évangile le confirme (« Que l'homme ne sépare pas ce que Dieu a uni », *Matthieu* 19, 6) et le spiritualise. Pour les Églises catholique et orthodoxe le mariage est un sacrement * – et un contrat indissoluble – conçu pour l'édification des époux et la procréation des enfants. L'excommunication de fait des divorcés remariés suscite de nos jours, chez les catholiques, nombre de protestations ou de supplications. – Les protestants refusent au mariage le caractère de sacrement (et ils tolèrent le divorce), mais savent qu'il est de droit divin puisque Dieu, unissant Adam et Ève, a relié le mariage au récit de la Création.

MARONITES : Chrétiens uniates * du Liban. Leur patriarche * porte le titre d'Antioche, tout comme son homologue melchite *.

MARTYR : Personne ayant accepté la mort pour ne pas renier sa foi (martyr signifie : témoin). « Ce sont les martyrs qui fondent les religions » (E. Renan). Le christianisme compta de nombreux martyrs, du temps même des Apôtres * (Étienne, saints Pierre * et Paul *, etc.). En théologie catholique, le martyre ou « baptême du sang » ouvre la porte du Ciel. C'est en honorant les martyrs que s'est formé le culte des saints *.

MAYFLOWER : Nom symbolique du navire marchand qui, en 1620 *, conduisit en Amérique du Nord (Nouvelle-Angleterre) un groupe actif et fervent de dissidents * et de puritains * anglais.

MÉDIATEUR : Un des noms et des attributs de Jésus-Christ, son « originalité absolue » (Jean-Paul II *). Appuyés sur l'affirmation sans ambiguïté de saint Paul * (« Il y a un seul Dieu, et aussi un seul Médiateur entre Dieu et les hommes, le Christ Jésus », *I Timothée* 2, 5), les Réformateurs ont absolument refusé aux saints *, et même à la Vierge Marie *, jusqu'à la qualité d'intercesseurs *.

MELCHITES : Chrétiens d'Orient (Antioche, Alexandrie, Jérusalem) en majorité orthodoxes *, en minorité uniates *.

MENNONITES : Nom moderne des anabaptistes *. Les Églises mennonites de France, surtout présentes en haute Alsace et au pays de Montbéliard, se sont regroupées en 1980.

MÉRITES : L'Église catholique admet le caractère méritoire des bonnes œuvres * : les mérites entretiennent la grâce *, contribuent au salut * et peuvent soulager les âmes * du purgatoire *. Le protestantisme, appuyé sur saint Paul * (*Éphésiens* 2, 9-10), dénie aux œuvres tout caractère méritoire.

MESSE : Culte essentiel dans l'Église catholique et l'Église orthodoxe (Saint François * de Sales l'appelait « le soleil des exercices spirituels ») ; à la fois sacrement et sacrifice puisque reproduisant la Cène * du jeudi * saint, et le sacrifice du Christ au Calvaire *. La Réforme * contesta la messe « papale » et modifia la forme des cultes dominicaux.

MESSE ALLEMANDE : Culte luthérien. Il conserve la structure de la messe *, mais il est célébré en langue moderne, ponctué de chorals * et de psaumes *. Il n'a pas caractère de sacrement * et de sacrifice, ne comporte pas toujours de communion *, mais ne se déroule jamais sans prédication *.

MESSIE : Le Messie, ou « oint du Seigneur », était attendu au temps de Jésus depuis plusieurs siècles. Annoncé par les Prophètes * comme le restaurateur du royaume de Dieu, il était en général conçu comme la réplique militaire et politique du roi David *. Les Apôtres * eux-mêmes, quelque peu zélotes *, en étaient persuadés, et les habitants de Jérusalem acclamant Jésus avant la Passion *. Mais le Christ n'avait pas d'ambition terrestre. « Les juifs, en le tuant pour ne le point recevoir pour Messie, lui ont donné, écrit Pascal *, la dernière marque de Messie », celle du « Serviteur souffrant » dont avait parlé le prophète Isaïe.

MÉTHODISME : Famille religieuse protestante issue, au XVIIIe siècle, de la prédication de l'Anglais John Wesley *. Ce premier

Réveil * s'inspirait de la primitive Église (charismes *, évangélisation, esprit missionnaire), d'un souci moral et social, et il faisait passer la foi et la prière avant les règles des Églises établies.

MÉTROPOLE : Siège d'un patriarche * ou d'un archevêque *, et capitale d'une province * ecclésiastique.

MILLÉNARISME : Espérance de dix siècles de félicité terrestre grâce au retour du Christ sur la Terre. Cette perspective, tirée de l'*Apocalypse*, est prêchée par les adventistes *, les témoins * de Jéhovah et d'autres sectes *.

MINISTÈRE : Fonction d'Église. Au XVIe siècle, catholiques et protestants parlaient du saint ministère pour désigner, les uns le sacerdoce *, les autres l'état de pasteur.

MINISTRE : Pasteur protestant.

MIRACLES : « Fondements surnaturels d'une religion surnaturelle » (Pascal), faits échappant aux lois de la nature et traduisant une intervention divine, providentielle, initiatique ou/et pédagogique. Ainsi, la chute de la manne * au désert, ou l'écroulement des murailles de Jéricho. Les Évangiles rapportent les miracles de Jésus, depuis celui des noces de Cana (l'eau changée en vin) jusqu'à sa Résurrection *, pierre angulaire de la foi. Ce ne sont ni Moïse * ni Josué *, ni saint Pierre *, ni même la Vierge Marie * qui *font* des miracles. Ils les *obtiennent* du Dieu tout-puissant. – « Je ne serais pas chrétien sans les miracles » (Saint Augustin *). « La nature est une image de la grâce *, et les miracles visibles sont images des invisibles » (Pascal).

MISSEL : Livre liturgique constituant le rituel * de la messe *. Celui de saint Pie V * (1570), établi au temps de la contre-Réforme *, fut modifié en 1962. – On parle aussi de missels pour désigner les livres de messe à l'usage des fidèles.

MISSIONS : Œuvre active de propagation de la foi chrétienne. Cette charge fut confiée aux Apôtres * par le Christ ressuscité : « Allez, faites de toutes les nations des disciples » (*Matthieu* 28, 19). Et ce rôle fut tenu, comme en témoignent les voyages missionnaires de saint Paul * et les récits des *Actes * des Apôtres*. Le souci missionnaire est visible dans les grandes découvertes et la première colonisation : saint François * Xavier porta l'évangile jusqu'au Japon. En 1663 * fut créée à Paris la société des missions étrangères (catholique) ; en 1815 * fut établie à Bâle la société des missions (protestante). Les missions lointaines n'empêchèrent jamais les missions intérieures, destinées à réveiller la foi dans villes et campagnes. La contre-Réforme * en usa avec efficacité, et plus tard le Réveil *.

MODERNISME : Doctrines et théories (1875-1910) condamnées en 1907 * par Pie X *. Le modernisme tendait, au nom de la science, à bouleverser l'exégèse * biblique traditionnelle ; au nom du progrès, à modifier la morale sociale.

MOLINISTES : À la suite de Molina *, et dans un esprit qui rappelle Pélage *, ce nom désigne les champions du libre * arbitre, un peu trop oublieux de la grâce * efficace. Casuistes et molinistes, nombreux chez les jésuites *, furent au XVII$^e$ siècle les grands ennemis du jansénisme *.

MONACHISME : Système édifiant des moines (et moniales) qui, dans un souci de perfection et pour suivre les conseils * évangéliques, se soumettent à des règles et obéissent à des vœux *, dans le cadre d'une vie communautaire. Saint Benoît *, saint Colomban * furent les pionniers du monachisme en Occident. Les couvents du mont Athos comptent parmi les plus vénérables du monachisme oriental.

MONOPHYSISME : Schisme * condamné comme hérésie * au concile * de Chalcédoine (451). Cette doctrine ne voit dans le Christ que sa nature divine. Il s'agit d'une forme de docétisme *.

MONOTHÉISME : Croyance en un Dieu unique. (Le mot s'oppose à polythéisme.) Judaïsme, christianisme et islam * sont les trois religions du Livre, les trois grandes religions monothéistes.

MONOTHÉLISME : Hérésie * du VII$^e$ siècle, qui est un monophysisme * larvé. Le Christ n'aurait eu qu'une seule volonté.

MONTANISME : Hérésie * ancienne (IIe-Ve siècles) qui annonçait une proche fin du monde et prétendait faire contrôler les évêques par des prophètes.

MORMONS : Membres d'une secte * millénariste *, fondée en Amérique au XIXe siècle par Joe Smith *, et fondant son esprit de mission sur *Le Livre de Mormon,* sorte de Bible complémentaire « révélée » à l'intention du Nouveau Monde. Leur titre est celui d'« Église de Jésus-Christ des saints des derniers jours ».

MORT : Tous les chrétiens savent que la mort n'est pas une fin, c'est un passage, c'est une espérance. « La mort est préférable à la vie » (Fléchier). « Mort soudaine, seule à craindre » (Pascal). Cf. Immortalité * de l'âme, Jugement * dernier, Jugement * particulier, Onction * des malades, Résurrection *, etc.

MYSTÈRE : Dogme appuyé sur la Bible *, en apparence inaccessible à la raison humaine. Mais le mystère, « dans son sens premier et chrétien, n'est rien d'autre que la grande révélation de Dieu, l'acte par lequel il se communique à nous dans le Christ » (L. Bouyer). « Les mystères chrétiens sont les plus beaux possibles : ils sont l'archétype du système de l'homme et du monde » (Chateaubriand). La Trinité *, l'Incarnation *, la Rédemption * sont les trois principaux mystères de la foi chrétienne. Blaise Pascal a parlé admirablement du « mystère de Jésus ». Dans la primitive Église, œuvrant, comme l'écrit saint Paul * (*Éphésiens* 3, 9), afin « de mettre en lumière la dispensation du mystère caché de toute éternité en Dieu », on appelait mystères l'exégèse * et les sacrements *.

MYSTIQUE : Jusqu'au XVIIe siècle, mystique est synonyme de spiritualité * ou de spirituel. Depuis lors ce mot, lorsqu'il n'est pas galvaudé comme aujourd'hui, désigne essentiellement l'union directe de l'âme avec Dieu. Thérèse d'Avila et saint Jean de la Croix furent de célèbres mystiques espagnols.

# N

Naissance virginale : Ce nom est donné au mystérieux accouchement de la Vierge Marie *, mère de Jésus selon l'œuvre du Saint-Esprit *. Ne pas confondre avec Immaculée * conception.

Nestoriens : Adeptes ou fidèles de Nestorius *.

Noël : Fête commémorant la naissance de Jésus à Bethléem (25 décembre). Durant les trois premiers siècles, les chrétiens fêtaient baptême et naissance du Christ dans la nuit du 5 au 6 janvier, parallèlement à l'Épiphanie *. La date du 25 décembre ne fut adoptée qu'au IV$^e$ siècle. Ce choix permit de christianiser la célébration païenne du solstice.

Nom de Dieu : Selon la Bible, ineffable est le nom du Créateur. À Moïse, dans l'épisode fameux du buisson * ardent (*Exode* 3), Dieu se donne pour nom « Je suis » (en hébreu *Yahwé* ou *Jahvé*, dont Jéhovah est une corruption). Les chrétiens préfèrent dire : l'Éternel, ou le Seigneur.

Notre Père (en latin *Pater noster*) : « La prière idéale, la prière essentielle, la prière caractéristique des disciples du Christ » (J. Carmignac), dictée par Jésus lui-même (*Matthieu* 6, 9-13) à la demande des Apôtres (*Luc* 11, 1). La traduction œcuménique, acceptée aujourd'hui par tous, est la suivante : « Notre Père qui es aux cieux, que ton nom soit sanctifié, que ton règne vienne, que ta volonté soit faite sur la Terre comme au Ciel. Donne-nous aujourd'hui notre pain de ce jour. Pardonne-nous nos offenses, comme nous pardonnons aussi à ceux qui nous ont offensés. Et ne nous soumets pas à la tentation, mais délivre-nous du Mal. Car c'est à toi qu'appartiennent le règne, la puissance et la gloire, aux siècles des siècles. Amen. » Elle a été faite d'après le texte grec de saint Matthieu. L'abbé Carmignac a proposé la traduction suivante (d'après un original hébreu reconstitué par ses soins érudits) : « Notre Père des cieux, que sur Terre comme au Ciel ton nom soit glorifié, ton règne arrive, ta volonté soit faite. Donne-

nous aujourd'hui notre pain jusqu'à demain. Acquitte-nous nos dettes, comme nous aussi avons acquitté nos débiteurs. Garde-nous de consentir à la tentation. Mais écarte-nous du démon. »
Le Notre Père, qu'on appelle aussi oraison dominicale, « est vraiment l'abrégé de tout l'évangile » (Tertullien *). Il « est l'ouvrage d'un Dieu qui connaissait tous nos besoins » (Chateaubriand).

Nouveau Testament : Suite évangélique des livres juifs de la Bible *, tout axée sur l'incarnation * de Jésus-Christ, son sacrifice rédempteur et la « bonne nouvelle » du salut *. Écrit en grec, le Nouveau Testament comprend vingt-sept livres : les *Évangiles* * selon saints Matthieu, Marc (le plus ancien), Luc et Jean (le plus théologique), les *Actes* * *des Apôtres*, les *Épîtres* * de saint Paul (aux *Romains,* première et seconde aux *Corinthiens*, aux *Galates,* aux *Éphésiens,* aux *Philippiens*, aux *Colossiens*, première et seconde aux *Thessaloniciens,* première et seconde à *Timothée*, à *Tite*, à *Philémon*), l'*Épître aux Hébreux* (très longtemps attribuée à Paul), l'*Épître de saint Jacques* (Luther * la surnommait injustement « l'épître de paille »), la première et la seconde *Épîtres de saint Pierre*, les trois *Épîtres de saint Jean*, l'*Épître de saint Jude*, et enfin l'*Apocalypse de saint Jean*.

Novatianisme : Schisme * intégriste (III$^e$-VIII$^e$ s.) condamné comme hérésie * par Rome vers 260. Novatien, refusant tout pardon aux apostats *, mettait des bornes à la bonté de Dieu.

# O

Œcuménique : Universel. Cf. concile * œcuménique. – Qui participe au courant de l'œcuménisme * : on a créé en 1948 un conseil œcuménique des Églises (à majorité protestante), on a plus tard réalisé une traduction œcuménique du Notre Père, on a édité une traduction œcuménique de la Bible (la *T.O.B.*).

Œcuménisme : Souci ou volonté active d'union entre les diverses Églises chrétiennes.

Œuvres : Bonnes actions. En théologie catholique, le salut * est obtenu par la foi *, la grâce * et les œuvres *. La Réforme * ne condamne pas les œuvres mais leur refuse un caractère méritoire (cf. Mérites *) : « l'œuvre bonne, c'est l'œuvre de Dieu, à laquelle Dieu, par Christ, a daigné associer le croyant » (J.-L. Leuba).

Œuvres de miséricorde : Appuyée sur l'Évangile (*Matthieu* 25), l'Église distingue les « œuvres de miséricorde corporelle » (donner à manger, donner à boire, vêtir, accueillir les pèlerins, visiter infirmes et malades, délivrer les prisonniers, ensevelir les morts) et celles de « miséricorde spirituelle » (enseigner, conseiller, consoler, exhorter, pardonner, supporter, prier Dieu pour les vivants et les morts).

Office : Prière ou célébration liturgique. Cf. Culte *, Liturgie *, Messe *, Messe * allemande, Salut *.

Office divin : Ensemble des prières ponctuant la journée des moines ou des chanoines * : nocturnes, laudes, tierce, sexte, none, vêpres *.

Onction des malades : Sacrement catholique (jusqu'au milieu du xx$^e$ siècle appelé « extrême onction ») et orthodoxe (« Prière particulièrement puissante pour la guérison de l'âme et du corps » écrit Olivier Clément). Sa justification scripturaire est l'*Épître de saint Jacques* (5, 14-15) que les protestants ont toujours regardée avec méfiance. L'onction des malades doit unir le malade au Christ, l'apaiser physiquement (voire le guérir) et spirituellement, le préparer au passage vers la vie éternelle.

Ordination : Acte spirituel, canonique et liturgique (dans les Églises catholique, orthodoxe et anglicane) conférant à un diacre * le sacrement * de l'ordre *, ou prêtrise. – Consécration * d'un pasteur protestant.

Ordo : Calendrier liturgique.

Ordre : Sacrement * administré par l'évêque * et transformant le diacre * en prêtre *. Son caractère est indélébile.

ORDRES : Degrés dans le clergé * catholique. Le futur prêtre * recevait d'abord les ordres mineurs (portier, lecteur, exorciste, acolyte), remplacés sous Paul VI * par le « premier engagement ». Il est ensuite admis aux ordres majeurs (il sera sous-diacre, puis diacre *, puis prêtre).

ORDRES MONASTIQUES : Communautés religieuses approuvées par l'Église et soumises à une règle (exemple : la règle bénédictine). Leurs membres s'engagent par vœux * solennels (les « congrégations * » se contentent de vœux simples) à respecter, dans le cadre de leur vie de prière, les conseils * évangéliques de chasteté, pauvreté et obéissance. Cf. aussi Actifs * et Contemplatifs *.

ORTHODOXE : Étymologiquement, orthodoxe signifie d'opinion droite. En matière religieuse, orthodoxe signifie conforme au dogme de l'Église. Historiquement, les Églises d'Orient (séparées dès 867 *) se disent seules orthodoxes.

# P

PANTHÉISME : Confusion de Dieu et du monde. Pour Spinoza (1632-1677), Dieu est la substance unique. Au XVII$^e$ siècle, on y voyait un athéisme *. En lecture moderne, on songerait plutôt à une gnose *.

PAPE : Le successeur de saint Pierre, évêque de Rome. « Le titre tend à devenir spécifique à la fin du IV$^e$ et au cours du V$^e$ siècle » (Ph. Levillain). L'antériorité de la haute dignité de pape (« Tu es Pierre, et sur cette pierre je bâtirai mon Église », *Matthieu* 16, 18) est admise par tous ; mais sa primauté – remise en cause en 867 * puis refusée par la Réforme * – n'est vraiment reconnue et célébrée que par l'Église catholique. Pour elle, le pape est le lieutenant du Seigneur sur la Terre. Le concile de Vatican I (1870) a proclamé l'infaillibilité * du pape en matière de foi.

PÂQUE(S) : La Pâque juive fêtait la sortie d'Égypte du peuple hébreu conduit par Moïse *. La fête de Pâques, elle, est célébrée avec éclat par les chrétiens de toute confession. Ils commémorent en ce jour, après les quarante jours du carême *, la résurrection * glorieuse de Jésus-Christ. – Au moyen âge, l'année légale allait de Pâques à Pâques.

PARABOLES : Récits comparatifs ou allégoriques, souvent utilisés par Jésus-Christ, à la fois pour se faire comprendre plus aisément des simples et pour laisser aux disciples les clefs d'une interprétation plus haute ou plus fine (cf. *Matthieu* 13, 10-17). Parmi les paraboles célèbres du Christ, citons : le Semeur, l'Économe infidèle, le Pharisien et le Publicain, les Talents.

PARACLET : Nom donné au Saint-Esprit * par saint Jean *. Il signifie le Soutien, ou le Protecteur, le Consolateur.

PARADIS (céleste) : Le séjour de la cour céleste (la Trinité, les anges *, les prophètes *, les saints *) et des élus *. On dit aussi « le Ciel * » ou « la Jérusalem * céleste ». Le Christ en croix dit au Bon * Larron repentant et croyant : « Aujourd'hui tu seras avec moi dans le Paradis » (*Luc* 23, 43).

PARADIS TERRESTRE : Le jardin d'Éden, cadre dans lequel, selon la *Genèse*, la Bible situe la création de l'homme et la perte par Adam et Ève de leur innocence première.

PARI DE PASCAL (Le) : Argument apologétique *, accessible et mondain, utilisé en ses *Pensées* par Blaise Pascal * pour vaincre l'hésitation de l'homme au carrefour de l'infini et du rien. « Disons : *Dieu est ou il n'est pas*. Mais de quel côté pencherons-nous ? [...] Il faut parier [...] Vous avez deux choses à perdre : le vrai et le bien, et deux choses à engager : votre raison et votre volonté, votre connaissance et votre béatitude ; et votre nature a deux choses à fuir : l'erreur et la misère. Votre raison n'est pas plus blessée, en choisissant l'un que l'autre, puisqu'il faut nécessairement choisir [...]. Mais votre béatitude ? [...] Si vous gagnez, vous gagnez tout ; si vous perdez, vous ne perdez rien. »

PAROLE DE DIEU : Pour les croyants soumis, qu'ils soient juifs ou chrétiens, la Bible * *est* Parole de Dieu. Pour les théologiens « libéraux », la Bible au mieux *contient* la Parole de Dieu. – Mais on entend aussi par Parole de Dieu, le Verbe * (*Logos*).

Saint Jean * dit qu'Il était avant le Monde même, dont il fut co-créateur. Selon cette acception, la Parole de Dieu se confond pleinement avec la deuxième Personne de la Trinité *, Jésus-Christ, le Verbe qui « s'est fait chair ».

PAROUSIE : Retour en gloire du Christ, venant «juger les vivants et les morts ». Le « temps de l'Église » s'inscrit entre la première Pentecôte * chrétienne et la parousie.

PASSION : L'ensemble des épreuves physiques et morales qui ont devancé ou accompagné le supplice et la mort du Christ.

PASTEUR : Qui a charge d'âmes. « Prends soin de mes agneaux ! [...] Prends soin de mes brebis ! » (*Jean* 21, 15-17) avait dit Jésus à Pierre. – Nom usuel du ministre * protestant. Nom inadéquat du prêtre anglican.

PATER : cf. Notre * Père.

PATRIARCHES : Dans l'Ancien * Testament, les grands chefs de tribu, comme Noé, Abraham *, Jacob, Job. Aux âges chrétiens, nom donné aux titulaires de très éminents sièges épiscopaux (Jérusalem, Antioche, Alexandrie, Constantinople, Moscou, etc.).

PATRISTIQUE : Connaissance des pères * de l'Église et de leurs ouvrages.

PATROLOGIE : Recueil des œuvres des pères * de l'Église. On admire la monumentale *Patrologie* éditée par l'abbé Migne (1844-1867).

PECCA FORTITER : Paradoxe de Luther * illustrant la justification * par la foi *. En 1521 le Réformateur écrivait à son ami Melanchthon * : *Esto peccator et pecca fortiter, sed fortius fide* (Sois pécheur et pèche fortement, mais crois plus fortement).

PÉCHÉ : Toute désobéissance à la loi de Dieu, le Seigneur étant seul juge du bien et du mal. Les Églises distinguent *péché originel* et *péché actuel*. Le premier est un vice héréditaire frappant, depuis la Chute *, toute la descendance d'Adam. Au contraire le péché actuel concerne individuellement chaque homme. L'Église catholique a établi, entre les péchés actuels, une distinction essentielle. Elle nomme *péché mortel* celui qui détruit en l'homme l'état * de grâce. Elle nomme *péché véniel* celui qui diminue seulement l'effet de la grâce * sanctifiante.

PÉCHÉS CAPITAUX : L'Église catholique dénonce sept péchés « capitaux » : orgueil, avarice, luxure, envie, gourmandise, colère, paresse. Curieusement, le mensonge n'est pas sur la liste.

PÉDOBAPTISME : cf. Baptême *.

PÉLAGIANISME : Tirant son nom du moine Pélage *, hérésie atténuant les conséquences du péché * originel sur la liberté et la volonté humaines, et par cela même remettant en cause la toute-puissance de la grâce * divine. Saint Augustin * fut le grand adversaire du pélagianisme.

PÉNITENCE : Sacrement catholique de conversion et de réconciliation « institué par Jésus-Christ pour remettre les péchés commis après le baptême ». On l'appelait aussi *confession*. On l'appelle aujourd'hui *réconciliation*. Par l'absolution *, le prêtre remet ses fautes au pécheur repentant qui se confesse à lui dans un esprit de contrition *. Le fondement évangélique du sacrement se trouve dans *Jean* 20, 22-23 : « Recevez l'Esprit Saint. Ceux à qui vous pardonnerez les péchés, ils leur seront pardonnés. » On appelle aussi pénitence la peine imposée au chrétien par celui qui confesse (Exemple : « Pour pénitence, vous réciterez dix Notre * Père »).

PENTATEUQUE : Nom des cinq premiers livres de la Bible *, que les juifs appellent la *Torah* (la Loi). Ce sont la *Genèse*, l'*Exode*, le *Lévitique*, les *Nombres*, le *Deutéronome* ; livres dont la rédaction fut longtemps attribuée au seul Moïse.

PENTECÔTE : La Pentecôte était et demeure une grande fête juive, rappelant le don à Moïse * par le Seigneur Dieu, des tables de la Loi. La Pentecôte chrétienne, elle, célèbre le jour fameux, cinquante jours après Pâques, où le Saint-Esprit * descendit sur les Apôtres * sous forme de langues de feu, leur inspirant science, don des langues et ardeur missionnaire.

PENTECÔTISME : Né outre-Atlantique en 1906, ce mouvement, ancêtre des courants charismatiques *, axé sur le Saint-Esprit *, ses dons *, ses charismes * (pouvoir de guérir, prophétie, etc.), veut retrouver la sensibilité de la primitive Église.

Pères de l'Église : Nom donné aux grands docteurs * de la primitive Église. Leurs œuvres prolongent directement l'âge apostolique. Il y eut des Pères latins (Tertullien *, saint Jérôme *, saint Augustin *, etc.) et des Pères grecs (saint Grégoire * de Nazianze, saint Basile *, saint Athanase *, Origène *, saint Jean * Chrysostome, etc.).

Pharisiens : Les pharisiens représentaient, déjà au temps de Jésus, la branche la plus active du judaïsme. Les docteurs de la Loi, comme saint Paul * avant sa conversion *, étaient pharisiens. À certains égards les pharisiens annonçaient la révélation chrétienne – ils croyaient aux anges * et à la résurrection * –, mais Jésus dénonça leur moralisme, contraignant et parfois hypocrite, ainsi que leur conception formaliste de la Loi (des dix commandements les pharisiens n'avaient pas déduit moins de 613 prescriptions !)

Piétisme : Mouvement évangélique qui entreprit de rénover le luthéranisme * en dénonçant à la fois tentation cléricale et dérive rationaliste ; le tout, au profit d'une religion plus individuelle, intérieure et chaleureuse. Son initiateur fut Spener * (1635-1705).

Placards (L'affaire des) : Provocation d'un pasteur sacramentaire *. La nuit du 17 au 18 octobre 1534, furent affichés à la Cour des « placards » insultant messe * et présence * réelle. C'était montrer la Réforme * sous un aspect peu engageant. Le calvinisme en a subi en France les effets jusqu'à nos jours.

Pontifical : Qui concerne le pape ou les évêques.

Pope : Nom familier mais inadéquat du prêtre orthodoxe. – Ce dernier ne peut devenir évêque * (dignité réservée aux célibataires, donc aux moines) mais il peut se marier une fois. En effet, appuyée sur un passage de saint Paul * (*I Timothée* 3, 2), l'Église orthodoxe lui interdit, en cas de veuvage, de se remarier. D'où l'expression proverbiale : « précieux comme une femme de pope. »

Port-Royal : Célèbre abbaye cistercienne de femmes, dont le dernier siècle d'existence (1609-1709) se confondit d'abord avec la contre-Réforme *, ensuite avec le jansénisme *.

Prayer Book (*Book of Common Prayer*) : Ouvrage célèbre paru en 1549, mainte fois revisé jusqu'à nos jours. C'est à la fois le rituel * et le missel de l'Église d'Angleterre (anglicanisme *). Il l'est aussi, en Irlande, en Écosse, en Amérique, etc., des Églises épiscopaliennes.

Prédestination : Le choix des élus * par Dieu au moyen de sa grâce *. Appuyés sur saint Augustin *, les protestants et les jansénistes ont souvent tant parlé de prédestination qu'ils en ont oublié la réalité du libre * arbitre. Si la prédestination est une prédestination au salut * chez les catholiques, les orthodoxes et les luthériens, Calvin * – avec sa logique de juriste – n'a pas hésité à poser le principe de la « double prédestination ». Selon lui, les uns seraient prédestinés au Ciel, les autres à l'enfer. On voit mal comment pareille doctrine pourrait se rapprocher de cet attribut * de Dieu : la bonté infinie.

Prédication : Fonction capitale de l'Église, le Christ ayant donné aux Apôtres * l'ordre d'enseigner les nations (*Matthieu* 28). La première prédication chrétienne fut celle de Pierre *, le jour de la Pentecôte * (*Actes* 2, 14-40). – La Réforme * accusa le catholicisme de négliger la prédication. Pour les Réformateurs, la véritable Église se reconnaît à deux indices : que l'on y prêche vraiment la Parole * de Dieu, que l'on y distribue les sacrements *.

Presbytériens : Membres des Églises calvinistes de langue anglaise, en Grande-Bretagne, dans l'ancien Commonwealth et aux États-Unis. – Plus généralement, nom donné aux réformés *, hostiles au système épiscopal et attachés au caractère presbytérien (paroissial) et synodal * (démocratique) de l'Église.

Présence réelle : La présence réelle de Jésus-Christ dans le pain et le vin de l'eucharistie * ou sainte cène * (ou « sacrement de l'autel ») est un dogme pour la grande majorité des chrétiens ; quand même aurait-il malencontreusement subi l'érosion du temps et de l'infidélité des « fidèles ». Mais, selon l'Église catholique, il y a transsubstantiation * des espèces * ; pour les luthériens, consubstantiation * ; pour les réformés *, présence réelle seulement spirituelle dans et par la foi. Les sacramentaires *, et par exemple les disciples de Zwingli * dont la théologie déteint de plus en plus sur les réformés, récusent la présence réelle. Pour eux, la cène est seulement un mémorial.

PRÊTRE : cf. Ordination *, Ordre *, Ordres *, Sacerdoce *, Sacerdoce * chrétien. En théologie catholique ou orthodoxe, on est prêtre pour l'éternité.

PRIÈRE : « La prière est un acte par lequel notre âme s'élève vers Dieu pour lui rendre hommage et lui demander ses grâces » (*Catéchisme du cardinal Verdier*). C'est donc avant tout un acte d'adoration ; cela peut être ensuite une forme d'intercession. Les chrétiens prient le Père au nom et par le canal du Fils. Jésus-Christ a lui-même dicté aux Apôtres * la prière « par excellence », le Notre * Père.

PROPHÈTES : Hommes inspirés par la Parole * de Dieu. Pour judaïsme et christianisme, il est assuré que Moïse * est le plus important des prophètes. Les prophètes sont aussi ceux qui, au nom de Dieu, annoncent l'avenir. Isaïe (que les protestants appellent Ésaïe) est – avec Jérémie, Ézéchiel et Daniel – l'un des quatre « grands prophètes ». Il a, presque clairement, annoncé la venue du Messie *. « La plus grande des preuves de Jésus-Christ sont les prophéties » (Pascal). La Bible nous a aussi transmis les textes de douze « petits prophètes » : Osée, Joël, Amos, Abdias, Jonas, Michée, Nahum, Habaquq, Sophonie, Aggée, Zacharie et Malachie. Leurs œuvres clôturent l'Ancien * Testament.

PROTESTANTISME : Depuis le premier tiers du XVIIe siècle, ce mot rassemble tous ceux qui se réclament de la Réforme *.

PROTESTANTS : Protestant n'est, en dépit des apparences, pas synonyme de contestataire, mais bien de professant. – À l'origine, on appelait protestants les seuls luthériens. Peu à peu le mot fut appliqué à tous les fils de la Réforme *, y compris aux anglicans et aux membres des sectes * issues du Réveil *.

Providence : La vigilante protection de Dieu sur ses créatures.

Province : Ensemble des diocèses * reconnaissant la préséance d'un même archevêque *.

Psaumes : Poèmes religieux inspirés et chantés, formant dans l'Ancien * Testament un livre entier, et dont les plus anciens et les plus beaux sont du roi David *. La Réforme* leur attacha grand prix, mais le catholicisme, en particulier avec les vêpres *, ne les néglige pas. Ni, bien sûr, le judaïsme.

Purgatoire : Troisième voie, provisoire, dans les perspectives chrétiennes de l'au-delà (eschatologie *). L'alternative Ciel * *ou* enfer * a peu à peu laissé une place à cet « enfer temporaire » (J. Delumeau) appelé purgatoire. Trois conciles * œcuméniques * – Lyon II (1274), Florence (1439-1445), Trente (1545-1563) – en ont imposé la croyance, et les chants poétiques de *La Divine comédie* de Dante (1307-1321) l'ont popularisée. Pour Dante, le purgatoire est une longue marche ascendante vers Dieu, le porche d'une seconde eschatologie. Pour l'Église romaine, les âmes * du purgatoire, qui ne sauraient par elles-mêmes mériter, peuvent voir leur épreuve raccourcie grâce aux mérites des élus et aux prières des humains. Le purgatoire « est fédérateur. Il maintient un lien entre les vivants et les morts... Le purgatoire est hautement pédagogique » (P. Chaunu *). Il diminue la peur de la mort. Il a nombre de vertus sociales. Pourtant la Réforme * le refusa, parce que les livres bibliques des *Maccabées* étaient par elle jugés apocryphes *. Or c'est en ces textes que l'on voit apparaître la légitimité de la prière pour les âmes des décédés. Aujourd'hui l'Église catholique nomme purgatoire la « purification finale des élus », mais n'oblige ni à croire à une localisation précise du purgatoire, ni à craindre le supplice physique d'un éventuel feu purificateur.

Puritains : Presbytériens * anglais particulièrement intransigeants (notamment sur le plan moral). Ils furent puissants au temps de Cromwell. Ils eurent des représentants actifs à bord de la *Mayflower* * (1620). Ils ont eu un temps de triomphe en Nouvelle-Angleterre, surtout au Massachusetts.

# Q

Quakers : Mouvement spirituel fondé au milieu du XVIIe siècle en Angleterre par George Fox sous le nom de « société des amis ». Refusant les contraintes des Églises et des États, les quakers prônent la liberté chrétienne, la méditation christique, la soumission au Saint-Esprit *, l'attente de Dieu, le moralisme et l'objection de conscience. Ils ont marqué les États-Unis d'Amérique.

Quarante Heures : Dévotion eucharistique répandue au temps de la contre-Réforme *. On adorait le saint * sacrement jour et nuit, le temps de quarante heures.

Quatre-Temps : Les commandements * de l'Église catholique ordonnaient, jadis et naguère, de pratiquer le jeûne * aux Quatre-Temps, « trois jours de pénitence, mercredi, vendredi et samedi, placés au commencement des quatre saisons ».

Quiétisme : Doctrine du pur amour de Dieu, dans l'union mystique de l'âme avec son Créateur, procurant béatitude et paix (mais inspirant aussi une dangereuse passivité). Molinos *, Mme Guyon * et Fénelon * la prônèrent. Rome condamna en 1687 et 1699 ce qui lui semblait un mysticisme au rabais, imprudemment généralisé.

Qumran : Site de Terre * sainte, près de la mer Morte. On y découvrit depuis 1947, en des caches aménagées par les esséniens *, nombre de documents bibliques précieux pour l'exégèse *.

# R

Raskol : Schisme * intégriste des « vieux croyants » (*raskolniks*), mobilisés en Russie à l'appel de l'archiprêtre Avvakum * († 1682) contre les innovations (toilettage de la traduction biblique, signe de croix avec trois doigts et non plus deux, etc.) du patriarche * de Moscou Nikon *. Il existe encore nombre de raskolniks.

RATIONALISME : Au nom de la raison, refus ou contestation de la foi * religieuse.

RÉCONCILIATION : « Nous avons été réconciliés avec Dieu par la mort de son Fils » (*Romains* 5, 10). – Aujourd'hui l'on tend à désigner le sacrement * de pénitence * sous le nom de sacrement de la réconciliation.

RÉDEMPTION : Un des trois grands mystères * de la foi chrétienne. Le sacrifice du Christ *rachète* les hommes de l'esclavage du péché * et réconcilie l'humanité avec Dieu, son Créateur. « Nous avons été réconciliés avec Dieu par la mort de son Fils » (*Romains* 5, 10). « Dieu a voulu racheter les hommes, et ouvrir le salut * à ceux qui le chercheraient » (Pascal).

RÉFORME (au XVIᵉ siècle, on disait *Réformation*) : Ensemble des mouvements qui, depuis 1517 * (initiative critique de Luther *) « ont eu en commun [...] le même recours à la personne du Christ rédempteur, la même insistance sur la toute-puissance de la grâce * [...], la même affection pour le *sola fide* * [...], la même façon de concevoir l'Église comme l'assemblée des croyants, la même manière [...] de considérer la Bible * comme la révélation définitive de Dieu sans cesse actualisée par la parole vivante de la prédication * » (R. Stauffer). Il en résulta le plus grand schisme * connu depuis 867 *.

RÉFORMÉS : Calvinistes. Les réformés appartiennent tous au monde de la Réforme *, mais les adeptes de la Réforme sont loin de tous être des réformés. En France, sous l'ancien régime, l'Église, l'État et les catholiques désignaient le calvinisme sous l'appellation de « religion prétendue réformée » (R.P.R.)

RELIQUES : Restes des corps des saints, ou objets jugés sacrés, comme les fragments de la croix du Christ. Le concile * de Trente a confirmé la légitimité de la vénération des reliques, qu'avait condamnée la Réforme * (Calvin * moqua le Suaire * de Turin).

RÉMANENCE : Selon la foi catholique, prolongement illimité de la présence * réelle dans l'hostie consacrée. Les protestants, n'acceptant point la rémanence, refusent donc l'adoration du saint * sacrement, les « saluts * », les hymnes eucharistiques.

Résurrection : L'espoir puis l'idée d'une résurrection des morts et d'un jugement * dernier s'est introduit dans le judaïsme depuis l'exil à Babylone. Au temps de Jésus, les pharisiens * y tenaient, si les sadducéens * en refusaient la croyance. – La résurrection de Lazare * fut le plus spectaculaire des miracles * de Jésus. La résurrection du Christ demeure la pierre angulaire de la foi, gage des résurrections individuelles à la fin des temps. Cf. Immortalité * de l'âme.

Réveil : Au sens large, élans spirituels qui ont cherché, aux XVIII$^e$ et XIX$^e$ siècles, à ranimer un protestantisme porté au rationalisme, ou enclin à profiter d'un statut d'Église établie. Le renouveau de la ferveur commença avec le piétisme * de Spener * et se poursuivit au XVIII$^e$ grâce au méthodisme * de John Wesley *. Mais le Réveil (*Revival*) proprement dit naquit en Suisse vers 1816, avant de rayonner sur l'Europe et sur les États-Unis. Le baptisme * et le pentecôtisme * s'inscrivent dans le mouvement du Réveil.

Révélation : Enseignement de la religion aux hommes par Dieu et sa Parole *. Pour juifs et chrétiens, la religion révélée, celle du « Dieu vivant », du « Dieu d'Abraham *, d'Isaac et de Jacob * », s'oppose donc au déisme *, mais elle accepte le renfort de la religion naturelle (« Les cieux racontent la gloire de Dieu » lit-on au psaume 19).

Réversibilité des mérites * : Dans la doctrine catholique de la communion * des saints apparaît un beau mouvement de noria entre les trois Églises (Ciel, Terre, purgatoire * : Église triomphante, Église militante, Église souffrante). Dans cette perspective, les saints du Paradis peuvent aider les humains, et ces derniers prier pour les âmes du purgatoire.

Revivaliste : Qui se rattache au mouvement du Réveil *.

Rituel : Ouvrage liturgique réglant l'ordre des cultes, cérémonies et prières. Le *Prayer * Book* est le rituel de l'anglicanisme *.

Rogations : Ancienne forme de liturgie catholique – elle remonte au V$^e$ siècle – qui est une supplication à Dieu, faite au printemps, afin d'obtenir la protection des cultures et des animaux domestiques. Elle comprend une messe * et une procession extérieure.

Rosaire : Prière mariale inaugurée au moyen âge. Elle regroupe quinze « dizaines » d'*Ave* * *Maria* que sépare chacune un Notre * Père. Elle invite à méditer les mystères joyeux, douloureux et glorieux, de la vie de la Vierge.

Royaume de Dieu, Règne de Dieu, Royauté de Dieu : Ces trois notions demeuraient presque confondues dans la primitive Église et même au moyen âge. Il en résulta une obsession eschatologique * (crainte de la fin du monde), et une réelle difficulté à bien définir l'Église, son rôle et son destin. L'abbé Jean Carmignac est parvenu, en 1979, à clarifier ces belles et mystérieuses expressions. Dans le texte original des Évangiles, on ne trouve que le mot grec *basileia* pour traduire les notions de royauté, de règne et de royaume. L'hébreu possédait, au contraire, trois substantifs : *meloukâh* évoquant la royauté, *malkout* désignant le règne, et *mamlâkâh* le royaume. Une relecture du Nouveau * Testament devrait permettre de mieux distinguer les trois notions. Au lieu de la célèbre traduction « Mon royaume n'est pas de ce monde » (*Jean* 18, 36), la réponse de Jésus à Pilate * serait plutôt : « Ma *royauté* ne vient pas de ce monde » ; tant il est vrai qu'on ne saurait restreindre à l'Au-delà (ou « royaume des Cieux ») le temps et le territoire du Royaume de Dieu. Le Règne et le vrai Royaume de Dieu c'est, dès ici-bas, l'Église universelle.

# S

Sabbat (hébreu : *shabbât*) : Jour du Seigneur – jour de repos et de prière – imposé par le Décalogue * et demeuré fort observé dans la tradition juive. Il rappelle le septième jour de la Création et le repos du Créateur (*Genèse* 2, 2-3). La primitive Église substitua au sabbat (samedi) le dimanche *, en l'honneur de la Résurrection * du Christ à Pâques *.

Sacerdoce : Dignité des ministres d'un culte religieux. Israël avait deux classes sacerdotales : les sacrificateurs (prêtres) et les lévites. Aaron *, frère de Moïse *, avait fait le premier les fonctions de grand prêtre.

SACERDOCE CHRÉTIEN : Dans les Églises catholique et orthodoxe, caractère et fonctions du prêtre *, lui reconnaissant pouvoir de remettre les péchés et d'obtenir de Dieu, à chaque messe *, le miracle de la présence * réelle dans l'eucharistie *. La prêtrise y est sacrée et indélébile. La Réforme *, au contraire, appuyée sur la notion de sacerdoce universel (*I Pierre* 2, 9), considère que, depuis le Christ, sacrificateur parfait, prêtre par excellence, il ne saurait plus y avoir de sacerdoce individuel. Elle admet l'utilité de ministres * (pasteurs), mais refuse toute légitimité aux prêtres.

SACRAMENTAIRE : Ancien nom du rituel * catholique. – On a aussi nommé « sacramentaires » les protestants radicaux qui, tel Zwingli *, ont vidé l'eucharistie * de la plus grande part de sa substance, niant la présence * réelle du Christ dans le sacrement *.

SACRAMENTAUX : Signes sacrés, conservés ou institués par l'Église catholique et les Églises d'Orient, et produisant « des effets surtout spirituels » ; ainsi, les bénédictions, l'imposition des mains, les signes de croix, les aspersions d'eau bénite.

SACRAMENTEL(LE) : Qui concerne un sacrement *. « Le prêtre prononce au nom de Jésus-Christ, à la messe, les paroles sacramentelles » (Fénelon). On disait autrefois *sacramental(e)*.

SACRE : Autre nom de la solennelle consécration * des évêques *. – Cérémonie religieuse sanctionnant la dignité impériale ou royale. Le sacre des rois de France, ordinairement célébré en la cathédrale de Reims, était sous l'ancien régime considéré comme un « huitième sacrement ». Il faisait du Capétien l'« oint du Seigneur ».

SACRÉ-CŒUR : Jésus, dans la dévotion catholique moderne, envisagé comme le Sauveur littéralement embrasé d'amour pour les âmes. C'est sainte Marguerite-Marie * qui, au XVII$^e$ siècle, a promu l'image et le culte du sacré cœur de Jésus.

SACRÉ COLLÈGE : Nom donné au corps des cardinaux *.

SACREMENTS : Signes visibles ou sensibles, instaurés par Jésus-Christ pour établir, rétablir ou augmenter chez le chrétien la grâce invisible de Dieu. Le concile * de Trente a confirmé l'existence de sept sacrements : le baptême *, la confirmation *, la pénitence *, l'eucharistie *, l'extrême-onction *, l'ordre * et le mariage *. Deux d'entre eux (baptême et pénitence) mettent en état de grâce ; les autres augmentent la grâce * sanctifiante. Trois sacrements sont ineffaçables : le baptême, la confirmation et l'ordre. – Les Réformateurs limitent les sacrements à trois (pour Luther * : le baptême, la sainte cène * ou sacrement de l'autel, l'absolution *), voire à deux seulement (Calvin * ne retient que baptême et cène). Refusant la tradition * apostolique et médiévale, ils n'acceptent que les sacrements dont la « matière visible » (eau, pain, vin) est citée dans les Évangiles et dont la formule d'« institution * » vient mot à mot de la bouche du Christ (« Prenez, mangez, ceci est mon corps... », « Baptisez-les au nom du Père, du Fils et du Saint-Esprit... »). Pour les catholiques, les sacrements agissent par vertu intrinsèque – *ex opere operato* –, tandis que pour les réformés *, ils opèrent seulement dans et par la foi. On notera que si les protestants se montrent restrictifs dans le domaine sacramentel, ils voient cependant dans les sacrements par eux conservés une large confirmation de la Parole de Dieu, considérée parfois comme le sacrement unique de l'Église.

SADDUCÉENS : Conduits à Jérusalem par la classe sacerdotale, les sadducéens représentaient au temps du Christ une des branches du judaïsme. Les pharisiens * reprochaient aux sadducéens de ne pas croire à la résurrection * des morts. Les zélotes * leur reprochaient de pactiser avec les Romains.

SAINT : Saint Paul * appelait saints les fidèles des Églises auxquels il adressait des épîtres *. Plus tard on pensa que le saint était celui – ou celle – dont le salut * éternel ne pouvait être mis en doute (le Bon * Larron du Calvaire, les martyrs *, etc.). Enfin, pour les Églises catholique et orthodoxe, il n'y eut de saints incontestés que ceux qui avaient bénéficié d'une canonisation *. Les protestants refusent l'idée d'une sainteté institutionnalisée : certains se plaisent même à toujours dire Pierre, au lieu de saint Pierre, Augustin au lieu de saint Augustin, etc.

SAINT-ESPRIT : Troisième Personne de la Trinité *. La version latine du symbole de Nicée-Constantinople dit : *Et in Spiritum Sanctum Dominum, et vivificantem, qui ex Patre* [Filioque *] *procedit* (Je crois en l'Esprit Saint, qui règne et donne la vie ; qui procède du Père) [et du Fils]. On sait que la greffe du *Filioque* en Occident détermina le schisme * d'Orient, mais Orient et Occident – l'Église entière – se retrouvent dans la suite du même symbole : *qui cum Patre et Filio simul adoratur, et conglorificatur ; qui locutus est per prophetas* (qui a parlé par les Prophètes, qui avec le Père et avec le Fils est adoré et glorifié). – En l'an premier de l'Église, le jour de la Pentecôte *, « l'irruption du Saint-Esprit s'inscrit dans l'Histoire sous le signe du vent et du feu » (A. Greiner). Mais le Saint-Esprit, « ce méconnu », intervient depuis la Création (*Genèse* 1, 2) dans l'histoire du salut *. Il est le ciment de l'Alliance * (*Isaïe* 59, 21), le moteur de la résurrection du peuple élu (*Ézéchiel* 37, 1-14), il parle par les Prophètes, préparant la venue du Christ. Jésus est conçu du Saint-Esprit (*Luc* 1, 35). Le Saint-Esprit apparaît au moment du baptême de Jésus (*Matthieu* 3, 16 ; *Jean* 1, 33). « La Révélation du Père dans le Fils est la Révélation par le Saint-Esprit. Ou encore : la réconciliation du monde avec Dieu en Christ est la réconciliation par le Saint-Esprit » (K. Barth). Jésus a déclaré : « Tout péché et tout blasphème sera pardonné aux hommes, mais le blasphème contre l'Esprit ne sera point pardonné » (*Matthieu* 12, 31). Car le Saint-Esprit, garant et interprète de la Parole * de Dieu, inspirateur et protecteur de l'Église (le baptême * est une nouvelle naissance par le Saint-Esprit), est à la fois intelligence et amour. « En Dieu, il est l'amour du Père pour le Fils et du Fils pour le Père. En Dieu lui-même, il est l'amour éternel » (K. Barth). – Les mouvements charismatiques * modernes et aussi plusieurs sectes se réclament sans cesse de l'Esprit. Cf. aussi Dons * du Saint-Esprit.

SAINT-OFFICE : Nom moderne de l'Inquisition *. Le pape préside l'importante congrégation romaine du Saint-Office, créée en 1542 pour faire face au protestantisme, et nommée aujourd'hui « congrégation pour la doctrine de la foi ».

SAINT SACREMENT : Autre nom catholique de l'eucharistie *, surtout employé dans l'intention de souligner la rémanence *. L'adoration de l'hostie consacrée ne commença que vers 350.

SAINT-SIÈGE : Gouvernement du pape au temporel.

SAINT SUAIRE : Relique *, contestée déjà par Calvin * mais sans prix pour nombre de croyants, le saint suaire de Turin serait le linceul du Christ dont il conserve l'image.

SALUT : Au sens théologique, c'est le fait pour l'être humain d'être délivré du péché * et d'échapper à la damnation *. La Bible n'est pas seulement une histoire sainte, c'est « l'histoire du salut ». « Faire son salut » est une expression innocente mais involontairement semi-pélagienne *, car le salut est, par grâce *, un don de Dieu. – On appelle salut du saint sacrement une belle cérémonie catholique destinée à adorer le Christ présent dans l'hostie. Cf. Rémanence *.

SANCTIFICATION : Une fois revenue en l'état * de grâce, l'âme est sollicitée par le désir de tendre vers la sainteté. Il s'agit d'un ordre du Christ : « Soyez parfaits, comme votre Père céleste est parfait » (*Matthieu* 5, 48). Catholiques et réformés * parlent donc beaucoup de sanctification. Luther semble parfois se contenter de l'assurance d'une justification *.

SATAN : Nom hébreu (*Satan* peut se traduire par l'Adversaire, ou encore l'Accusateur) du diable * (le mot grec *diabolos* signifie calomniateur, ou bien dénonciateur).

SCHISMATIQUES : Qui ne reconnaissent pas (ou ne reconnaissent plus) l'autorité de Rome. Les chrétiens orthodoxes * sont considérés par le catholicisme, non comme hérétiques *, mais comme schismatiques.

SCHISME : Fracture à l'intérieur d'une Église. « Le schisme, écrit le code de droit canonique, est le refus de la soumission au souverain pontife ou de communion avec les membres de l'Église qui lui sont soumis. » Le schisme d'Orient (867 *) déchira la « tunique sans couture » qui symbolisait l'Église du Christ. À la fin du moyen âge, un « grand schisme » désola l'Église d'Occident (1378-1417) : on vit à la fois deux papes (à Rome et en Avignon) et même trois (1409 *).

Scolastique : Théologie * spéculative et universitaire au moyen âge. Saint Thomas * d'Aquin, au XIIIe siècle, en fut le maître : dans une grandiose synthèse, il christianisa la philosophie d'Aristote *. Au XVe siècle, la scolastique était devenue trop souvent rhétorique et formaliste. La théologie de Luther *, la philosophie de Descartes * furent des réactions contre une certaine scolastique.

Sectes : Communautés religieuses dissidentes, presque toujours nées d'un désir de réforme des Églises établies, parfois enfantées par d'autres sectes. Les sectes chrétiennes sont généralement anti-trinitaires *, anticléricales, élitistes (il est réconfortant de croire qu'on sera parmi les 144 000 humains sauvés) et millénaristes *. La majorité des sectes protestantes se rattache, directement ou non, au mouvement du Réveil *.

Séminaires : Ce n'est point un hasard si le mot apparaît seulement en 1551. Il est contemporain du concile * de Trente qui a demandé la création d'un séminaire (établissement édifiant et pédagogique destiné à former les futurs prêtres) par diocèse *.

Septante : Selon un apocryphe *, l'Ancien * Testament hébreu aurait été traduit en grec par les Septante – exactement 72 savants travaillant 72 jours —, à la demande du roi Ptolémée II (IIIe s. av. J.-C.). Cet exploit aurait eu Alexandrie pour cadre. La version des Septante, ses compléments et les textes parallèles nous montrent le souci de fournir un aliment spirituel aux nombreux juifs de la *diaspora* (dispersion). L'Église chrétienne attache du prix à un texte vénérable, parfois bien plus ancien que ses transcriptions hébraïques.

Sept paroles (Les) du Christ en croix : La dévotion chrétienne attache grand prix à ces citations évangéliques : 1° « Père, pardonne-leur, car ils ne savent pas ce qu'ils font » (*Luc* 23), 2° « Femme, voici ton fils... Voici ta mère » (*Jean* 19), 3° « En vérité, je te le dis, aujourd'hui tu seras avec moi dans le Paradis » (*Luc* 23), 4° « J'ai soif » (*Jean* 19), 5° « *Eli, Eli, lama sabachthani* ? Mon Dieu, mon Dieu, pourquoi m'as-tu abandonné ? » (*Matthieu* 27, d'après *Psaumes* 22), 6° « Tout est accompli » (*Jean* 19), 7° « Père, je remets mon esprit entre tes mains » (*Luc* 23).

SIMONIE : Regrettable trafic de choses saintes : objets, reliques *, responsabilités d'Église, etc. Le nom vient d'un certain Simon * le Magicien, personnage des *Actes * des Apôtres*.

SLAVON : Constitué dès le haut moyen âge, le slavon est la langue liturgique des chrétiens orthodoxes de Russie, d'Ukraine et de Bulgarie.

SOCINIANISME : Courant protestant « libéral », ayant pour origine deux réformateurs originaires de Sienne, Lelio (1525-1562) et Fausto (1539-1604) Socini. Les sociniens sont anti-trinitaires *, sacramentaires *, ennemis de la prédestination * et opposés à tout fondamentalisme * biblique.

SOLA FIDE, SOLA GRATIA, SOLA SCRIPTURA : Ces trois expressions latines, parfois séparées, souvent réunies, ont résumé et résument l'essentiel de la Réforme *. Le protestant croit à la justification * par la foi seule (*sola fide*). Il pense que le salut * ne se peut obtenir que par la seule grâce * de Dieu (*sola gratia*). Il affirme que l'Écriture sainte et elle seule (*sola Scriptura*) contient la révélation * de Dieu, la Parole * de Dieu.

SOTÉRIOLOGIE : « Doctrine du salut * par un rédempteur », dit le Petit Robert. « Le christianisme est une religion sotériologique, une religion du salut. La sotériologie chrétienne est celle de la croix et de la résurrection » (Jean-Paul II). La Bible *, étant l'histoire du salut, est l'ouvrage sotériologique par excellence.

SPIRITUALITÉ : « La vie de l'âme avec son Dieu » (Raymond Darricau).

STARETS : Saints personnages, laïcs ou ecclésiastiques, réputés dans l'Église orthodoxe pour leur ascèse *, leurs charismes *, leur aptitude à diriger les consciences.

SUAIRE : cf. Saint * suaire.

SYMBOLE : Allégorie. « Toute pensée humaine est nécessairement symbolique » (Whitehead). « Si Dieu nous avait parlé dans une langue divine, nous ne pourrions rien y comprendre » (L. Bouyer), d'où l'usage si fréquent du symbole (paraboles *, etc.) dans la Bible. L'erreur du critique protestant Bultmann * a été de refuser ou piétiner nombre de textes symboliques de l'Écriture, sous prétexte d'en extirper les « mythes ». – On donne aussi le nom de symboles à quelques confessions (ou professions) de foi de l'Église : le symbole des Apôtres, le symbole de Nicée. Cf. Credo *.

SYNAGOGUE : Lieu de réunion et de culte très important dans le judaïsme depuis le temps de l'exil * à Babylone (VI$^e$ s. av. J.-C.). – Employé absolument, le mot Synagogue désigne le judaïsme. Le moyen âge aimait figurer en sculpture l'Église et la Synagogue, deux vierges gracieuses. La seconde avait les yeux bandés, pour indiquer que les juifs n'avaient pas reconnu en Jésus le Messie *

SYNODE : Assemblée d'Église. Le synode de Jérusalem, en l'an 48, fut un peu le modèle des futurs conciles * œcuméniques. – La structure des Églises réformées * est presbytérienne (paroissiale autogérée) et synodale (collégiale).

# T

TABERNACLE : La tente où l'arche * d'Alliance fut d'abord abritée (*Hébreux* 9, 1-5). – Petite armoire d'autel dans laquelle sont renfermées les hosties * consacrées de l'eucharistie *.

TÉMOINS DE JÉHOVAH : Secte * millénariste * fondée aux États-Unis d'Amérique en 1874.

TEMPLE : Splendide sanctuaire construit à Jérusalem par le roi Salomon * (v. 960 av. J.-C.) pour honorer le Seigneur et contenir l'arche * d'Alliance. Il fut ruiné en 587 par les Babyloniens de Nabuchodonosor. Le second Temple, celui de Zorobabel, fut édifié après l'exil * à Babylone, entre 520 et 515. Il fut profané en 167 par l'envahisseur ; un culte païen s'y installa ; ce fut « l'abomination de la désolation ». Le troisième Temple fut commencé en l'an 20 (av. J.-C.) par Hérode le Grand, désireux de faire mieux que Salomon. Achevé en 64 seulement, il fut détruit en l'an 70 * par les soldats de Titus. Le Temple était la demeure de Dieu, lieu saint, lieu de prière et de sacrifices.

Terre promise : Nom biblique de la Palestine, pays promis par Dieu à Abraham *, pays rendu par Dieu aux Hébreux après la captivité en Égypte et la longue traversée du désert. Dans la Bible, on en parle comme du « pays où coulent le lait et le miel » (depuis *Exode* 3, 8 jusques en *Ézéchiel* 20, 15), périphrase que l'on doit entendre au sens spirituel plutôt que temporel.

Terre sainte : Nom donné par les chrétiens à la Palestine, terre qui vit la naissance, la prédication, la passion, la mort et la résurrection du Christ.

Thaumaturges : Qui obtiennent du Ciel des guérisons miraculeuses. (« Beaucoup de signes et de prodiges se faisaient au milieu du peuple par les mains des Apôtres * », *Actes* 5, 12). — Les rois de France passaient pour guérir les écrouelles (scrofules) par imposition des mains.

Théisme : Doctrine ou sensibilité refusant les enseignements de la Révélation *, mais reconnaissant l'existence d'un Dieu unique et providentiel. Le théisme est un déisme * humanisé et spiritualisé, moins abstrait, plus chaleureux. Le protestantisme libéral de Jean-Jacques Rousseau eût volontiers rejoint le théisme.

Théocratie : Régime où une religion et son clergé imposent leur loi, même dans le domaine temporel.

Théologie : Science de la connaissance du Dieu révélé. On distingue la théologie *dogmatique*, qui propose un corps de doctrine, la théologie *pratique*, qui règle la vie de l'Église et la morale. La théologie dogmatique elle-même peut être *positive*, fondée sur les textes bibliques (ainsi l'entendaient les pères * de l'Église, les plus anciens théologiens ou docteurs chrétiens après la génération des Apôtres), ou *spéculative* (ainsi la comprirent les docteurs du XIII$^e$ siècle, tel saint Thomas * d'Aquin, qui supprimèrent la frontière entre théologie et philosophie).

Théologie positive : Théologie * appuyée sur les textes fondateurs de la Révélation *. Les protestants n'entendent par là que la Bible (Ancien * et Nouveau * Testament). Le catholicisme y joint les écrits des Pères *.

THÉOPHANIE : Apparition de Dieu. La Bible a noté plusieurs théophanies fameuses : l'échelle * de Jacob (*Genèse* 28), le buisson * ardent (*Exode* 3), le baptême de Jésus (*Matthieu* 3, *Marc* 1, *Luc* 3), la Transfiguration * (*Matthieu* 17, *Marc* 9, *Luc* 9) et, bien sûr, toutes les apparitions du Christ ressuscité.
– Les pères * grecs de l'Église appelaient Théophanie (avec une majuscule) la naissance de Jésus-Christ.

TOUSSAINT : Fête ancienne (IXᵉ siècle), chère à l'Église catholique. Fixée au 1ᵉʳ novembre, elle célèbre tous les élus et illustre le dogme de la communion * des saints. On la confond aujourd'hui à tort avec la fête des morts (2 novembre).

TRADITION : En théologie catholique, la Tradition (avec un T majuscule) est, au même titre que la Bible *, Parole * de Dieu et Révélation *. Rome entend par Tradition l'enseignement des Pères * (témoins de l'âge apostolique), des conciles *, des papes, des docteurs * de l'Église. Au XVIᵉ siècle, la Réforme *, dans un souci de retour à la primitive Église et pour appuyer sa devise du *sola * Scriptura* (l'Écriture sainte et elle seule), prétendit refuser en bloc la Tradition, mais Luther * reconnaissait l'autorité des quatre premiers conciles * œcuméniques (Nicée, Constantinople, Éphèse et Chalcédoine) ; Luther et Calvin * n'ont cessé de s'appuyer sur les écrits des pères de l'Église ; enfin les Réformateurs ont oublié que la Tradition a même précédé l'Écriture puisque, dans l'Ancien * Testament, rien n'avait été mis par écrit avant Moïse * (XIIIᵉ siècle av. J.-C.).

TRANSCENDANCE : C'est le contraire de l'immanence *. La transcendance est un attribut * du Dieu créateur, supérieur et extérieur (contrairement au panthéisme *) à ce monde qu'il domine et dirige.

TRANSFIGURATION : Irradiation miraculeuse et glorieuse de l'apparence de Jésus-Christ, au mont Thabor, tandis qu'apparaissaient à trois disciples choisis (Pierre *, Jacques et Jean *) Élie et Moïse *, et qu'ils entendaient la voix de Dieu le Père disant : « Celui-ci est mon Fils bien-aimé, en qui j'ai mis toute mon affection. Écoutez-le » (*Matthieu* 17, 5). La Transfiguration a inspiré nombre de peintres, mais aussi le grand théologien Boulgakoff *.

TRANSSUBSTANTIATION : Ce mot compliqué, adopté en 1215 * par le quatrième concile * de Latran, résume la doctrine catholique de la présence * réelle. Au moment où le prêtre prononce les paroles d'institution * (« Ceci est mon corps..., Ceci est mon sang »), le pain et le vin de l'eucharistie * deviennent aussitôt « réellement et substantiellement » (on devrait ajouter : miraculeusement) le corps, le sang, l'âme et la divinité du Christ. Le pain et le vin ne sont plus dès lors qu'« espèces * ou apparences ».

TRIDENTIN : Qui se relie au concile * de Trente (1545-1563).

TRINITAIRE : « Qui croit à la Trinité » (Robert). — On employait pourtant le mot, au XVII<sup>e</sup> siècle, dans le sens, exactement opposé, d'anti-trinitaire *. C'est là un paradoxe sémantique comparable à celui qui se greffe sur le mot « sacramentaire * ».

TRINITÉ : La Trinité est le premier grand mystère * de la foi chrétienne. « Bien que le Nouveau Testament ne formule pas une *doctrine trinitaire* de Dieu, son témoignage constant autorise et même exige cette affirmation théologique : le Dieu qui se révèle à l'homme en vue de son salut * est un en trois personnes » (R. Mehl). Les Credo *, les premiers conciles * (dès Nicée en 325 *) proclamèrent le dogme de la Trinité. En Dieu, qui n'a qu'*une essence*, il y a *trois Personnes* : le Père, Créateur ; le Fils, sa Parole éternelle ; le Saint-Esprit *, sa force intelligente et son efficacité. Un seul Dieu en trois Personnes. « Celui qui veut être sauvé, écrit le symbole * dit d'Athanase *, doit avoir cette croyance de la Trinité. » Toutes les grandes Églises chrétiennes le pensent et, en tout cas, le professent ; alors que la majorité des sectes * est anti-trinitaire.

TRINITÉ (Fête de la) : Fête chrétienne célébrée le premier dimanche après la Pentecôte *.

# U-V

ULTRAMONTAIN : C'est, en France, tout l'opposé de gallican *.

L'ultramontain donne toujours raison à Rome. Dom Guéranger * (1805-1875), Louis Veuillot * (1813-1883) furent des ultramontains résolus.

UNIATES : Catholiques de rite oriental. Les Ruthènes sont uniates.

UNITARIENS : Hérétiques * anti-trinitaires. Ou, plus précisément, membres d'une secte créée à Londres en 1774, représentée en Angleterre, aux États-Unis, en Scandinavie et en Europe centrale.

UTRAQUISTES : Ainsi nommait-on les chrétiens de Bohême qui, à l'exemple de Jan Hus *, ne voulaient communier que sous les deux espèces *.

VAUDOIS : Secte du XII$^e$ siècle, d'abord seulement schismatique * (1179), puis condamnée par Rome (1184). Membres d'une Église évangélique et biblique, inspirée du premier christianisme, les vaudois refusent la messe *, la confession *, le purgatoire *, les indulgences *. Ils prônent l'esprit de pauvreté.

VÊPRES : Célébration du soir dans l'office * divin. Les vêpres ont longtemps été chantées, le dimanche après-midi, dans les paroisses catholiques. Les psaumes * y tiennent une large place.

VERBE : Traduction du mot grec *Logos*. Logos signifie parole, langage, discours, raison, proportion, etc. – Verbe a une toute autre, une exceptionnelle dimension religieuse dans l'*Évangile selon saint Jean* (« Au commencement, était le Verbe... »). « Avec le christianisme, le Verbe est Créateur et Rédempteur » (J. Brun) : c'est le Christ, deuxième Personne de la Trinité.

VERTUS : L'Église catholique distingue sept vertus surnaturelles, elles-mêmes divisées en vertus théologales (s'adressant directement à Dieu) et vertus cardinales (qui « sont le pivot – latin *cardo* – et le fondement des vertus morales », écrit le catéchisme de saint Pie X). Les vertus théologales, dûment précisées par saint Paul * (*I Corinthiens* 13, 13), sont la foi *, l'espérance * et la charité * (on préfère aujourd'hui parler d'amour, mot chaleureux mais ambigu). Les vertus cardinales sont la prudence, la justice, la force et la tempérance.

Viatique : Ce mot admirable (le *viaticum* latin désigne les provisions de route) qualifie la communion * apportée au mourant. L'expression « les derniers sacrements » désigne la confession finale, l'onction * des malades (extrême-onction) et le viatique.

Vie éternelle : Ces derniers mots du symbole * des Apôtres désignent ce qui est la fondamentale espérance * des chrétiens : le salut * par grâce * et l'admission au Paradis *, séjour des élus.

Vieux-Catholiques : Schismatiques * ayant refusé — en Hollande après la bulle * *Unigenitus* de 1713 * ; un peu partout après le concile du Vatican en 1870 – de reconnaître l'autorité souveraine et l'infaillibilité * du pape.

Vigile : Veille d'une fête * chrétienne importante. Autrefois jour de jeûne *. Cf. Commandements * de l'Église.

Visitation : Rapportée par saint Luc (1, 39-56), il s'agit de la visite fameuse faite par la Vierge Marie * à sa vieille cousine Élisabeth *, miraculeusement enceinte du futur Jean * le Baptiste. La fête catholique commémorant cet événement fut officialisée à la fin du XIVe siècle. Elle tombe le 2 juillet. Saint François * de Sales et sainte Jeanne-Françoise Frémyot de Chantal fondèrent à Annecy, en 1610, l'ordre de la Visitation Sainte-Marie, ordre contemplatif * de femmes.

Vocation : Mystérieux signal (les Églises tentent d'en vérifier la réalité) par lequel Dieu appelle une créature à son service : prêtrise, ministère, vie monastique, diaconat * etc. « Les juifs ont été les premiers qui ont eu la vocation de Dieu » (Furetière).

Vœu : Solennelle promesse faite à Dieu, engagement en principe indissoluble. Les ordres * monastiques exigent, après noviciat, des vœux de pauvreté, chasteté et obéissance. Les protestants dénoncent de tels engagements.

Vulgate : Nom attaché à la traduction de la Bible * en latin – donc en langue « vulgaire » courante, et non plus en hébreu et en grec – par saint Jérôme * († 420). Cette traduction a été proclamée seule normative par l'Église catholique, le 8 avril 1546, lors de la quatrième session du concile * de Trente.

# W-Z

ZÉLOTES : Juifs du temps de Jésus qui voulaient, fût-ce par la violence, rétablir l'indépendance d'Israël et promouvoir la religion hébraïque. Barabbas * était probablement un zélote.

---

*Primauté de la foi*

Beaucoup ont perdu la dévotion en voulant scruter des choses trop élevées. C'est la foi qu'on exige de toi, et la vie pure, non une haute intelligence ni l'approfondissement des mystères de Dieu.

*L'Imitation de Jésus-Christ*

# BIBLIOGRAPHIE

Ce type d'ouvrage ne saurait contenir de bibliographie exhaustive, voire équilibrée. Nous ne présentons donc ici que quelques références, où voisinent certains titres essentiels et l'indication de livres à la portée plus restreinte, mais qui nous semblent suggestifs ou nous ont servi particulièrement. Les citations scripturaires de *La Foi chrétienne* ont été empruntées à la « Bible à la colombe » : *La Sainte Bible* traduite d'après les textes originaux hébreu et grec. Nouvelle version Segond révisée, Alliance biblique universelle, 1978.

*Actes (Les) du concile Vatican II...*, 2ᵉ éd., Paris, Le Cerf, 1966.
Alberigo (Giuseppe), *Les Conciles œcuméniques,* Paris, Le Cerf, 1994, 2 tomes en 3 vol.
Allmen (Jean-Jacques von), *Vocabulaire biblique*, Neuchâtel – Paris, Delachaux et Niestlé, 1954.
Amiot (François), *Évangiles apocryphes*, Paris, Le Cerf-Fayard, 1952.
Ariès (Philippe), *Essais sur l'histoire de la mort en Occident du moyen âge à nos jours.* Paris, Le Seuil, 1975.
    *L'Homme devant la mort,* Paris, Le Seuil, 1977.
Aron (Robert), *Les Années obscures de Jésus*, Paris, Grasset, 1960.
Augustin (Saint), *Les Confessions*, éd. L. Moreau, Paris, Sagnier et Bray, 1854.

Barth (Karl), *Credo*, 2ᵉ éd., Genève, Labor et Fides, 1969.
    *Dogmatique*, Genève, Labor et Fides, 1953-1969, 26 volumes.
    *Introduction à la théologie évangélique*, Genève, Labor et Fides, 1962.

Berthier (R.P. Jean), *Abrégé de théologie dogmatique et morale*, 6ᵉ éd., Lyon-Paris, Emm. Vitte, s.d.
Besançon (Alain), *L'Image interdite. Une histoire intellectuelle de l'iconoclasme*, Paris, Fayard, 1994.
   *La Confusion des langues. La crise idéologique de l'Église*, Paris, Calmann-Lévy, 1978.
Bluche (François), *Dictionnaire du Grand Siècle*, Paris, Fayard, 1990.
   *Pourquoi croyez-vous en Dieu ?*, Paris, Criterion, 1994.
Bottéro (Jean), *Naissance de Dieu. La Bible et l'historien*, Paris, Gallimard, 1986.
Bouyer (R.P. Louis), *Le Métier de théologien. Entretiens avec Georges Daix*, Paris, France-Empire, 1979.

Calvin (Jean), *Commentaires... sur l'Ancien Testament*, t. I, *Le livre de la Genèse*, Genève, Labor et Fides, 1961.
Cândea (Virgil), *Icônes grecques, melkites, russes...*, Genève-Beyrouth, Skira, 1993.
*Canones et decreta sacrosancti œcumenici concilii Tridentini...*, nouv. éd., Turin, Typographia pontificia, 1913.
Carmignac (Abbé Jean), *À l'écoute du Notre Père*, Paris, éd. de Paris, s.d.
   *Le Mirage de l'eschatologie*, Paris, Letouzey et Ané, 1979.
Casalis (Georges), *Protestantisme*, Paris, Larousse, 1976.
*Catéchisme de l'Église catholique*, Paris, Mame-Plon, 1992.
Chaunu (Pierre), *Au cœur religieux de l'Histoire*, Paris, Perrin, 1986.
   *La Mémoire de l'éternité*, Paris, Robert Laffont, 1975.
   *La Mort à Paris, XVIᵉ, XVIIᵉ et XVIIIᵉ siècles*, Paris, Fayard, 1978.
Chevallier (Bernard) et Gouley (Bernard), *Je vous salue Marie...*, Paris, Fayard, 1981.
Clément (Olivier), *L'Église orthodoxe*, 4ᵉ éd., Paris, P.U.F., 1991.
Courthial (Pierre), *La Confession de foi de La Rochelle. Commentaire*, Paris, Les Cahiers de Tant qu'il fait jour, 1979.
Crouzet (Denis), *Les Guerriers de Dieu. La violence au temps des troubles de religion...*, Champvallon, 1990, 2 vol.
Cullmann (Oscar), *Catholiques et protestants. Un projet de solidarité chrétienne*, Neuchâtel-Paris, Delachaux et Niestlé, 1958.

*Christ et le temps*, Neuchâtel-Paris, Delachaux et Niestlé, 1966.
*Des sources de l'Évangile à la formation de la théologie chrétienne*, Neuchâtel, Delachaux et Niestlé, 1969.
*La Foi et le culte de l'Église primitive*, Neuchâtel, Delachaux et Niestlé, 1963.
*Le Nouveau Testament*, 2ᵉ éd., Paris, P.U.F., 1967.
*Le Salut dans l'Histoire...*, Neuchâtel, Delachaux et Niestlé, 1966.
*L'Unité par la diversité...*, Paris, Le Cerf, 1986.

Daniélou (Cardinal Jean), *Origène*, Paris, La Table ronde, 1948.
Darricau (Raymond) et Peyrous (Bernard), *Histoire de la spiritualité*, Paris, P.U.F., 1991.
*La Spiritualité*, 2ᵉ éd., Paris, P.U.F., 1990.
Delumeau (Jean), *Le Péché et la peur. La culpabilisation en Occident* (XIIIᵉ-XVIIIᵉ siècles), Paris, Fayard, 1983.
Dhotel (R.P. Jean-Claude), *Les Origines du catéchisme moderne...*, Paris, Aubier, 1967.
Duchesne (Mgr Louis), *Histoire ancienne de l'Église*, Paris, Fontemoing, 1906-1911, 3 vol.
Dumeige (Gervais), *La Foi catholique...*, nouv. éd., Paris, L'Orante, 1993.

Emmanuel, *Pour commenter la Genèse*, Paris, Payot, 1971.
Erlande-Brandenburg (Alain), *La Cathédrale*, Paris, Fayard, 1989.

Favier (Jean), *Dictionnaire de la France médiévale*, Paris, Fayard, 1993.
Febvre (Lucien), *Un destin : Martin Luther*, 4ᵉ éd., Paris, P.U.F., 1968.

Grégoire de Tours (Saint), *Histoire des Francs*, éd. Latouche, 2ᵉ éd., Paris, Les Belles Lettres, 1975-1979, 2 vol.
Greiner (Albert), *Le Saint-Esprit, ce méconnu*, Paris-Strasbourg, Éditions luthériennes, 1965.
Guéranger (Dom Prosper), *Institutions liturgiques...*, Chiré, éd. de Chiré, 1977.
Guitton (Jean), *L'Absurde et le Mystère*, Paris, Desclée de Brouwer, 1984.

*Mon petit catéchisme*..., Paris, Desclée de Brouwer, 1978.
*Portrait de monsieur Pouget,* Paris, Gallimard, 1941.
*La Vierge Marie*, Paris, éd. Montaigne, 1949.

Hamman (R. P. Adalbert-Gautier), *La Vie quotidienne des premiers chrétiens...*, 4ᵉ éd., Paris, Hachette, 1992.
Harnack (Adolf von), *Histoire des dogmes*, Paris, Le Cerf, 1993.
Huizinga (Johan), *L'Automne du moyen âge,* Paris, Payot, 1975.

Jacob (Edmond), *L'Ancien Testament,* 2ᵉ éd., Paris, P.U.F., 1970.
*Théologie de l'Ancien Testament,* 2ᵉ éd., Neuchâtel, Delachaux et Niestlé, 1968.
Jacques de Voragine, *La Légende dorée*, Paris, Garnier-Flammarion, 1967, 2 vol.
Jean-Paul II (Sa Sainteté), *Entrez dans l'espérance*, Paris, Plon-Mame, 1994.
Jeremias (Joachim), *Jérusalem au temps de Jésus...*, Paris, Le Cerf, 1967.
Jerphagnon (Lucien), *Le Divin César...*, Paris, Tallandier, 1991.

Kierkegaard (Sören), *Œuvres complètes*, Paris, L'Orante, 1984-1986, 20 vol.

Ladame (Jean), *Les Saints de la piété populaire*, Paris, éd. S.O.S., 1985.
Laurentin (Abbé René), *Court traité sur la Vierge Marie*, 5ᵉ éd., Paris, Lethielleux, 1968.
Lebrun (François), *Histoire des catholiques en France du XVᵉ siècle à nos jours,* 2ᵉ éd., Paris, Pluriel, 1985.
Levillain (Philippe), *Dictionnaire historique de la papauté,* Paris, Fayard, 1994.
Lods (Marc), *Précis d'histoire de la théologie chrétienne du IIᵉ au début du IVᵉ siècle*, Neuchâtel, Delachaux et Niestlé, 1966.
Loew (Jacques) et Meslin (Michel), *Histoire de l'Église par elle-même*, Paris, Fayard, 1978.
Lubac (Cardinal Henri de), *Méditation sur l'Église*, 3ᵉ éd., Paris, Aubier, 1954.

Magnard (Pierre), *Le Dieu des philosophes*, Paris, Mame, 1992.

Mâle (Émile), *Art et artistes du moyen âge*, Paris, Flammarion, 1968.
   *L'Art religieux après le concile de Trente*, Paris, Armand Colin, 1932.
Mehl (Roger), *La Théologie protestante*, 2ᵉ éd., Paris, P.U.F. 1967.
Michaëli (Frank), *Dieu à l'image de l'homme...*, Neuchâtel-Paris, Delachaux et Niestlé, 1950.
Miegge (Giovanni), « La définition du dogme de l'Assomption et ses répercussions œcuméniques », in *La Revue réformée,* t. XII (1961), n° 46, p. 1-18.

Newman (Cardinal John Henry), *Le Développement du dogme chrétien*, éd. H. Bremond, Paris, Bloud, 1905.

Oberkampf de Dabrun (Serge), *Orthodoxie et libéralisme dans l'Église réformée de France...*, Montpellier, Institut protestant de théologie, 1978 (thèse dactylographiée).

Pascal (Blaise), *Pensées*, in *Œuvres complètes*, éd. Jacques Chevalier, Paris, Gallimard, 1954 (Bibliothèque de la Pléiade).
Pelikan (Jaroslav), *La Tradition chrétienne. Histoire du développement de la doctrine,* Paris, P.U.F., 1994, 5 vol.
Pernoud (Régine), *Les Saints du moyen âge...*, Paris, Plon, 1984.
Pie X (Saint), *Catéchisme,* Avrillé, éd. Nouvelle Aurore, 1976.
Plongeron (Bernard) et Pannet (Robert), *Le Christianisme populaire...*, Paris, Le Centurion, 1976.
Poupard (Cardinal Paul), *La Foi catholique*, 2ᵉ éd., Paris, P.U.F., 1993.

Rad (Gerhard von), *La Genèse*, Genève, Labor et Fides, 1968.
Rataboul (Louis), *L'Anglicanisme,* Paris, P.U.F., 1982.
Renan (Ernest), *Histoire des origines du christianisme,* éd. Bruno Neveu, Paris, Robert Laffont-Le Club français du livre, 1970.
   *Souvenirs d'enfance et de jeunesse,* Paris, Calmann-Lévy, 1967.
Robinson (John A. T.), *Re-dater le Nouveau Testament,* Paris, Lethielleux, 1987.
Roux (Jean-Paul), *Jésus,* Paris, Fayard, 1989.

Segundo (R. P. Juan Luis), *Qu'est-ce qu'un dogme ?...*, Paris Le Cerf, 1992.
Stauffer (Richard), *La Réforme*, 2ᵉ éd., Paris, P.U.F., 1974.
Strohl (Henry), *La Pensée de la Réforme*, Neuchâtel-Paris, Delachaux et Niestlé, 1951.

Tavard (Georges), *La Trinité*, Paris, Le Cerf, 1991.
Thorey (Lionel de) *Histoire de la messe, de Grégoire le Grand à nos jours*, Paris, Perrin, 1994.
Toynbee (Arnold J.), *La Religion vue par un historien*, Paris, Gallimard, 1963.
*Traduction œcuménique de la Bible. Ancien Testament*, Paris, Le Cerf – Les Bergers et les Mages, 1975.
*Traduction œcuménique de la Bible. Nouveau Testament*, Paris, Le Cerf – Les Bergers et les Mages, 1973.

Verdier (Cardinal Jean), *Catéchisme du diocèse et de la province de Paris*, Paris, J. de Gigord, 1933.
Viguerie (Jean de), *Le Catholicisme des Français dans l'ancienne France*, Paris, N.E.L., 1988.
   *Histoire et sainteté*, Angers, Presses de l'université d'Angers, 1982.

# TABLE

**AVANT-PROPOS** ........................................... 11
  *Notes* ...................................................... 14

**CHAPITRE PREMIER : UNE RELIGION RÉVÉLÉE** .... 17
  La Bible, Parole de Dieu 19. – L'Ancien Testament chrétien 22. – Une forêt de symboles 26. – Le Nouveau Testament 28. – La Résurrection fut la preuve 30. – Les quatre Évangiles 32. – Le message du Christ 35. – Du Notre Père au Golgotha 40. – Des Épîtres à l'*Apocalypse* 42. – La Tradition 45.
  *Notes* ...................................................... 48

**CHAPITRE II : LES GRANDS CREDO** ..................... 57
  Les premières confessions de foi 58. – Le symbole des Apôtres 61. – Le Credo de Nicée-Constantinople 68. – Le symbole dit d'Athanase 72. – Une variante occidentale du Nicée-Constantinople 74. – L'assaut des hérésies 75. – Le dogme est-il trop grec ? 81. – Le schisme d'Orient 83. – Trois Credo catholiques 86.
  *Notes* ...................................................... 91

**CHAPITRE III : LE DÉVELOPPEMENT** ..................... 93
  Le mystère des sacrements 95. – Le baptême 99. – L'eucharistie 100. – La messe 103. – Les autres sacrements du septain 106. – Le pieux cortège des saints 110. – Surcharges populaires de la foi 113. – La seigneurie de Notre Dame 115. – Marie dans le Nouveau Testament 117. – Marie, de Byzance à la Gaule 121. – Le triomphe de la Vierge 123. – L'immaculée conception et l'Assomption 127.
  *Notes* ...................................................... 131

CHAPITRE IV : RÉFORME ET CONTRE-RÉFORME .. 137
La Loi ou la Foi ? 138. – Le *sola fide* 141. – L'apport de Calvin 144. – La prédestination 146. – La foi des « novateurs ». Ses sources 149. – La foi des « novateurs ». Son contenu 151. – L'Église et le culte 154. – Les sacrements 156. – La contre-Réforme 159. – Le dogme tridentin 161. – L'Église et le culte 163. – La définition des sacrements 166. – Les nouvelles croisades 170.
*Notes* .............................................................................. 173

CHAPITRE V : LE TEMPS DES INCERTITUDES ......... 177
De Charles Borromée à Pie X 178. – Les oscillations du protestantisme 181. – Le drame de l'exégèse critique 184. – L'érosion 189. – Une nouvelle confession réformée 190. – *Ecclesia semper reformanda ?* 193. – Dérapages mal contrôlés 195. – La crise du catholicisme 198. – Un Credo à la carte 201. – Les ambiguïtés de l'unité 204. – La montagne de Dieu 209.
*Notes* .............................................................................. 212

ANNEXES ........................................................................ 215

Annexe 1 : QUELQUES DATES ..................................... 217
Annexe 2 : QUELQUES PERSONNAGES ..................... 225
Annexe 3 : PETIT DICTIONNAIRE ............................... 243

BIBLIOGRAPHIE ............................................................ 315

*Cet ouvrage a été réalisé par la*
*SOCIÉTÉ NOUVELLE FIRMIN-DIDOT*
*Mesnil-sur-l'Estrée*
*pour le compte des Éditions du Rocher*
*en février 1996*

Éditions du Rocher
28, rue Comte-Félix-Gastaldi
Monaco

*Imprimé en France*
Dépôt légal : février 1996
CNE section commerce et industrie Monaco : 19023
N° d'impression : 33424